재미가 지배하는 사회

대중문화는 어떻게
지배자의 논리가 되었나

재미가 지배하는 사회

오팡시브 지음
양영란 옮김
서동진 해제

DIVERTIR POUR DOMINER - LA CULTURE DE MASSE CONTRE LES PEUPLES

갈라파고스

지배하고 싶다면 오락을 제공하라

20세기 초 대량생산 체제가 시동을 걸면서 대중소비도 부상했다. 포드를 비롯한 기업가들은 서민 대다수가 기업이 생산하는 상품을 살 수 있게 만들 필요가 있음을 누구보다도 빨리 간파했다. 그래서 기업은 노동자들이 자신들이 제조한 것을 소비할 수 있도록 임금을 올려주고 상품가격은 내렸다. 자본주의는 이런 과정을 통해 급속하게 확산되었다. 이처럼 생활방식이 '개선'되었기 때문에 노동자들은 산업화와 그로 인한 결과를 한층 수월하게 감내할 수 있었다. 그 결과란 예를 들어 다양한 직종이 없어지면서 그 직종이 가졌던 가치들마저 소멸된다거나, 노동조건이 악화(단조로움과 고통 심화)된다거나, 또는 산업화된 도시로 가기 위해 어쩔 수 없이 고향을 등져야 하는 불리한 상황을 말한다. 요컨대 산업자본주의는 노동자들을 그들의 주요 생활기반 및 사회적 인맥과 결별시킴으로써 그들을 복종시켰다. 이렇듯 노동자들이 대규모 제조업체가 생산한 상품들을 구입해야 하는 상황에 처하면서 대부분의 활동은 점차 상업 논리와 금융의 영역으로 편입되었다.

이 같은 노동자들의 하인화, 예속화 현상과 더불어 고유한 문화가 생겨났는데, 일반적으로 우리는 그 문화를 대중문화라고 일컫는다. 대중문화는 "기업의 법칙에 따라 기획되고 제작되어 다른 모든 상품들과 다름없이 우리 인간에게 강요되는 작품, 물건, 태도의 총체"[1]라고 정의할 수 있다. 스포츠와 관광 여행은 산업화의 요람인 영국에서 시작되었지만, 그 후 대중문화의 핵심을 단단히 다져서 이를 대대적인 규모의 산업으로 발전시킨 것은 미국이다. 이렇게 되자 여가와 소유권을 중심으로 하는 하나의 거대한 세계가 조직되었다. 20세기가 계속되는 동안 줄곧 전 세계의 무수히 많은 지역에서 생활방식이 획일화되었으며, 그와 동시에 소비사회 및 그와 관련한 상상력이 광범위하게 확산되었다.

노동자 계급이 포드가 제안한 방식의 타협책(고용의 안정, 임금 인상, 소비와 여가의 대중화)을 수용하면서 자본과 노동 사이의 긴장은 이익의 분배, 다시 말해서 자본축적의 제한과 노동조건 문제로 축소되었다. 노동자 운동은 이제는 더 이상 산업자본주의와 더불어 출현한 생활방식에 근본적으로 문제를 제기하지 못하는 처지가 되었다. 이렇게 체념이 만연한 이유는, 부분적으로는 '전복subversion'과 과거의 저항 역사를 들먹이는 데에 누구보다도 발 빠른 좌파 세력이 현재 사회연결망이 파괴되는 과정에는 누구보다 잘 순응하기 때문이다. 생산의 합리화와 더불어 탄생한 진보주의 성향의 해묵은 담론(기술 과학적 혁신과 사회적 진보 사이에는 직접적인 연관성이 있다는 천진한 믿음)이 여전히 활개치고 있다.

진보 세력은 실재적인 것에 대한 영향력을 완전히 상실했다. 뿐만 아니라 비판적이고 통합적인 담론을 재구축할 역량조차 잃어버렸다. 그럼에도 이들은 반동주의적 관점을 가졌을 것이라 추정되는 자들, 요즘 유행하는 용어로 표현하자면 '프랑스식 신보수주의자들'을 공격하는 데에는 여전히 열을 올린다. 이런 면에서 볼 때, 대대적인 성공을 거둔 다니엘 린덴베르그Daniel Lindenberg(1940~. 프랑스의 언론인이자 역사학자, 수필가―옮긴이)의 소책자『정숙 명령. 신반동주의자들에 대한 조사Le rappel à l'ordre. Enquête sur les nouveaux réactionnaires』[2]는 이 같은 공격을 지나치게 희화화하고 있다. 이 팸플릿의 저자는 위기에 처한 민주주의, 자유주의 변호 등에 대해 식상한 중언부언을 늘어놓은 뒤, 대중문화에 대한 비판은 "진정한 퇴행"이며 이는 "평등주의적 야심"을 위협한다고 주장한다. 또한 대중문화에 대한 비판적 관점은 "대중들의 관광 여행을 우리 시대에 팽배한 퇴폐주의의 은유"[3]로 여기며 '특히 신반동주의자들'의 흥을 돋우는 결과를 초래하는데, 그건 "사실상 대중화 현상이 관찰되는 곳이면 어디에서나 비판이 끊이지 않기 때문"[4]이라고 말한다. 이쯤 되면 다들 알아차렸겠지만, 우리 시대의 소외현상과 문화산업에 대한 비판은 지적 특권주의와 부르주아적 엘리트주의 정도로 평가절하되는 형편이다.

우리는 벌써 수십 년 전부터 비판이 위축되는 시대에 살고 있다. 30년 전에 이미 미국 출신 사회학자 크리스토퍼 래쉬Christopher

Lasch는 "민주주의와 소비재의 자유로운 유통을 혼동하는 경향이 너무도 뿌리 깊어진 나머지 이러한 문화산업화를 겨냥하는 비판은 민주주의에 대한 비판으로 간주되어 자동적으로 거부되기에 이르렀다"[5]고 지적했다. 다른 한편으로, 이전에는 부자들에게만 허용되던 선택의 폭을 사회 구성원 모두에게 제공해준다는 점에서 대중문화를 옹호하는 입장도 존재한다. 서민적인 문화의 자율성을 침식하고, 사회적 연대를 해체하며, 언제나 새로운 제품들을 소비하는 소비자로 변한 고립된 개인들로 구성된 세계를 인위적으로 창조하기 위해 지난 1세기 동안 마련된 모든 제도와 장치들은 민주화의 이름으로 이루어졌다고 해도 과언이 아니다.

이러한 행동양식과 욕망의 단일화는 모든 제약(사회적, 공간적, 시간적 등)을 뛰어넘은 것으로 나타난다. 이처럼 대놓고 바보로 만드는 현상이 노골적으로 진행되는 와중에 대부분의 반체제적 지식인들은 끊임없이 대중문화 복권에 열을 올린다. 더구나 일부 좌파는 인터넷이라는 아주 강력한 대중화 수단이자 존재방식savoir-être(타인과의 관계, 시간과 공간과 맺는 관계 등) 박탈 수단을 보급하는 데 적극적으로 참여하기도 했다. 인터넷이라는 이 신기술은 행복과 기술진화를 연결시키는 해묵은 진보주의적 수사가 그 절정에 달한 이 시대에 과거의 무게를 털어버리는 가장 효과적인 수단이다. 초창기 웹을 선구적으로 홍보한 자들은 실재적인 것, 무겁고 서열적인 것에 닻을 내리고 있는 케케묵은 자본주의를 초월했다고 착각했다. 안토니오 네그리Antonio Negri(1933~. 이탈리아 출신 정치 철학자로 자율주의적 마르크스주의의 핵심 이론가—옮긴이)와 그가 이끄는 잡지《다중Multitudes》의 애독자들을 제외하면, 초창기의 이와 같은 흥분은 불과 몇 년 사이에 완전히 사라져버렸다. 이 몇 년이라는 시기는 자본주의가 가상세계에서 대대적으로 세를 불려 금전적으로나 이념적으로 어마어마한 이익을 거두어들인 시기에 해당한다. 디지털혁명을 통한 이러한 자본주의의 현대화는 해방 전통에서 나온 가치들로 치장하고 있어서 그러한 가치의 주요 계승자들마저도 비판의식을 상실해버렸다. 때문에 이들 계승자들은 아예 구경거리spectacle와 문화산업의 열렬한 옹호자가 되어버렸을 정도다.

체념, 시류에 편승한 작태 등은 일일이 열거할 수 없을 정도로 많은데, 그중에서 가장 상징적으로 보이는 두 가지 사례만 인용해보겠다. 바로 스포츠 숭배와 미국 드라마에 대한 호의적 반응이다. 스포츠 이데올로기를 비판하는 것은 이제 전적으로 불가능해졌다. 이와 같은 현상은 특히 1988년 월드컵 축구를 계기로 평소 축구에 거부감을 보이던 사람들(지식인, 여성 같은)마저 팬으로 합류하고, 축구가 모든 공공장소(평면 텔레비전을 구비한 카페, 바, 길거리 응원단 등)로 파고들면서 두드러지게 나타났다. 주변 사람들의 태도에 아랑곳하지 않고 꾸준히 이 새로운 민중의 아편을 관찰해온 극소수의 골수분자들—이 책에서는 이들에게 발언 기회를 주었다[6]—을 제외하면, 대대적인 규모의 스포츠 행사라는 집단적 오르가슴의 정당성에 대해 유보적인 입장을 보이는 목소리는 아예 들을 수 없는 것이 사실이다. 투르 드 프랑스(프랑스에서 매년 7월 3주 동안 열리는 세계적인 프로 도로 사이클 경기—옮긴이), 올림픽, 월드컵 축구, 럭비 월드컵 같은 행사가 진절머리 날 정도로 줄줄이 이어지는데, 운동인들이 보여주는 순수한 노력을 찬양하고 이들을 현대의 영웅으로 치켜세우는 지식인 집단의 열광은 이 같은 세태를 정당화한다. 덕분에 이들 현대의 영웅들은 대중의 인정을 받고, "민중과 하나가 되는" 자부심도 맛본다. "럭비 팬"(이라고 자신을 소개하는) 철학자 카트린 킨츨레르Catherine Kintzler가 이러한 연계를 보여주는 완벽한 사례다. 그녀는 2007년 럭비 월드컵 때 여러 텔레비전 방송국을 돌며 맹활약했다. 야성적인 함성과 근육질의 남자들이 벌이는 경기에 약간의 지적 터치를 더해주는 양념 역할을 톡톡히 해낸 것이다. 그녀가 쓴 「럭비에 관한 여러 단상Propos mêlés sur le rugby」[7]을 조금만 읽어보면 비판이 부재한 현 상태의 심각성을 쉽게 가늠할 수 있다. "제약이 주어진 조건 속에서 역량을 발휘하게 한다는 점에서 볼 때 당연히 럭비는 교육의 좋은 사례가 된다. 럭비는 단순한 사례를 넘어 철학자들이 표상表象이라고 부르는 것이라고 봐야 한다. 하나의 표상은 개념을 규칙의 형태로 질료 속에 새겨 넣는다. 이를테면 물질화된 원칙이라고 할 수 있다." 한편 극좌파의 공식적인 수장이자 신新 반反자본주의당Nouveau Parti Anticapitaliste(NPS)의 대변인인 올리비에 브장스노Olivier Besancenot는 이보다는 훨씬 덜 모호한 형태로, 다시 말해 응원단 목도리까지 걸치고서 파리 생제르맹 축구팀을 지지했다. 순전히 선거용 선동인가, 아니면 시대의 조짐인가?

오랫동안 미국 제국주의의 트로이 목마로 여겨졌던 텔레비전 드라마(〈식스 피트 언더Six feet under〉, 〈닥터 하우스Dr House〉, 〈덱스터Dexter〉, 〈로스트Lost〉)들은 불과 몇 년 사이에 창작품의 지위를 얻는

데 성공함으로써 현대의 신화로 화려하게 변모했다. 이렇게 엔터테인먼트 공장에서 연속적인 작업공정을 통해 만들어진 산물들에 가해지던 다소나마 비판적인 시선도 최근에는 찾아볼 수 없는 형편이다. 이러한 산물들이 다양한 경로를 통해 온 세계에 범람하고, 서양적 생활방식과 거기에 따르기 마련인 가치관을 확산시켜가며 상상력을 오염시키고 있다. 그런데도《텔레라마Télérama》,《레쟁로큅티블 Les Inrockuptibles》(프랑스의 문화 전문지들—옮긴이)처럼 이른바 문화교사를 자처하는 매체들에서는 끊임없이 그것들을 홍보한다. 세계화된 문화산업에 이처럼 거듭 항복 의사를 표시하는 것은 아무런 제동장치도 듣지 않는 오락문화의 강림을 예고한다.

이처럼 대중문화에 대한 비판적 시선을 거부하는 현상이 지속될 경우 반체제적 사고를 전개할 수 있는 여지가 있을까? 반체제적 사고는 무엇에 토대를 두어야 할 것인가? 좌파 내에서 자유주의를 추종하는 분파(대표적으로 포스트모던주의자들이 있다)의 경우, 사회 구성원 중 일부는 여전히 소비사회의 혜택을 누리지 못할뿐더러, 그 소비사회가 낳은 모든 소외 수단에 접근할 방법이 없다는 것에 토대를 두려 할 것이다. 이들에게는 모든 종류의 차별이나 제한, 구속은 싸워서 없애야 할 대상이다. 철학자 장-클로드 미쉐아Jean-Claude Michéa가 신랄하게 지적했듯이, "자본주의 체제는 사회적, 정치적, 문화적 보수주의의 완성된 형태를 의미하며, 형이상학적 비전에서나 실제적인 실현에서, 군대와 교회, 가부장적 가족의 지배에 토대를 둔 단순한 과거 세력을 형성한다."[8] 한편 마르크스주의

자들에게는 오직 자본과 노동 사이의 역학관계만이 중요하다. 이들에게는 세계가 경제적 기준, 생산조직에서 차지하는 위치에 의해 결정되는 사회계급 간의 투쟁, 이렇게 두 가지로 요약된다. 하지만 자본주의는 경제적 착취만으로 축소될 수 없으며, "총체적인 사회현실"로 봐야 한다. 수 세기에 걸친 자본주의적 산업화를 겪으면서 터득한 거리두기를 통해 우리는 문화란 현대적 삶의 다양한 영역들이 서로에게서 자율성을 확보하는 바로 그 순간에 실제로 구현된다는 사실을 습득했다. 예술과 정치, 기술, 종교, 지식, 경제 같은 사회적인 것의 영역 안에서 분리되지 않고 엉켜 있던 과거의 세계는 점차 전문화된 직업군(과학자, 기업가, 예술가, 기술자 등)이 일상의 각기 다른 분야를 책임지는 분리된 세계에 자리를 내준다.

베르나르 샤르보노Bernard Charbonneau(1910~1996. 프랑스의 사상가로 정치생태학의 선구자—옮긴이)가 남긴 다음과 같은 말을 상기해볼 필요가 있다. "문화는 현대 시대의 물질적, 영적 대변동이 가속화되는 순간에 태어난다. 문화는 민족국가, 의회, 기계들과 동시대 물이다. 문화는 사회주의적이거나 파시스트적이 되기 전까지는 자본주의적이며 부르주아적이다."[9] 이 말은 19세기 초부터 20세기 마지막 3분의 1 이전까지로 어림잡아 볼 수 있는 산업화 초기 단계 동안에는 유의미하다고 여겨지는 모든 것, 인간을 일상의 지평 너머로 끌어올려주는 것이 모두 문화라는 말 속에 포함되어 있었음을 의미한다. 그런데 이 초기 산업화라는 과도기가 막을 내리면서, 민중은 그들을 감동시키고 일상 속에서 그들을 움직이게 하던 모든 상상적인 것과의 접촉을 차단당한 채 오늘날에 이르렀다. 그리고 자본주의적 산업이 다시금 출현하여 이념 면에서나 금전 면에서 문화적인 것을 사회적인 것에 재투자(그러는 동시에 이를 역동적으로 추진하는 데 필수불가결한 가치들을 민중에게 은밀한 방식으로 주입하는 것도 잊지 않는다)할 수 있는 토양이 마련되었다. 인터넷이 어떤 의미에서는 사회적인 것이 녹아들어가는 문화의 물질적 구현으로 여겨지는 것은 이 때문이다. 그럼에도 이러한 문화는 예전처럼 자신들의 삶의 조건을 장악할 수 있는 자율적인 주인들의 공동체를 결집시켜주는 구심점 역할을 하지 못한다. 문화는 이제 치졸하게도 개인의 이해타산에 따라 좌지우지되는 파편화된 개인들을 만들어낼 뿐이다. 이들 고립된 개인들, 소속감을 상실한 채 정보라는 보철기를 통해서만 타인에게 연결되는 개인들은 논리적이긴 하지만 분별력까지 갖추지는 못했다. 또한 이 개인들은 자신들의 문화적 선택을 통제할 수 있으며 무한한 양의 정보, 언제 어디서나 불러낼 수 있으므로 암기할 필요도 없는 대량 정보로 무장하여 디지털 시대를 살아가는 신인류의 전형이다.

역설적이게도, 산업자본주의에 없어서는 안 될 행동 양태에 대대적으로 동화되는 현상은 흔히 민주화라는 시각에서 해석된다. 그러므로 아주 천진한 분석가들은 '블로그 영토'가 항거를 위한 새로운 정치공간으로 부상하는 꿈을 꾸기도 한다. 하지만 지구촌의 모든 주민들을 화면 앞에 앉히는 것이야말로 오늘날 기술관료들의 밤잠을 설치게 만드는 유일한 관심사다. 현실적으로, 우리 시대에서 타인의 착취, 자연의 착취, 우리 자신의 착취는 기술 자유주의자들의 강력한 상상력과 오락문화의 발달로 말미암아 영구적으로 계속

된다. 오늘날 우리는 모든 인간관계를 뿌리부터 송두리째 바꾸어놓으며, 우리로 하여금 세상과 우리의 관계, 타인과 우리의 관계를 오로지 투자비용과 이익이라는 관점에서만 생각하는 호모에코노미쿠스homo economicus로 탈바꿈시키는 문명의 한 형태와 대면했다. 이는 매우 심각한 변동이며, 이 변동은 생산을 조직하거나 성장의 결실을 분배하는 문제에만 국한되지 않는다. 자본주의가 진정한 의미에서의 문화, 곧 삶의 방식을 통해 구현되고 있으므로 우리는 이를 면밀하게 분해해야 한다. 그래야만 철저하게 비판할 수 있다.

오늘날에는 비록 소수의 경향으로 전락했지만, 이와 같은 철저한 비판은 특히 1950, 60년대에 제법 큰 반향을 얻었다. 적지 않은 지식인들과 정치 운동권이 비판자 역할을 담당했다. 예를 들어 헤르베르트 마르쿠제Herbert Marcuse는 자본주의를 비판할 때 대중화를 문제시하는 태도와 현대인의 삶의 방식을 문제시하는 태도를 구분하지 않았다. 그런가 하면 다른 저자들(이반 일리치Ivan Illich, 자크 엘륄Jacques Ellul, 베르나르 샤르보노 등)은 소외와 구경거리spectacle에 대해 주로 언급했다. 하지만 이러한 분석은 이제 한물간 유행이 되어버렸다. 따라서 루카치–프랑크푸르트 학파–사회주의 또는 야만–앙리 르페브르Henri Lefèbvre–상황주의 인터내셔널Internationale situationniste로 이어지는 시퀀스(이 시퀀스란 자본주의적 생활방식에 대한 가차 없고, 재생하기 어려운 비판의 계승을 일컫는다)가 그토록 빠른 시일 내에 공식적인 지성사에서 배제(그리고 이를 계기로 수많은 개인들의 기억에서도 사라지게 되었다)되면서 알튀세르Althusser–부르디외

Bourdieu – 들뢰즈Deleuze – 푸코Foucault – 데리다Derrida로 이어지는 새로운 시퀀스가 등장했다고 해도 그리 놀라운 일은 아니다.[10] 오늘날에 와서는 알랭 바디우Alain Badiou가 이와 같은 목록을 완성시켰다고 볼 수 있다.

자본주의를 비판하기 위한 다양한 방식이 차례로 출현했으며, 이러한 방식들은 때로는 한 시대에 공존하기도 했다. 가령 1968년 5월, 뤽 볼탕스키Luc Boltanski와 에브 샤펠로Ève Chiapello는 『자본주의의 새로운 정신Le Nouvel esprit du capitalisme』에서 예술비판과 사회비판이라는 두 가지 중요한 형태를 구분했다. 예술비판은 "한편으로는 환멸과 진정성 결여를, 다른 한편으로는 억압을 꼬집었는데, 이 세 가지는 자본주의의 부상과 밀접하게 연결된 부르주아 세계를 특징 짓는 요소들이다. 이러한 비판은 의미의 상실, 그중에서도 특히 일상의 물건들뿐만 아니라 예술작품(부르주아 계급의 문화 상업주의)과 인간마저 전반적으로 획일화되고 상품화됨으로써 아름다움과 위대함을 잃어버리는 것에 주목한다."[11]

한편 사회비판으로 말하자면, "처음에는 사회주의자들에게, 나중에는 마르크스주의자들에게 영감을 받아 시작되었다. (이 비판은) 개별적인 이익을 추구하느라 부르주아 사회에 만연한 이기주의, 역사상 유례를 찾아볼 수 없을 정도로 엄청난 부를 축적한 사회에서 점점 커져가는 서민계급의 빈곤, 다시 말해서 착취이론에서나 그 설명의 단서를 찾아볼 수 있는 수수께끼를 고발한다."[12]

우리 OLS(Offensive libertaire et sociale의 약자로 절대자유주의적이고 사회주의적인 공세를 뜻한다—옮긴이) 그룹은 그들보다 앞서서 행동한 다른 정치단체들과 마찬가지로 이 두 가지 비판을 동시에 수용한다. 정기적으로 발행되는 계간지 《오팡시브Offensive》와 비정기적인 특집호를 통해 OLS는 어느 한 가지를 우위에 두고 다른 한 가지를 소홀히 취급하지 않으면서 일관성 있는 틀 속에서 이 두 가지를 조화시키려 한다. 왜냐하면 자본주의는 무차별적으로 세계를 환멸로 몰아가고, 모든 형태의 진정성과 자율성, 창의성을 파괴하며, 소수의 이익을 옹호함으로써 불평등을 확대하기 때문이다. 이러한 입장을 견지하기란 때로 매우 어렵다. 그 이유는 이것이 지배적 위치에 있는 반체제적 사고에 역행하는 것이고, 잡지 제작진의 성찰뿐만 아니라 현장에서의 실제 관행에서도 자양분을 섭취해야 하기 때문이다. 《오팡시브》는 일정 수준의 지적 기준을 유지하겠다는 입장은 고수하나, 근본적으로는 사회의 혁명적 변화를 추구하는 전투적 자세를 최우선으로 삼는다(이 점에 관해서는 OLS 소개를 참조할 것). 이 또한 균형을 유지하기 매우 어려운 것이 사실이다. 하지만 지성의 장은 사회적 문제들로부터 너무 동떨어져 있고 투쟁의 장은 지겨운 후렴만 반복하려는 경향을 보이는 이 시대에, 이 둘 사이에서 균형을 잡을 필요가 있다.

이 책은 네 권의 특집호와 《오팡시브》에 게재되었던 글 가운데에서 골라 뽑은 글들을 거의 전문 그대로 약간의 수정만을 거쳐 재수록했다. 이 글들은 저마다 화면 사회, 스포츠라는 이데올로기, 관광여행이라는 이름의 추악함, 광고 등, 서로 다른 각도에서 대중문화에 대한 비판적 시각을 제시한다. 각각의 글에는 소개를 겸한 머리글을 곁들였다. 하나로 묶인 이 글들은 우리 시대의 자본주의적 상상력을 불편하게 만드는 일관성 있는 총체를 형성한다. 제일 앞 머리에는 상품과 사유재산 숭배가 어떻게 서민계급의 연대의식과 저항을 대체하고 소시민적 이데올로기를 정착시켰는지 묘사한 『모두가 자기 집 소유주Tous propriétaires』[13]의 저자 장–뤽 드브리Jean-Luc Debry와의 대담을 실었다. 그리고 마지막은 사회사 분야의 탁월한 연구자인 샤를 자키에Charles Jacquier의 아직 세간에 발표되지 않은 글이 장식한다. 책을 마무리하는 이 글에서 그는 서민 반反문화를 재건하는 일이 시급하다고 주장한다.

OLS 그룹

차례

자기 집 소유 이데올로기,
집 한 칸은 있어야 한다고?

보기 드문 통찰력으로 번득이는 책 『모두가 자기 집 소유주』[1]에서 장-뤽 드브리는 '소시민petite-bourgeoise' 이데올로기가 어떻게 해서 사회의 광범위한 계층에 뿌리내리게 되었는지 묘사한다. 위생과 안전에 대한 집착, 상품과 사유재산 숭배가 서민 계층의 연대감과 저항문화를 대체했다.

* * *

당신이 사회사 전문지 《가브로슈Gavroche》[2]에 참여한다는 사실, 당신이 코뮌에 대해서 많은 학문적 업적을 남겼다는 사실 등은 잘 알려져 있습니다. 따라서 그런 당신이 중산층의 승리 같은 현대적 추세의 주제로 책을 썼다는 사실은 다소 의외라 할 수도 있습니다. 무슨 계기로 이런 문제를 다루게 되었습니까?

장뤼크 드브리: 오늘날, 중산층이라는 이데올로기적 개념이 우리 사회를 지배하고 있습니다. 이러한 이데올로기의 목표는 대다수 주민들에게 그들이 모두 하나의 거대한 가족이라고 설득하려는 것이라 할 수 있겠죠. 이 같은 이데올로기 안에서는 자기중심주의가 신성시되고 떠받들어지는데, 이것이 추구하는 가치들은 위생과 안전에 대한 편집광적 숭배, 노동의 가치 고양 등을 전면에 내세웁니다. 이런 식으로 연출된 무대에서는 기능이 실존과 혼동되며, 따라서 사유재산은 자연스럽게 상품의 성소로 여겨지게 되죠. 저항하려는 욕망 따위는 아예 말살시켜야 한다는 믿음을 숭배하는 경향이 나타나게 됩니다. 저항을 위한 공간을 만든다는 전망이 날이 갈수록 쪼그라들고 있음을 고려한다면 사실 이러한 믿음은 우리에게 환멸을 안겨준다고 봐야겠죠.

여기서 중산층classe moyenne이라는 계층에 대해 다시 한 번 짚고 넘어가는 게 어떨까요? 당신이 강조했듯이, 대다수 사람들이 자신이 이 부류에 속한다고 말할 것이라 짐작하는 사람들도 더러 있는 반면, 사회학자들은 중산층이란 계층은 처음부터 아예 존재하지도 않았거나 더는 존재하지 않는다고 주장합니다. 혹은 불안정성으로 말미암아 중산층은 해체되어가는 중이라고 말하는 사람들도 있습니다. …… 당신은 '소시민petit-bourgeois'이라는 용어를 선호하는 것으로 보입니다만.

'중산층'은 사회학자들이 이런저런 개념들을 싸잡아 하나로 묶어서 부르는 용어입니다. 그러므로 우리는 과연 그 용어가 사회적 실존감을 지녔는지 자문하게 됩니다. '중산층'이라는 용어는 마케팅 전문가들이 소비를 부추기기 위해서 사용하는 용어이기도 하고, 선거가 있을 때면 정치권에서 '유권자들'을 규합하기 위해 사용하는 용어이기도 합니다. 이처럼 중산층이라는 모호한 개념은 무엇보다도 '소시민 이데올로기'에 토대를 두었다고 하겠습니다. 역사적으로 볼 때, 부르주아 계층은 프롤레타리아와 부르주아지 사이에서 완충지대 역할을 해줄 계층을 만들겠다는 목표를 가지고 있었습니다. 완충지대 역할을 하는 이 중간계층이 노동자 계층을 중재하고 이들을 복종시킬 수 있으리라고 생각한 거죠. 1차 세계대전이 끝나갈 무렵, 유럽의 여러 나라에서는 파시즘이 혁명적 사상을 제거하는 해결책 구실을 했습니다. 러시아에서는 볼셰비키 반혁명이 그와 똑같은 역할을 했죠. 2차 세계대전 이후 평화 확립이라는 목표는 여전히 유효했습니다. 이런 관점에서 볼 때, 프랑크푸르트학파(일명 '비판이론' 학파로 불리며, 마르크스주의 학자들이 모여 현대 사회를 진단하고자 했다—옮긴이)는 시대가 안고 있는 문제가 무엇인지 매우 잘 보여주었습니다. …… 파시즘이 위기에 처한 자본주의를 구한 건 사실이나, 그 때문에 우리는 광기와 파괴라는 대가를 치러야 했죠. 노동자는 더 이상 하나의 계급으로 존재하지 않는다고 설득하기 위해서는 모두가 받아들일 수 있고, 모두가 자신과 직접 관계가 있는 것으로 여길 수 있는 소시민 프로젝트만이 유일한 해답이라고 믿게 해야 했습니다. 노동자가 생산 기제와의 관계를 통해 규정될 수 있는 하나의 계급이었던 것과 마찬가지로, 중산층 현상은 전적으로 상품과 동일시되는 이데올로기적 기제였습니다. 우리는 더 이상 자본을 위해 가치를 창조하는 입장이 아니라 이른바 상품 소비를 향유하는 입장이 되었습니다. 이렇게 되는 과정에서 지배방식이 교묘하게 변질되었다고 봐야겠죠.

노동자 계층에서 관찰되는 그러한 문화변용acculturation, 문화적 지표 상실 현상, 상품과 동일시되는 현상은 중대한 영향을 끼쳤습니다. 그런데 이 과정에서 노동자들이 혹시 자신들의 운명을 장악하는 주인 역할을 하지는 않았나요? 다시 말해서 그들 자신이 스스로 부르주아 운동에 참가하지는 않았습니까?

　　노동자 계급은 완전히 무방비 상태였습니다. 특히 1960년대까지는 공산당과 스탈린 사상의 지배를 받고 있었죠. 그러던 그들에게 68혁명(1968년 5월 프랑스에서 학생과 노동자들이 일으킨 사회변혁운동. 개인의 삶에 국가 권력이 간섭하고 통제하려 하는 데 반대했다―옮긴이)은 그야말로 청천벽력 같은 사건이었고 이를 계기로 이들은 도약했습니다. 그 후 베를린 장벽이 무너지면서 국가 차원의 공산주의가 몰락했고, 따라서 공산주의에 늘 따라다니던 선동적 문구propaganda들도 시들해졌죠. "자, 보십시오, 보다시피 당신들은 패배했습니다. 앞으로는 개인적 성공만이 유일하게 효력 있는 미래 전망입니다." 모든 것은 개인의 차원으로 축소되었으며, 따라서 사회적, 경제적 갈등은 어쩔 수 없이 개인에게로 옮아갔습니다. 사회가 제시하는 모델 기준에 미치지 못하는 개인은 죄책감을 느끼는 처지가 되었습니다. 노동자 운동이 패배했다는 당신의 지적에도 일리가 있습니다. 직업적인 전투형 당원들(분파 구분 없이 모든 공산당원들)이 동네나 일터에서 정치활동을 독점하게 된 것 또한 이러한 현상을 낳는 데 일조했습니다. 자율적 조직을 유지해가는 전통과, 매개자 없이 직접 비판적 담론을 생산하던 습관을 잃어버리면서 노동자 계급은 상품화 이데올로기의 손쉬운 먹잇감이 되었습니다. 모든 상실은 다 이런 식으로 시작됩니다. 이전 시기에 부르주아 계급은 노동자 계급을 배제하였지만, 이제는 노동자 계급을 자기편으로 끌어들이는 포섭 전략을 쓰기 시작했습니다. 그 결과 우리는 포용의 이데올로기가 확산되는 현상을 관찰하는 지경에 이르렀습니다. 집단적 행동과 사회적 이상향은 사라질 운명에 처했는데, 이제부터는 오로지 가치를 창출하는 것만이 중요하기 때문입니다.

그러니까 우리는 새로운 세계, 새로운 생활방식의 확산과 대면했다, 이런 말이군요. 당신의 저서는 "모두가 자기 집 소유주"라는 제목을 달고 있는데, 그 정도로 부동산 소유가 모든 것의 핵심이 된 모양입니다.

그렇습니다. 부동산 소유는 현실과 표상이라는 두 가지 차원에서 중요한 역할을 합니다. 내 집 마련 이데올로기에 공감하기 위해 반드시 진짜 소유주가 되어야 할 필요도 없습니다. 그저 그걸 믿기만(꿈꾸기만) 하면 됩니다. 더러는 실제로 소유주가 되어 개인주택에, 네모나게 구획된 그 공간에 갇혀 살기도 합니다. 때문에 타인과의 관계가, 나아가 사회생활 전반이 현저하게 빈곤해집니다. 이러한 현상은 '이웃의 날' 같은 행사, 이웃끼리 바비큐 파티를 벌이는 자리, 요컨대 이른바 시민 참여형 행사에서 가장 극명하게 희화화됩니다. 모든 관습이나 담론이 그 안에 나름대로의 풍자를 안고 있습니다. 이러한 맥락에서 보자면 소시민은 집단적인 상황 안에서 자신을 돌아보는 역량을 갖추지 못했음이 분명해집니다. 이것이 노동자 계급과의 차이입니다. 노동자 계급은 자기들만의 조직문화 덕분에 스스로의 힘으로 성찰하고 자신이 처해 있는 상황을 문제시할 수 있었습니다. 그런데 오늘날 사유재산이 된 집 속에 틀어박힌 개인은 스스로를 광범위한 체제의 일부로 생각하지 못하며, 자신만의 자아 속에 갇혀 있습니다.

최근에 나는 내 집 마련 이데올로기가 시골이건 대도시 교외에서건 무차별적으로 확산되는 것을 보고 충격을 받았던 기억이 있습니다. 예전부터 형성된 마을에서는 주민이 점점 줄어드는 공동화 현상이 관찰되는데도, 주변의 택지 분양지역은 깔끔하게 손질된 정원, 자갈길, 울타리 등과 더불어 끊임없이 확산되더군요. 이러한 단독주택지의 모델은 보편화되었고, 따라서 중산층과 자본주의의 승리는 자명해 보이는데……

상품숭배, 즉 우리 시대의 새로운 종교인 자본숭배 종교에 귀의하기 위해서 이상화된 모델이죠. 1950년대 이후, 소수의 자녀, 개 한 마리, 안전이 보장된 안락한 집안에서 구경거리처럼 된 일상을 보여주는 이상적인 가정의 이미지는 스스로 원한 소외에 토대를 둔 이상향의 상징적 아이콘이 되었습니다. 이러한 이데올로기는 안전과 청결, 위생에 대한 집착을 보입니다. 가정이라는 장소는 보호되어야 하는 건전한 곳이고, 가정을 벗어난 외부는 오염을 제거하지 않는 한 그 안으로 들어올 수 없습니다. 외부라는 것이 마음의 동요, 불순한 사고, 질병 등을 초래할 수 있으니까요. 요컨대 외부는 전염력이 강하니까요.

당신은 우리가 살게 될 장소는 완전히 재구성되고 재건축되어 인위적이고 규범적인 곳이며, 그런 곳에 살기 위해서는 당연히 따라오는 상품, 예를 들어 자동차에 의존하는 것을 전제로 한다고 지적했습니다.

실제로 단독주택의 필연적인 귀결은 자동차입니다. 또 다른 귀결은 대형마트고요. 우리는 누구와도 접촉하지 않고 카트를, 자동차 트렁크를 가득 채운 다음 집으로 돌아옵니다. 이 과정에서 우리는 언제나 혼자죠. 외부와의 접촉이라면 엄밀히 선정한 몇몇 친구들과의 바비큐 파티 정도가 전부입니다.

단독주택은 흔히 도심에서 멀리 떨어져 있습니다. 따라서 반드시 자동차를 필요로 하죠. 또 어차피 자동차를 끌고 나가야 한다면 죽어가는 도심 상권에서 쇼핑을 하느니 몇 킬로미터쯤 더 달려서 쇼핑몰로 가게 되고요. 이렇게 되니 도심의 상점들은 문을 닫게 되고, 상권을 중심으로 발달해온 마을들은 더 이상 존재 가치가 없어집니다. 그래서 사람들은 그럴 바에는 차라리 교외로 나가서 사는 쪽을 택하는 거고요. 일종의 악순환이 거듭되는 거죠.

때로 마을의 중심 지역이 박물관으로 변신하여 농촌을 근거지로 하는 삶을 인위적으로 재현하기도 합니다. 그런 곳에서 우리는 공공영역이 여전히 존재하던 시절 우리 할아버지 할머니들이 어떻게 사셨을지 상상하는 거죠. 이 시절의 삶은 모두 사라졌으므로 결국 박물관은 이 사라진 삶을 조작하는 겁니다. 그런 의미에서 볼 때, 단독주택에서 산다는 것은 견딜 수 없는 일입니다. 결국 정신마저 오염되고 말죠. 누구든 뭔가가 결여되어 있다고 느낍니다. 그래서 재구성된 박물관 마을, 다시 말해서 견디기 어려운 현실을 견딜 만한 것으로 만들어주려는 목적에서 마련된 인위적인 구경거리의 세계를 방문하게 되는 거죠. 우리는 그곳에서 픽션화된 우리의 근본을 소비합니다. 단독주택은 대를 이어가며 상속되지 않을 것입니다. 그런 집이 언제까지고 지속될 것이라고 믿는 사람은 아무도 없습니다. 우리는 그저 과거를, 사회적 현실이 완전히 제거된 무균 상태의 과거를 인위적으로 제시함으로써 시간의 지속성에 대한 환상을 소비할 뿐이죠. 이건 완전히 재구축이라고 봐야합니다.

텔레비전 프로그램 내용과는 별도로, 요즘 사람들이 푹 빠진 기술 생태계와 네트워크 이데올로기 역시 자기 안으로의 침잠이나 개인화를 부추기는 것 같습니다.

사실 우리 각자는 자기 자신에게로만 향합니다. 자기 자신을 소비하는 데에 열중하죠. 우리는 기 드보르Guy Debord가 1967년 그의 저서 『스펙타클의 사회La Société du spectacle』에서 썼듯이, 삶을 구경거리로 소비합니다. 텔레비전은 이 같은 삶의 박탈, 자아 박탈 현상을 인정하는 결과물일 뿐입니다. 우리는 더 이상 현실 속에 살지 않습니다. 우리는 삶이란 이래야 한다는 취지에서 만들어낸 구경거리와 머리를 맞대고 삽니다. 우리에게는 상대를 그 어떤 관계 속으로든 끌어들여야 할 필요가 없습니다. 말하자면 수음手淫만 일삼는 세계 속에 사는 거죠. 이타성異他性, altérité 따위는 존재할 이유가 없습니다.

당신은 소아증 증세infantilisation가 보편화되었다는 표현을 사용합니다.

광고를 보면 우리 사회가 어린아이로 퇴행해가는 증세가 확연하게 드러납니다. 개인은 어린아이로 변해버렸습니다. 어린아이란 자기 감정에 의해 좌우되는 존재죠. 소비자는 먹이를 받아먹는 데 익숙합니다. 입을 딱 벌리고서 온갖 다양한 방식을 통해 공급되는 우유를 받아 마시는 거죠. 오직 감정만 있을 뿐 성찰이나 비판정신은 찾아볼 수 없습니다. 성인이라면 비판적 담론이나, 스스로를 인식하는 저항적 정신을 통해서 어떠한 사상에 반대할 수 있습니다. 소아증 증세는 이와 반대로 스스로 자초한 소외 과정이 보편화되는 것을 기정사실화합니다. 현대사회의 조직이 당연하게 받아들이는 원초적 감수성은 개인화에 토대를 둔 것입니다. 이것은 상업적이 되었든 정치적이 되었든, 좌우지간 모든 종류의 공작을 가능케 하는 토양이 됩니다.

당신은 또한 요즘 시대에는 욕망과 필요가 완전히 혼동되고 있다는 지적도 했습니다.

요즘 시대에 상품의 장에서는 모든 욕망이 필요를 충족시키는 식으로 즉각적으로 충족되어야 합니다. 즉각적으로 소유할 수 있어야 한다는 말이죠. 욕망은 살아가는 데 없어서는 안 될 필요의 차원에서 고려됩니다. 새로운 물건들은 끊임없이 새로운 욕망을 일깨우도록 만들어집니다. 우리에게는 그 물건들이 제공하는 구경거리의 포로가 된 욕망만이 있을 뿐입니다. 이런 맥락에서는 우리 모두 잘 알다시피 마케팅이라는 것이 승승장구합니다. 우리의 실존은 우리 자신이 이타성의 장에서 구축해나가는 것에 의해서가 아니라 우리가 소비하는 것에 의해서 결정됩니다. 타인과 맺는 관계에 대한 경험은 성공과 개인적 역량에 대해 똑같은 기준을 공유하고 모방하려는 욕망 속에 갇혀버렸습니다. 욕망의 역학은 자본 확장을 위해 조작됩니다.

당신은 우울증에 대해서도 언급합니다. 우울증은 매우 광범위하게 확산된 사회현상이죠. 당신은 그 우울증이 일종의 저항 형태라고 말하던데, 나는 그것을 자기 안으로의 침잠이나 타인에 대한 두려움, 자신에게로만 쏠리는 애정에 따르기 마련인 심리상태라고 분석하고 싶습니다.

우울증이란 상품화되고 가치로부터 소외된 세계에서 인간이 마지막으로 경험할 수 있는 증세라고 할 수 있습니다. 우울증을 통해서만 표현될 수 있는 진정성 있는 경험이 있다면 그건 바로 고통입니다. 우울증이라는 부정적 자기애 경험은 겪는 당사자에게는 매우 견디기 힘든 시련이지만, 다른 각도에서 보자면 저항의 한 형태라고 할 수 있죠. 개인적 역량을 숭배하는 것과 같이 상품을 가치화하는 현상에 동조하는 기제가 더 이상 기능하지 못한다는 의미에서 말입니다. 일종의 고장인 거죠. 하지만 이는 항거나 마찬가지로, 반드시 필요하지만 그것만으로는 충분하지 않습니다. 지푸라기를 태우는 불이라고나 할까요. 그 작은 불이 나를 조금 변화시키기는 하나, 다른 무엇으로 완전히 변신하려면 그것만으로는 충분하지 않으니까요. 그러므로 우울증을 넘어설 필요가 있습니다. 어찌되었든 우울증은 적어도 우리로 하여금 일단 멈춰 서서 이 모든 것이 의미 없음을 알게 해주는 역할을 합니다. 우리가 그걸 믿지 않는 순간, 탈자아를 부추기는 히스테리성 담론은 맥을 못 추게 됩니다. 그러한 담론은 아무런 효력을 발휘하지 못해 무효화되고 우스꽝스러워지는 거죠. 환상이 더 이상 작동하지 않을 때 우리의 정신은 강인해지고, 그렇게 될 때 우리는 상황을 있는 그대로 직시하게 됩니다.

"심리적-지리적 관찰"이라는 제목이 달린 당신 책의 후반부는 모델하우스, 고속도로 휴게소 등, 이른바 우리에게 매우 친숙한 비非장소non-lieux를 다루고 있습니다.

나는 건축물을 통해 정치체제를 이해할 수 있다는 사실을 보여주고 싶었습니다. 건축은 하나의 시대와 밀접하게 연관되어 있습니다. 그 시대의 이데올로기, 그 시대의 인간관을 고스란히 담고 있다는 말이죠. 비장소(전통적인 장소의 요건인 관계성, 역사성, 정체성을 갖지 못한 장소로, 사람이 실제로 거주하는 게 아니라 잠시 거쳐 가는 장소—옮긴이)는 중산층 이데올로기의 승리에 가장 잘 부합하는 공간으로, 그러한 곳들은 아무런 역사도, 사회적 관계도, 과거도, 미래도 담고 있지 않으며, 있는 것은 그저 기능적이기만한 장소를 스쳐 지나가는 '통과승객들' 뿐입니다.

고속도로 휴게소는 대단히 흥미진진한 곳입니다. 우리는 그곳에서 편안

함과 불편함을 동시에 느낄 수 있습니다. 아무 곳도 아닌 곳에 있으므로 불편하고, 그러면서 동시에 모든 것이 코드화되어 있어서 그곳이 어떻게 기능하는지 숙지하고 있으므로 편한 거죠. 예상치 못했던 요소로 인한 놀라움 따위는 전혀 없으니까요.

고속도로 휴게소에서는 엄밀한 의미의 교류가 없습니다. 그저 그곳을 통과하기만 하면 되니까요. 우리는 그곳에서 아무도 만나지 않을 거라고 확신할 수 있습니다. 그곳은 집단적인 장소임에도 우리 모두는 그곳에서 혼자입니다. 그곳에서 우리는 안전하고, 위생과 청결을 보장받습니다. 몇 시에 화장실을 청소했는지 일일이 다 적어놓으므로 그곳에서 더러운 것에 오염될 염려따위는 하지 않죠. 그곳에서 판매되는 상품들은 사실 큰 의미가 없습니다. 모든 것이 규범화되어 있으므로 그곳이 안전하다는 것을 보여주기 위한 장식에 불과합니다. 비장소에서는 모든 것이 미리 다 알려져 있습니다. 따라서 우리는 우리가 익히 잘 아는 익숙한 것 속에서, 잘 알지 못하는 새로운 생산방식 때문에 우리가 노동현장에서 받는 스트레스를 잠시나마 잊고 휴식을 취할 수 있습니다. 비장소는 자신의 울타리 속에 갇혀 있는 사람을 특징짓는 견디기 어려운 고독감, 외로움을 메워줍니다.

당신은 호텔 체인을 가리켜 "공간 지표 상실감을 부추기는 극치"라고 표현했습니다.

그러한 비장소는 역사와 공간을 완전히 지워버립니다. 과거의 역사 없이는 하나의 사회가 구축될 수 없습니다. 그런데 이런 식의 호텔 체인에서는 당신이 어딜 가든 동일한 장식과 동일한 객실, 심지어 벽에 걸어놓은 그림까지 동일하죠. 당신이 스트라스부르에 갔건, 마르세유에 갔건, 릴에 갔건 상관없이 늘 똑같은 곳에 있는 거나 마찬가지입니다. 요즘 한창 유행하는 노마드 사회 어쩌고 하는 객쩍은 소리와는 정반대라는 말이죠. 진정한 의미에서 노마디즘 따위는 어디에도 없습니다. 그저 하나의 상품에서 다른 하나의 상품으로, 하나의 생산 장소에서 하나의 소비 장소로 옮겨갈 뿐입니다. 물론 그 역도 성립하죠.

당신은 도심에 정비되는 보행자 거리에 대해서도 언급했습니다. 모두가 감지하는 불편한 상황에 대처하기 위해—선출직 대표들까지도 이제는 사회 전체적으로 감도는 불편함을 인지하기 시작했죠—비어가는 도심을 다시금 북적거리게 하자는 시도들이 있습니다. 하지만 그런 시도들마저 언제나 인위적인 대책에 그치고 맙니다.

비인간화된 것을 다시금 사람 냄새나도록 만들자는 시도는 사실 상당히 비극적이고 비장하죠. 보행자 거리라는 것을 만들면서 우리는 과거에 장이 서는 날이면 집회장이나 마을 광장에서 사람들이 서로 만났듯이, 그곳이 사회성을 보장해주는 장소가 될 것이라고 믿습니다. 하지만 오늘날 보행자 거리에 늘어선 상가란 치안에 온 신경을 곤두세우는 곳이죠. 심지어 시에서 고용한 무장경찰들이 나서서 경비를 서기까지 하니까요. 더구나 얼마 전부터는 그 경찰들이 테이저건까지 갖추고 노숙자들을 거기서 몰아내더군요. 더 이상 존재하지 않는 것을 되살리겠다는 이 같은 시도는 개인들의 자발적 선택에 의한 것이 아니라 구경거리 차원에서 이루어지고 있습니다. 보행자 거리라지만 보이는 것은 온갖 상점 간판들과 상인들뿐이죠. 모든 게 거짓입니다.

솔직히 모든 게 인위적으로 가공되었죠. 프랑스의 여러 도시들을 여행하다보면 늘 마음이 심란해지는데, 그건 어딜 가나 똑같은 상점들만 만나기 때문이 아닌가 싶습니다. 이름은 물론, 내부도 그렇고 진열장 전시방식까지 동일한 상점들 말입니다. 그 지방 고유의 정취라고는 아주 약간만 느껴지죠. 우리는 이제 그 같은 체인식 상점들에 파묻혀서 삽니다. 끔찍한 획일화가 이루어진 거죠.

더 끔찍한 건 야간 소등이죠. 저녁 7시만 되면 더 이상 삶이 없습니다. 전부 문을 닫으니까요. 모든 것에 자물쇠가 채워지고 삶은 자취를 감춥니다. 그러니 그러한 상가는 더 이상 존재하지 않는 삶이라는 구경거리를 보여주기 위해 만들어진 구조물에 불과한 거죠.

전적으로 자동차와 대형 상가에 토대를 둔 이러한 생활방식은 에너지

위기와 기후 온난화 현상 때문에 언제까지고 유지될 수 없음을 모두가 잘 알고 있습니다. 서방세계가 전 세계에 전파한 이러한 생활방식이 대대적으로 확산될 경우 지구는 이를 지탱할 수 없습니다. 이 같은 생활방식을 언제까지고 유지하는 것이 불가능하다면, 앞으로 어떻게 바꿔야 한다고 생각합니까?

자본주의는 너무도 많은 모순을 축적하고 있기 때문에 위기에 봉착할 수밖에 없습니다. 자본주의 발달 과정 자체와 탐욕적 속성에서 기인하는 심각한 위기는 실제로 피하기 어려워 보입니다. 그러니 분명 위기가 자주 찾아올 것이고, 금융, 산업 등 모든 차원이 위기에서 자유로울 수 없겠죠. 고로 사회적 위기도 피할 수 없습니다. 문제는 그러한 위기들이 정치적 의식으로 연결되어 상품숭배라는 물신주의적 풍조―이것이야말로 사회적 소외 관계의 저변을 이루고 있는 것이니까요―를 뿌리째 바꾸어놓을 수 있느냐 하는 점입니다. 그 점에 대해서 솔직히 나는 회의적입니다. 위기를 겪고 난 후에도 유일한 목표가 존재론적인 지배 현실에 대해 근본적인 해결책을 마련하는 것이 아니라 그저 위기 이전 상태를 회복하는 것이라면, 위기는 계속될 것입니다. 위기에 적응하면서 기회를 잡는 데 뛰어난 역량을 보여온 이데올로기로서의 자본주의는 이제까지 늘 그래왔듯이 이번에도 훌륭하게 적응할 것입니다. 현재 체제에 동조하는 것은 마치 우리 아버지들이 종교에 귀의하던 기제와 흡사합니다. 이 기제는 믿음에 토대를 두고 있죠.

모든 것을 픽션화합니다. 따라서 믿음이 사라질 경우, 이러한 기제는 아무런 효능을 발휘하지 못합니다. 폴 라파르그Paul Lafargue(1842~1911. 프랑스의 사회주의 운동가로 파리코뮌시대에 대단히 활약했다―옮긴이)가 말했듯이, 우리는 자본이라는 종교와 대면하고 있습니다. 이데올로기 체제에 대한 공동의 믿음이 와해되면 운명적으로 위기가 도래하고, 그 위기는 18세기에 겪었던 자본숭배 종교의 위기와 매우 유사한 형태가 될 것입니다. 아시다시피 18세기 자본숭배 종교의 위기는 구체제Ancien Régime의 사회정치적 교리들을 뒤흔들었죠.

대담 · 정리: 세드릭 비아지니Cédric Biagini

(2008년 9월)

1

화면을 깨부숴라,
텔레비전에 사로잡힌 사람들

2003년 11월에 발간된 오팡시브 제1호에 실린 특별기획

8시 뉴스는 거짓말을 늘어놓고, 연속극은 경찰을 영웅화하며, 탐사보도는 파업자들을 자극한다. 여자들은 꼭두각시 노릇을 하고, 기자들은 정치가들이나 대기업가들(이들 기업은 기자들을 고용한 채널의 소유주다)과 한통속이며 …… 다행히 아르테Arte 방송(독일과 프랑스가 합작하여 1991년 개국한 문화예술방송─옮긴이)을 비롯하여 아주 늦은 시각에 전파를 타는 일부 수준 높은 다큐멘터리 작품들을 보면, 좀 더 나은 세상의 텔레비전이 우리에게 제시할 콘텐츠란 이런 것이라는 짐작을 할 수 있다. 그런데 과연 현행 텔레비전 프로그램의 본질과 그것이 지향하는 이데올로기를 비판하는 것이 텔레비전의 효과에 대해 제대로 질문을 제기하는 것이라고 말할 수 있을까? 마찬가지로, 인쇄술의 발명이 우리 사회에 야기한 엄청난 변화를 이해하기 위해 출판된 결과물을 살펴보는 것만으로 충분할지 의문을 품어봄직하다. 미디어는 정치 · 사회체제에 종속되며 권력에 복종하는 변수인가? 아니면 독립변수, 다시 말해서 현대사회에서 지배적 위치를 점유하는 제도인가?

텔레비전 시청은 서양인들에게 있어서 일하기, 잠자기에 이어 세 번째로 비중 있는 활동이다. 프랑스인들의 경우, 하루 3시간 이상 텔레비전을 시청한다. 가정에서 텔레비전 수상기는 과거 벽난로가 차지하던 자리를 점유했으며, 각 가정은 이제 수상기를 중심으로 생활한다. 가정이라는 공간을 차지하는 것만으로 만족하지 못한 텔레비전 수상기는 이제 공공영역(공항, 역, 우체국, 진열장, 광장, 상점 등)까지 침투했다. 집에서나 외부에서나 이 화면은 개인을 고립시키고 그 안에 가두는 결과를 초래한다.

불과 몇십 년 사이에 텔레비전은 의미와 사회적 규범, 집단 상상력 등을 생산해내는 활동을 독점하게 된 반면, 정치나 종교 기관들은 속절없이 무너지고 있다. 텔레비전은 연결을 보장해주며, 사회적으로 인정받는 주요 공간으로 떠오르고 있다. 텔레비전은 또한 상징적 재현을 도맡는다. 원래 재현은 인류에게 내재된 고유한 것이다. 하지만 그 재현이 실재적인 것을 대체함으로써 대부분의 지구촌 주민들에게 텔레비전이 세계와의 유일한 접촉이 되어버리는 순간, 진정한 의미에서 인류학적 대변동이 일어나게 된다.

텔레비전은 끝없이 이어지는 이미지의 물결이며 이러한 이미지를 쉬지 않고 내보내는 것이 텔레비전의 존재 이유다. 커뮤니케이션이라는 이데올로기는 재현을 절대적인 필요성으로 포장한다. 바꿔 말하면, 재현될 수 없는 것은 존재하지 않는다는 말이다. 그러므로 존재하기 위해서는 "재현 가능해야" 한다. 다시 말해서 이미지로 번역될 수 있어야 하며, 오디오비주얼의 틀 속으로 들어올 수 있어야 한다. 따라서 인식과 지식, 성찰, 추상화, 논리적 사고, 판단력의 적지 않은 부분은 감성적인 것, 표피적인 것, 반사적인 것, 즉각적인 것, 단순한 것 등에 희생될 수밖에 없다. 모든 것은 보여지기 위해, 보여지기 좋은 방식으로 가다듬어진다. 우리는 말하자면 세계의 구경거리화 작업에 동참하는 셈이다. 텔레비전 시청자는 모든 것을 보려 하며, 천문학적인 양의 프로그램에 접근할 수 있어야 한다고 요구한다. 그렇게 하면 거실 소파에 편안히 앉은 채 세계와 대면하여 막강한 힘을 가질 수 있으리라고 믿는 것이다. "모든 것을 다 본다"는 이데올로기, 다시 말해서 투명성의 이데올로기는 통제가 일반화된 사회를 동반한다.

많은 사람들이 자신들의 주변에서 일어나는 일에는 완전히 무관심한 가운데 "텔레비전이 보여주는" 타인의 사생활에는 폭발적인 관심을 보인다. 텔레비전 화면을 매개체로 하는 소통은 개개인들에게 실제로 만나야 하는 위험부담 없이 남들과 접촉할 수 있는 기회를 제공한다. 이렇게 하면 인간관계라는 어려움에 어느 정도 대처할 수 있다. 다시 말해서 접속은 사회적 관계망의 패러다임이 된다.

하나의 이미지는 다른 이미지를 배척하며, 모든 것은 순식간에 사라져버리고 평가절하된다. 우리 삶의 모든 분야에서 이른바 '채널 돌리기'가 대세로 자리 잡는 것이다. 세계화가 가속화되고, 가상현실이 급부상함에 따라 개개인은 실재적인 세계로부터 점점 멀어진다. 따라서 개개인이 그 실재적인 세계에 개입할 수 있는 가능성도 점점 줄어든다. 개개인은 스스로 무관심하다고, 아니 무력하다고 느낀다. 급진적인 반체제 운동이 내걸어야 할 야심찬 목표 중 하나는 이 세상에서 여전히 혁명이 가능하다고 믿게 만드는 일일 것이다. 우리는 무엇보다 먼저 겉보기에만 그럴듯한 항거를 거부하고, 재현의 세계의 토대를 구축하는 주요 원리를 백일하에 드러내 보임으로써 그 세계에 반기를 들어야 할 것이다. 우리는 텔레비전을 공격하는 이번 기획에서 바로 그 같은 시도를 해보려 한다.

텔레비전의 시대

철학자 장-자크 뷔넨뷔르제Jean-Jacques Wunenburger는 저서 『텔레비전 시대의 인간L'Homme à l'âge de la télévision』[1]을 통해 텔레비전에 대한 급진적 비판을 제시했다. 그는 이 책에서 우리를 꼼짝 못하게 매혹시키는 텔레비전의 무시무시한 영향력, 텔레비전으로 인하여 우리가 갖게 되는 전지전능하다는 느낌 등을 강조한다.

* * *

텔레비전에 관심을 갖기 전에는 어떤 주제를 주로 다뤘습니까?

장-자크 뷔넨뷔르제: 나는 항상 합리성 비판을 주요 화두로 삼아왔습니다. 1974년에 출판된 나의 첫 번째 저서는 축제라는 주제를 다루었습니다. 오늘날 우리는 과학, 기술, 미디어 분야에서 관찰되는 대대적인 현상이 파행으로 치달으면서 인간을 소외시킨다는 사실을 뼈저리게 인식하고 있습니다. 이러한 소외 현상은 권력에 의해 지식이 재구축되어 형성된 거대한 체제라 할 수 있습니다. 그렇다면 우리의 당면 과제는 이러한 현상을 배제하고 어떻게 우리의 삶을 다시 생각하느냐라 할 수 있습니다.

당신은 어떤 경위로 텔레비전에 대한 책을 쓰게 되었습니까?

나는 아주 오래전부터 영상 세계와 상상 세계에 대해 관심을 가져왔습니다. 텔레비전에 대한 글을 써달라는 요청을 받았을 때, 나는 이제껏 텔레비전에 대해서는 급진적인 내용을 담은 글들이 거의 발표되지 않았다는 사실에 주목했죠.

당신은 텔레비전 프로그램의 내용을 비판하는 것으로 그치지 않더군요. 당신은 텔레비전은 그 자체로 몇 가지 문제를 제기한다는 입장을 취하는 것 같던데…….

오늘날 텔레비전이 대다수 사람들의 삶에서 차지하는 자리에 대해서 거리를 두고 생각해보면 가히 충격적이라고 할 만하죠. 인구의 4분의 3이 하루 평균 3시간을 텔레비전 화면 앞에서 보냅니다. 다시 말해서 일주일에 하루를 꼬박 텔레비전 시청에 할애한다는 말입니다. 텔레비전 시청이 그 후 사람들과의 화젯거리로 이어지고, 뿐만 아니라 사람들이 텔레비전 전문잡지들까지 구독한다는 사실을 고려한다면, 이 현상이 얼마나 광범위한 것인지 새삼 깨닫게 됩니다. 물론 이것이 전적으로 새로운 현상은 아닙니다. 환상이란 훨씬 오래전부터 늘 존재해왔으니까요. 하지만 텔레비전은 이러한 환상을 교묘하게 변화시키기 때문에 사람들은 이제껏 경험하지 못했던 쾌락을 맛보게 되고, 그 쾌락 앞에서는 어떠한 비판정신도 쉽게 무장해제되고 맙니다.

당신은 환상이나 소외 등에 대해 자주 언급하는데, 이는 아주 중요한 지적으로 보입니다. 왜냐하면 흔히 텔레비전을 비판할 때면 이를 반박하기 위해 등장하는 논리 중 하나가 '시청자는 어디까지나 자유의지를 지니고 있다'는 것이니까요.

　　그건 우선 텔레비전이 시각적 매체이기 때문일 겁니다. 텔레비전이 뭡니까, 거리를 두고 보는 영상입니다. 텔레비전이 라디오와 아주 다른 매체인 건 바로 그 점 때문입니다. 라디오의 경우, 여전히 상상력이 개입할 여지가 남아 있습니다. 뿐만 아니라 라디오를 들으면서 얼마든지 돌아다닐 수 있고 다른 일을 할 수도 있죠. 그런데 영상은 이를 허용하지 않습니다. 영상이란 영상은 모두 우리를 한 자리에 고정시키고 붙잡아둡니다. 영상은 세계를 그대로 흉내내며(시뮬레이션), 그렇기 때문에 우리를 함정에 빠뜨리고, 우리를 그 세계 안에 가둡니다. 고대 그리스인들도 이미 그 점에 주목한 바 있습니다. 이미지는 일종의 매혹적인 시뮬레이션을 함축하기 때문에 그걸 바라보는 우리는 실재적인 것을 놓치기 쉽다고 그들은 생각했습니다. 고대 그리스인들이 남긴 가장 유명한 글 가운데 하나인 플라톤의 "동굴의 비유"는 인간과 이미지의 관계를 도식적으로 보여줍니다. 이 비유에서 플라톤은 동굴 속에 앉아서 그 동굴 벽에 비친 그림자들을 바라보며 동요하는 인간들을 묘사합니다. 인간들은 그 그림자를 현실이라고 믿습니다. 그렇기 때문에 누군가가 그들에게 몸을 돌려 동굴 밖으로 나가라고, 동굴 벽에 비친 것은 한낱 이미지들에 불과하다고, 현실을 보기 위해서는 동굴을 떠나야 한다고 알려줘야 합니다. 텔레비전이 아무리 현장에서 일어나는 사건들에 근접해 있다고 해도 그것은 이미지라는 형태를 빌어 우리에게 세계를 보여줄 뿐입니다. 환하게 켜진 텔레비전 화면 앞에서 우리는 거의 동물행동학적 현상을 보입니다. 동물의 한 종으로서의 행동을 보인다는 말이죠. 우리의 눈은 자연스럽게 빛을 발하는 곳으로 쏠리게 마련입니다. 시각의 자율 운동인 셈이죠. 텔레비전은 이러한 반응을 자극합니다. '화면', 그것이 텔레비전 화면이 되었든 컴퓨터 화면이 되었든, 그런 형태가 전 지구적으로 얼마나 성공을 거두었는지 의문을 품어볼 만합니다. 인류의 적지 않은 수가 그 화면들 앞에서 인생의 상당 시간을 보냅니다.

일단 텔레비전을 켜면 우리는 무차별적인 이미지의 파도와 대면하게 되고, 이는 곧 무관심의 지배로 이어집니다.

텔레비전 영상의 효과는 두 가지로 생각해볼 수 있습니다. 우선 시청자들을 홀리는 효과가 있죠. 텔레비전은 시청자들을 무기력 상태에 빠뜨리며 잠들게 합니다. 끊임없이 이미지들을 흘려보내기 때문이죠. 우리는 이 현상을 심리학적인 관점에서, 아니 거의 생물학적인 관점에서 연구해볼 수 있습니다. 텔레비전을 바라볼 땐 경계심이 현저하게 줄어듭니다. 하나의 이미지는 다른 이미지를 몰아냅니다. 이렇게 되면 불안감이 생겨나고, 이미지 각각이 함축하는 내용은 진정한 의미에서 그 정체성을 제대로 파악할 수 없죠. 영화나 텔레비전을 볼 때에는 제공되는 정보의 90퍼센트가 상실된다고 봐야 합니다. 그러므로 시청각적인 재현에 따르는 손실은 어마어마한 거죠.

텔레비전 시청은 또한 우리의 몸과 생활방식에도 지대한 영향을 끼칩니다. 가령 대부분 가정에서 거실의 가구 배치를 결정하는 것도 텔레비전 수상기입니다. 텔레비전을 시청한다는 건 움직이지 않고 한 자리에 가만히 있음을 의미합니다. 낮 동안에는 대부분 사람들이 직장에서 앉은 자세로 일합니다. 점점 더 눈만 움직여서 일하는 추세를 보이고 있죠. 일상생활에서 우리는 몸을 점점 덜 움직입니다. 일터에서도, 교통수단을 이용할 때도, 텔레비전을 볼 때도, 내내 앉아만 있다가 침대에서 잠을 잡니다. 이는 인류 역사를 놓고 볼 때 완전히 새로운 현상입니다. 그것이 육체적으로나 신경학적으로 어떤 결과를 초래할지는 아직 아무도 알지 못합니다. 어쨌거나 우리의 몸은 파편화되고 동강동강 잘라집니다. 우리의 활동 각각은 기술이 발전하는 방식에 따라 달라지는 양상을 보입니다. 그런데 기술이란 일정한 시간, 일정한 비용을 뜻합니다. 스포츠를 예로 들자면, 우리 몸은 최고의 기량을 발휘해야 하는 그 순간을 위해 기능하도록 최적화됩니다. 말하자면 우리는 인위적인 삶 속에 자리를 잡는 거죠. 그렇게 되면 그 후에 이어지는 동작들은 절대 문화적이고 조화로운 삶 속에서 하나가 되어 녹아들 수 없습니다.

당신은 또 구경거리 제례의식이라는 표현도 서슴지 않았습니다.

텔레비전이 차지하는 자리는 '실용적'이라는 지극히 평범한 이유에 의해 결정됩니다. 많은 서양 가정에서 텔레비전 수상기는 시각적 관점에서 거실의 중심이 됩니다. 그것으로부터 무언가 예외적인 구경거리가 제공되기를 기다리는 거죠. 사람들은 텔레비전 수상기를 중심으로 삶이 돌아가도록 해야 할 필요를 느낍니다. 텔레비전은 이전 전통 문명사회에서 성스러운 물건이 놓이던 자리를 차지했습니다. 곧 삶 전체가 그 물체를 중심으로 전개된다는 말입니다. 이전 시대에 성물 앞에 모여 앉아 기도를 올리고, 제례의식을 거행하던 것과 같은 이치입니다. 나는 "지구에 처음으로 발을 디딘 외계인이 저녁 8시에 수백만 명의 지구인이 빛을 발하는 어떤 물체 앞에 모여 앉은 광경을 목격한다고 상상해보자. 그 외계인은 분명 '이건 내가 불교 사원이나 10세기 혹은 20세기 전쯤 남아메리카의 피라미드에서 본 거로군. 이건 분명 숭배용 물체야'라고 말할 것이다"라는 문장으로 그 책을 시작했습니다.

텔레비전과 관련해서 보자면, 제도화된 일종의 지정석도 존재합니다. 가령 가장의 자리가 있게 마련이니까요.

물론입니다. 텔레비전과 관련해서 각 가정마다 일종의 제례의식처럼 정해진 규칙이 존재하죠. 그 규칙은 시간과 공간 모두에 적용됩니다. 무엇을 구경할 것인가에 따라 시간이 결정되지 않습니까. 텔레비전은 우리 일상을 지배합니다. 우리는 텔레비전의 이러한 독재를 점점 덜 의식하게 되어버렸죠.

화면은 당신이 전지전능의 감정이라고 표현한 독특한 감정을 불러일으킵니다.

똑같은 현상을 영화에서도 관찰할 수 있습니다. 실재를 재현하는 기술 덕분에 우리는 현실에서보다 텔레비전이나 영화를 통해서 세계를 더 잘 볼 수 있다는 느낌을 받죠. 우리 자신의 고유한 경험만으로 파악하는 것보다 훨씬 더 많은 것을 볼 수 있으니까요. 촬영 카메라는 우리들의 힘으로는 절대 갈 수 없을 만한 장소로 우리를 이끕니다. 보는 행위는 더 이상 아무것도 우리에게 저항할 수 없으리라는 인상을 심어주죠. 이와 같은 전지전능의 감정 뒤에는 사실 무력함이 숨어 있습니다.

화면에서 보는 존재들이란 비실재적이죠, 우리와 아무 상관이 없으니까요. 텔레비전은 클로즈업 화면을 제공함으로써 시청자들에게 그들이 세계의 중심에 있다는 인상을 주지만, 실제로 우리는 혼자일 뿐입니다. 그곳에서 멀리 떨어진 곳에서 침묵하는 존재에 불과하다는 말입니다. 요컨대 가까이 있다는 완전한 착각을 제공할 뿐인 거죠. 흔히들 텔레비전은 외로움을 덜어주는 역할을 충실히 수행하기 때문에 이를 비판해서는 안 된다는 말들을 합니다만, 그 속을 들여다보면 이는 어디까지나 인위적으로 고독을 덜어주는 것에 불과합니다. 실질적인 교류라고는 전혀 이루어지지 않으니까요. 더구나 세계를 장악한다는 느낌을 준다는 사실까지 고려한다면 대단히 기만적인 인공물인 거죠.

텔레비전은 자주 세계를 향해 열린 창으로 간주되기도 합니다. 그런데 당신은 왜곡된 구경거리라는 신랄한 표현을 쓰더군요.

녹화라는 시각적 현상의 근저에는 선택이 도사리고 있습니다. 당신이 실제로 사는 모습과 녹화된 것 사이에는 분명 차이가 있습니다. 세계는 그것이 이미지로 변하는 순간 축소되므로, 주변 세계를 녹화하는 과정에서 엄청난 손실이 발생한다고 말할 수 있습니다. 이따금씩 '무대 뒷면'을 보여준다고는 하지만, '뒷면'은 항상 있게 마련이므로 결국 상시적으로 그 '뒷면'이 없다고 믿게 만들어야 하는 거죠. 진정한 의미에서 구경거리, 가령 연극이나 축제 같은 것은 삶을 바꾸어 놓습니다. 그것들을 통해서 우리는 새로운 공간으로 들어가니까요. 사람들은 인위적 공간을 일부러 만들었으며, 배우들이 화장을 하고, 그런 일들이 벌어지는 '무대 뒷면'이 있다는 사실을 충분히 인식합니다. 말하자면 거기에는 시공時空의 일치가 존재하는 거죠. 우리는 그 구경거리가 언제 시작하고 언제 끝나는지 압니다. 구경거리가 진행되는 동안에는 새로운 규칙이 작동합니다. 그런데 텔레비전에서는 이런 규칙이 모두 자취를 감춰버립니다. 실재와 놀이가 완전히 뒤섞여버리는 거죠. 본다는 시각적 현상의 본질은 바뀌지 않는데 말입니다. 동일한 화면에서 동일한 템포로 우리는 탐사 기록에서 영화로, 또 토론으로 숨 가쁘게 넘어갑니다. 구경거리spectacle와 삶의 구경거리화spectacularisation 사이의 경계가 무너져버리는 겁니다.

내가 보기에 이처럼 새로운 유형의 혼돈이 텔레비전의 가장 기본적인 속성인 것 같습니다. 텔레비전이 지닌 오락 기능 면에서 영화는 매우 중요한 역할을 합니다. 하지만 매일 여러 편의 영화를 보는 건 일종의 폭식증이라고 생각합니다. 사람은 누구나 공상을 하고, 오락을 즐길 필요가 있습니다. 그러나 매일 꾸며낸 이야기로 만든 영화를 본다는 건 적어도 나에게는 병적인 것으로 여겨집니다. 점점 늘어가는 방송국 수는 영화 제작에 대한 수요가 점점 늘고 있음을 반증합니다. 그러나 이렇다 할 커다란 이변이 없는 한 우리에게는 그토록 많은 영화를 만들어낼 만한 천재적인 창의력도, 자본도 없습니다. 때문에 넘쳐나는 감상적인 연재물들과 그저 마구잡이로 셔터를 눌러댄 영상들이 우리에게 오락거리를 대신해주고 있죠.

텔레비전은 또한 모든 것을 보고 어디에든 가겠다는 입장을 고수하고 있는데.

미디어는 믿기 어려울 정도로 시간이라는 제약에 매어 있습니다. 일정량의 이미지들을 매우 빡빡하게 짜인 시간 안에 집어넣어야 한다는 강박증에 시달리는 거죠. 그런데 긴 시간을 두고 탐사한다거나 시청자들에게 소개되어야 할 사안들도 분명 존재합니다. 뉴스의 경우, 해설이 너무 짧아 내용이 빈약해지기 일쑤입니다. 이미지는 그 속성상 왜곡을 배제할 수 없습니다. 시청자들은 정보를 들었다고 믿지만, 사실 그 정보란 최소한의 내용에 불과한 거죠.

우리는 흔히 이미지가 글보다 더 신뢰할 만하다고 믿습니다만.

그것이 바로 텔레비전이라는 기술의 속임수입니다. 우리가 보는 이미지가 진실이라고 믿게 하는 것이야말로 기계가 만들어내는 현실의 원천입니다. 그 현실은 사실상 하나에서 열까지 모조리 녹화 기계와 그 기계를 다루는 사람의 관점, 편집 음향 효과 등에 의해 가공된 것인데도 말입니다. 아예 처음부터 날조되진 않았더라도, 모든 이미지는 인위적입니다. 카메라가 돌아가기 시작하는 순간부터 그 카메라에 찍힌 사람들은 자연스럽지 않다는 사실을 우리는 잘 알고 있습니다. 자발적 연출이 개입해서 현실을 바꾸는 거죠. 카메라가 등장하는 순간부터 연극화가 시작되는 겁니다. 몇몇 과학기술들과 마찬가지로 텔레비전은 녹화한다는 사실만으로 이미 변모된 현실을 녹화합니다. 물론 텔레비전은 스스로 잊혀지려고 하죠. 한 권의 책을 현실이라고 말하는 사람은 없습니다. 책을 읽고 나면 누구나 진짜 현실을 보러 가야겠다고 생각하죠. 책은 현실을 방해하지 않습니다. 매개자 또는 도구 역할을 할 뿐, 현실을 대체하려 들지 않으니까요. 그런데 텔레비전은 실재적인 것을 보여준다고 믿게 합니다.

당신은 텔레비전의 문화적 기능에 대해서도 경계를 늦추지 말아야 한다고 주장합니다.

그건 좀 미묘한 문제입니다. 텔레비전의 문화적 기능에 대한 비판은 쉽게 받아들이기 어려우니까요. 텔레비전이라는 작은 네모 화면은 수십억 명의 시청자들에게 텔레비전이 아니었다면 도저히 발견할 수 없었을 인류의 다양한 모습을 보여주는 것이 사실입니다.

정신활동의 확대라는 측면에서 보자면 텔레비전은 확실히 정보에 대해서 전대미문의 원천이 되고 있습니다. 따라서 이는 분명 진일보한 것이라고 봐야겠죠. 그런데 우리가 문화라고 말할 땐 일종의 서열화, 바꿔 말하면 지식의 질서정연한 배치가 전제됩니다. 텔레비전은 어쩌면 학교와는 정반대된다고 할 수 있습니다. 밟아가야 할 단계도, 거기에 따르는 방황도 없고, 있는 것은 그저 정신의 무질서뿐이니까요. 문화와 관련된 궤변이 문화 민주화와 혼동되는 경향이 있습니다. 오디오비주얼은 지식을 전파하는 수단 가운데 하나입니다.

어디까지나 지식을 전파하는 수단에 불과할 뿐, 지식의 구조물은 아닙니다. 지식은 추상화 과정, 즉 이성적으로 추론하고 언어와 개념을 충분히 제어하는 단계를 필요로 합니다. 이 과정을 무시할 수 있다고 믿게 하는 건 순전히 거짓말이죠. 성찰이라는 활동은 추상화를 전제로 하며, 따라서 적절한 시점에서는 이미지의 부재를 함축합니다. 사고를 하려면 시간이 필요한 법이지요.

당신은 텔레비전이 우상을 만들어낸다고 주장합니다.

텔레비전이 지닌 진정한 권력은 언어면 언어, 개인이면 개인을 인정받도록 해주는 권력이라고 할 수 있습니다. 가령 지역적 차원의 행사라도 있을 경우를 상상해보면, 그 점은 누구나 쉽게 이해할 수 있을 겁니다. 만일 당신이 "운 좋게도" 1~2분가량 텔레비전에 얼굴을 내밀게 되었다면, 이웃 사람들이 당장 "텔레비전에서 당신을 봤어요"라고들 말할 테니까요. 텔레비전에 얼굴이 나왔다는 단순한 사실이 당신을 이제까지와는 다른 사람으로 바꾸어놓는 것입니다. 말하자면 당신에게 가치를 부여해주는 거죠. 누구든 그와 같은 경험을 할 수 있습니다. 그 절정은 아마도 "텔레비전에서 봤어"라는 표현이 아닐까 싶군요. 도구가 메시지를 대체하는 것, 이것이 바로 가치를 날조하는 것이자 현대성modernité이 지닌 가장 교활한 특성 가운데 하나라고 할 수 있습니다.

텔레비전에 나오지 않는 건 존재하지 않는 것이나 마찬가지입니다. 그렇기 때문에 어떻게 해서든 거기 나와야 하고, 따라서 텔레비전이 정한 규칙을 자기 것으로 받아들여야 하겠군요.

텔레비전에서 보여준 내용들은 텔레비전용으로 미리 만들어진 것들입니다. 심지어 정치 행사조차도 텔레비전 전파를 탈 수 있는 방식으로 진행될 정도입니다. 대규모 행사일수록 기획 단계부터 프로그램 편성을 계산에 넣게 되지요.

구경거리를 만들어내야 하기 때문에 거기에는 자발성이 끼어들 여지가 없습니다. 텔레비전과 궁합이 잘 맞는 스타일이 분명 존재하고, 이 스타일이 점점 더 사회 전반을 장악해가고 있습니다. 요컨대 텔레비전에 어울리는 방식이 바람직한 모델 역할을 하기 때문에 사람들은 모두들 그 방식에 맞춰 역사에 기억될 만한 행사들을 제작합니다.

그 같은 텔레비전 문화는 예를 들어 문자 언론 같은 다른 매체로도 확산되었습니다.

텔레비전이 그만큼 큰 성공을 거두었다고 봐야겠죠. 텔레비전은 자신의 스타일을 우리 사회 전반으로 확산시키는 데 성공했습니다. 일단 눈에 보이는 것이 내용보다 우선적인 세상이 되었습니다. 내용은 반드시 이미지로 대체되어야만 합니다. 글만으로는 소통의 매체 역할을 하기에 충분하지 않습니다. 모든 메시지들은 가장 단순하게 전달될 수 있도록 재가공됩니다. 채널 돌리기는 말하자면 일종의 눈의 문화혁명에 해당합니다. 우리는 커뮤니케이션의 빈곤화 현상과 대면하게 되었습니다.

상상력의 빈곤화 현상도 간과할 수 없죠.

그 점이 매우 흥미로운 역설이죠. 텔레비전은 개개인들에게 꿈꾸고 공상할 거리를 제공하기도 하니까요. 우리는 그 문제를 진지하게 생각해봐야 합니다. 공상이란 단순히 이미지나 이야기, 연속극을 소비하는 행위와는 다릅니다. 공상을 한다는 것은 자기 자신이 공상을 만들어내는 것이기도 합니다. 공상을 한다는 건 단순히 미리 만들어진 이미지를 소비하는 것과는 다르다는 말이죠. 텔레비전은 정형화된 상상력을 과도하게 사용합니다. 텔레비전 수상기 앞에서 하루에 서너 시간을 보내면, 언제 꿈꾸고 공상할 시간이 나겠습니까? 사람들에게서 텔레비전 수상기를 압수해버리면 흡사 천재지변 같은 시간이 찾아옵니다. 그 사람들은 스스로의 힘으로 살 수 있을 만큼 내면세계를 갖추지 못했기 때문입니다. 그러니 내면세계를 새롭게 창조하고 자기만의 고유한 재원을 발굴해가야 합니다.

텔레비전은 사회적 관계를 약화시킵니다.

텔레비전의 마술은 그것이 일방통행식 커뮤니케이션이라는 사실에서 찾을 수 있습니다. 교류가 있는 것처럼 시늉을 하는 건 사실이지만, 우리는 굳이 남과 대면해야 할 필요도 없고, 우리의 시간을 남을 위해 할애해야 할 필요도 없으며, 상대방의 이야기를 들어주어야 할 의무도 없습니다. 텔레비전에 익숙해진 사람들은 실제 생활에서도 마치 텔레비전 화면 속에 등장하는 인물을 대하듯이 행동하게 됩니다. 결국 텔레비전과 더불어 우리는 삶을 몰수당하는 거죠.

대담: 세드릭 비아지니
(2003년 11월)

좋은 텔레비전은 없다

텔레비전에 대해 생각하는 것은 근본적으로 그것을 형성하는 것들 안에서 텔레비전을 살펴보는 것을 의미한다. 우리의 머릿속을 텅 비게 만드는 역량을 가지고 있다는 점에서 텔레비전은 그 자체로 소외다.

* * *

문화비평가 마셜 맥루언Marshall MacLuhan은 살아 있을 당시 "매체medium 가 곧 메시지"[1]라고 말했다. 이 말은 후에 등장하는 텔레비전에 대한 더욱 진척된 분석을 예고한다. 매체의 본질은 그것이 담고 있는 내용이 아니라 그것이 취한 형태라는 사실을 우리에게 새삼 일깨워주기 때문이다. 바꿔 말하자면, 실재적인 것과 관찰자 사이의 모든 매개 행위는 그 자체로 사물들을 유발하며, 그 사물들이야말로 내용과 관계없이 매체가 전하는 진정한 메시지라는 말이다. 롤랑 바르트Roland Barthes는 이런 방식으로 사진을 분석했다.[2] 마찬가지 방식으로 텔레비전에 접근해볼 수 있지 않을까.

밀물처럼 밀려오는 영상과 하나가 되는 우리의 의식

텔레비전은 끊임없이 이미지들을 전파한다. 철학자 에드문트 후설의 표현을 빌자면[3] 시각적 이미지들(음악의 파편들이라고 해서 다르지 않다)은 일시적이고 순간적인 물체에 해당한다. 다시 말해서 시간의 흐름 속에서만 존재하는 물체다. 그러므로 '정지pause' 버튼을 눌러서 그 물체를 간직하기란 불가능하다. 텔레비전의 경우를 예로 들면, 그 점은 비교적 명쾌하게 와 닿는다. 내가 텔레비전 수상기의 '정지' 버튼을 누르면, 나는 더 이상 그 기계가 제공하는 오디오비주얼 프로그램을 볼 수 없다. 그 경우 나는 그저 하나의 정지된 이미지만 볼 뿐, 시간적 흐름 속에서 존재하는 영화는 즐길 수 없는 것이다. 음악의 경우라면 이 사실은 한층 더 분명해진다. 아무리 CD 재생기의 '정지'를 눌러도 나는 어떤 한 점에 음악을 멈추게 할 수 없다. 음악이란 흐름 속에서만 존재할 수 있기 때문이다.

후설에게는 의식의 구조 또한 시간의 영향을 받는 일시적이고 순간적인 것이므로, 의식을 연구하면 일시적이고 순간적인 물체들과 우리가 맺는 관계를 이해할 수 있다. 후설에게 의식이란, (내가 나 자신에 대해 숙고하는 것과 마찬가지로) 의식 자체에 대한 의식이어도 좋으니, 항상 무엇에 대한 의식이다. 의식은 아무것도 존재하지 않는 무無의 상태를 향할 수 없으며 동시에 여러 가지를 향할 수도 없다.[4] 내가 텔레비전을 바라볼 때면 나의 의식은 매 순간 이미지와 소리의 물결을 향한다. 일시적인 의식의 흐름은 내가 보는 영화 또는 비디오의 흐름과 일치하게 된다. 시청각 요소들의 흐름과 나의 의식의 흐름이 일치되면 나와 내가 보는 것(또는 듣는 것)이 즉각적으로 동조하게 될 것이다. 요컨대 텔레비전을 바라보는 동안 나는 나 자신일 수 없다. 내 의식이 밀물처럼 밀려오는 이미지들과 찰싹 달라붙어버리기 때문이다. 달리 말하자면 나는 내가 바라보는 것이 되어버린다. 텔레비전이 우리의 머릿속을 텅 비게 만든다는 평가를 받는 것은 그런 이유 때문이다. 내가 텔레비전을 바라볼 때 나의 의식은 화면에서 연속적으로 지나가는 순간들에 대한 의식이 되어버리는 것이다.[5]

어떤 의미에서는 바로 그 점이 영화의 마술이기도 하다. 텔레비전이 그처럼 거의 무한한 위력을 갖게 된 이유는 그것이 쉬지 않고 이미지들을 내보내기 때문일 것이다. 우리가 극장에 가면, 영화에는 분명 시작과 끝이 있다. 그런데 텔레비전의 경우, 비록 한 편의 영화를 보더라도 이미지들의 흐름이 끝나지 않는다(영화가 끝나도 광고 이미지가 이어지지 않는가). 그러므로 시청각 요소들로부터 빠져나오기가 훨씬 어렵다. 텔레비전은 프로그램 편성에 따라 우리를 우리에게 속하지 않는 무수히 다양한 분위기와 사고 속으로 몰아넣는데, 우리의 의식은 즉각적으로 그것들과 하나가 되어버린다.

텔레비전은 소외다

그러므로 텔레비전이란 곧 소외다(어원적 의미에서 볼 때, 소외 aliénation란 자기 자신에게 이방인이 되는 것, 자기 자신을 박탈당한 상태를 가리킨다). 텔레비전을 볼 때면 우리는 우리 자신의 생각에서 벗어난다. 우리 자신으로부터 벗어난다. 이러한 능력 덕분에 텔레비전은 프랑스 국민에게 세 번째로 중요한 활동이 되었으며, 우리 사회 안에서 다른 미디어와는 비교도 되지 않을 만큼 막강한 영향력을 행사하게 되었다.

텔레비전이 주는 메시지는 텔레비전이다. 말하자면 텔레비전은 사람들이 거기서 무엇을 보든 그 내용과 상관없이 그 자체로 목적이다. 텔레비전은 존재 자체만으로도 남용을 부추긴다. 오랜 시간 텔레비전을 시청하는 것은 텔레비전을 바람직하지 않은 방식으로 사용해서가 아니라 텔레비전이라는 존재 자체가 그렇게 하도록 유도하기 때문에 나타나는 현상이다. 그렇다고 개인적 차원에서 텔레비전의 남용에 저항하는 것이 아예 불가능하다는 뜻은 아니지만, 사회적 차원에서 보자면 텔레비전의 영향력에 굴복하는 사람이 상당할 것임을 함축한다. 텔레비전은 장시간 동안 텔레비전을 시청하도록 사람들을 유도하는데, 이는 그 자체로 보는 이의 지력을 둔화시킨다. 그리하여 텔레비전은 수많은 다른 속성들까지 획득하게 된다. 텔레비전이 우리에게 드러내 보여주는 '실재'(사실상 이는 정해진 틀에 맞춰 사전에 준비되고 촬영되어 편집되고 재수정되는 등의 과정을 거치므로 가상일뿐이다)를 진정한 의미에서의 실재보다 더 진실된 것으로 받아들이게 ("맞아, 정말이야, 텔레비전에서 봤다니까……") 한다거나, 우리의 주관성이 즉각적으로 동조하도록 유도할 뿐이면서도 마치 순수한 객관성의 화신인 것 같은 태도를 취한다. 또한 화면이 꺼지기 직전까지만 (화면에서 불빛이 사라져가면서 마침내 깜깜해질 때 공허감을 느끼지 않는 사람이 있을까?) 대리 삶을 살게 해줄 뿐이면서도 마치 실제로 세계를 누비며 사는 듯한 느낌을 갖게 해준다. 이것들이 모두 텔레비전의 부차적 속성이라 할 것이다. 좋은 텔레비전이란 있을 수 없다. 좋은 영화, 좋은 시청각 도구는 얼마든지 있을 수 있으나, 사회적 관점에서 소외를 야기하지 않는 텔레비전이란 없다.

기욤 카르니노Guillaume Carnino

텔레비전을 끄지 못하는 이유

텔레비전을 많이 보면 볼수록 점점 더 텔레비전을 끄지 못하게 된다. …… 미국 럿거스 대학교 교수이자 심리학자인 로버트 쿠베이Robert Kubey와 시카고대학교 심리학 교수로 재직한 미하이 칙센트미하이 Mihaly Csikszentmihalyi가 텔레비전이 우리의 삶에 행사하는 지배력에 대해 연구했다.[1]

* * *

우리가 자신의 생존을 위해 벌이는 투쟁에서 가장 역설적인 양상을 꼽으라면 아마도 우리 각자가 너무도 쉽사리 자신이 욕망하는 대상에 의해 파괴될 수 있다는 점일 것이다. 가령 숭어는 미끼에 의해서, 생쥐는 한 조각의 치즈에 의해서 목숨을 잃는 경우가 빈번하다. 그런데 이들 동물들은 적어도 먹고살기 위해서 미끼나 치즈를 덥석 물었다는 변명 정도는 할 수 있다. 안타깝게도 인간의 경우에는 이러한 변명이 통하지 않는다. 인간의 삶을 동요시키는 유혹들이란 순전히 자기만족을 위한 경우가 대부분이기 때문이다. 예를 들어 의무로 술을 마셔야 하는 사람은 없다. 자신이 즐기는 취미나 여가에 대한 자제력을 상실하는 순간을 명확하게 의식하는 것은 우리의 삶이 우리에게 던지는 중요한 도전이다.

충동적 욕구라고 해서 반드시 물리적 물질을 함축하는 것은 아니다. 노름도 충동적 욕구가 될 수 있고, 편집증적 섹스도 마찬가지다. 그중에서도 중요성이나 편재성偏在性으로 볼 때 전 세계에서 가장 인기 많은 활동이 하나 있으니 바로 텔레비전 시청이다. 대부분 사람들은 텔레비전과 애증 관계에 있음을 순순히 인정한다. 이들은 텔레비전 프로그램이나 무기력한 텔레비전 시청자들에 대해서 불평을 늘어놓으면서도 기꺼이 소파에 앉아 리모컨을 잡는다. 텔레비전을 학문적으로 연구하는 학자들마저도 텔레비전이 그들의 사생활에 끼치는 막강한 힘에 대해 경이로움을 표할 정도다. 〔…〕

학자들은 이미 수십 년 전부터 텔레비전의 효과에 대해 연구해 왔으며 이들 연구의 대다수는 화면을 통한 폭력의 재현과 폭력적 행동 사이의 관계라는 문제를 집중 조명했다. 이제까지 이들은 텔레비전의 가장 중요한 역량, 즉 그것이 전파하는 메시지가 아닌 그 메시지를 전달하는 도구에 대해서는 상대적으로 관심을 덜 가졌던 것이 사실이다. 텔레비전 의존증이라는 용어는 사실 부정확하며 가치판단을 포함하고 있으나, 그럼에도 엄연히 실재하는 현상의 본질을 효과적으로 드러내 보인다는 장점을 지닌다. 사람들이 텔레비전 앞에서 보내는 시간의 양은 실로 엄청나다. 선진국의 경우 하루 평균 3시간가량을 보내는데, 이는 자유시간의 절반에 해당한다. 이런 리듬이라면 75세까지 사는 사람의 경우 무려 9년을 텔레비전 수상기 앞에서 보낸다는 계산이 나온다.

시간 먹는 하마인 동시에 교육적인 취미

텔레비전에 대한 우리의 반응을 연구하기 위해 학자들이 실험실에서 몇 가지 실험을 벌인 결과, 텔레비전을 시청 중인 사람들의 뇌(뇌전도 검사)와 피부, 심장이 보이는 반응을 측정하는 데 성공했다. 실험실이라는 인위적 조건과는 대조를 보이는 시청자들의 실제 일상 속에서 그들의 행동 반응과 정서 반응을 살피기 위해 우리는 실험에 토대를 둔 방식을 사용했다. 실험 참가자들은 호출기를 착용했으며, 우리는 일주일 중 어느 한 기간을 택해 하루 평균 6~8차례에 걸쳐 아무 때나 그들에게 연락을 취했다. 참가자들은 호출기 소리를 들을 때마다 표준화된 서류에 그들이 그 순간에 하던 일과 호출기가 울렸을 때 어떤 기분이 들었는지를 기록했다. 예상했던 대로, 우리가 호출기를 울렸을 때 텔레비전을 보던 사람들은 긴장이 풀어지고 무기력한 기분이었다고 적었다. 뇌전도 검사도 마찬가지로 텔레비전을 볼 땐 책을 읽을 때보다 정신의 자극이 눈에 띄게 약해짐을 보여주었다. 더 놀라운 사실은 텔레비전을 끄고 나면 긴장완화 효과가 사라지는 반면, 무기력감과 활력이 저하되는 현상은 그대로 지속되었다는 점이었다. 참가자들은 예외 없이 텔레비전이 어떤 의미에서는 그들의 에너지를 모두 빨아들이는 것 같다고,

그 때문에 그들이 기진맥진해지는 것 같다고 생각했다. 그들은 책을 읽을 때와는 달리 텔레비전을 보고 나면 보기 전보다 훨씬 더 집중하는 데 어려움을 겪는다고도 말했다. 이들은 운동이나 취미생활을 하고 난 후에는 기분이 좋아진다고 말했으나 텔레비전을 시청하고 난 후에는 반대로 보기 전과 기분이 똑같거나 오히려 더 나빠진다고 털어놓았다. 참가자들은 의자에 앉아 텔레비전 전원을 누르는 사이에만 긴장이 풀리는 것 같다고 대답했다. 빠른 시간 안에 긴장이 풀리므로 이들은 텔레비전을 평온 또는 휴식과 연결 짓는 경향을 보였다. 이러한 연상은 긍정적인 방향으로 강화된다. 텔레비전 수상기 앞에 앉아 있는 한 긴장을 풀었기 때문이다. 반면 텔레비전을 끄고 난 후에는 스트레스를 받고 감정의 기복이 심해졌으므로 이에 대해서는 부정적인 방향으로 강화되었다고 볼 수 있다.

마약인가 진정제인가?

중독자를 양산하는 마약도 이와 같은 방식으로 기능한다. 우리 몸이 빠른 시간 안에 밖으로 배출시키는 진정제는 오랜 시간 신체 내부에 남아 있는 진정제보다 중독성이 클 확률이 높다. 그 이유는 그걸 섭취한 소비자가 진정제의 효과가 곧 사라질 것임을 분명하게 의식하기 때문이다. 마찬가지로, 텔레비전을 보지 않게 되면 긴장완화 효과가 줄어들 것이라는 텔레비전 시청자들의 막연한 느낌 또한 이들에게서 텔레비전 수상기를 끄고 싶은 마음을 앗아가는 데 아마 중요한 역할을 하는 것으로 보인다. 따라서 텔레비전을 한 번 보게 되면 점점 더 그걸 보게 된다.

그것이 자기에게 좋지 않다는 걸 뻔히 알면서도 사람들이 예정 보다 훨씬 더 오랫동안 텔레비전을 본다는 것이 텔레비전의 역설이 다. 우리의 연구에 따르면 사람들이 텔레비전을 보는 시간이 늘어 날수록 그로부터 얻는 만족은 줄어든다. 우리가 호출기를 울렸을 때, 텔레비전에 심하게 중독된 시청자들(항상 텔레비전을 보는 사람, 다시 말해서 하루 4시간 이상씩 시청하는 사람)일수록 텔레비전을 자 주 보지 않는 사람들(하루 2시간 이하)에 비해서 텔레비전을 좋아하 지 않는다고 기록했다. 심지어 일부 사람들은 텔레비전을 많이 보 면 볼수록 즐거움이 줄어들었으며, 좀 더 생산적인 무엇인가를 하 지 않았다는 것에 죄책감까지 느꼈다고 대답했다.

파블로프 조건 반사

텔레비전이 우리 삶에 끼치는 이토록 지대한 영향력은 어떻게 설명해야 할까? 텔레비전이 지닌 마력은 부분적으로는 우리의 생 물학적 '정향반사réaction d'orientation'에서 기인하는 것으로 보인다. 1927년 이반 파블로프가 처음으로 정의한 정향반사는 모든 새로운 자극에 대한 우리의 시각적 또는 청각적 반응을 가리킨다. 이는 포 식자의 잠정적 움직임이나 위협에 대한 우리의 감수성이라고 할 수 있으며, 조상들로부터 물려받은 자산에 속한다. 가장 전형적인 '정향반사'는 뇌혈관의 이완, 심장박동의 느려짐, 주요 근육 내부를 관통하는 혈관의 수축 등을 들 수 있다. 알파파는 몇 초 동안 정지되었다가 0, 즉 뇌에 가해지는 자극의 일반적인 수준으로 떨어진다. 뇌는 우리 신체의 다른 기관들이 모두 휴식을 취하는 동안에도 더욱 많은 정보를 수집하기 위해 열심히 작동한다.

1986년, 스탠포드대학교의 바이런 리브스Byron Reeves, 미주리대학교의 에스더 소슨Esther Thorson을 비롯하여 몇몇 동료 교수들은 텔레비전에서 사용되는 기본 형태(면 분할, 편집, 줌 사용, 파노라마 기법, 음향 효과 등)가 우리의 주의력을 텔레비전 화면 앞에 붙잡아 놓음으로써 우리의 정향반사를 활성화하는지 여부에 대해 의문을 품기 시작했다. 우리 뇌에 미치는 텔레비전의 효과를 연구한 이들은 텔레비전이 실제로 본래의 의도와는 다른 반응을 일으킬 수 있다고 결론지었다. [⋯] 텔레비전의 독창성은 프로그램의 내용이 아닌 그와 같은 기본 형태에서 찾을 수 있다.

최면 빔

"텔레비전이 켜져 있으면 나는 화면에서 눈을 뗄 수 없다", "나도 텔레비전을 그만 보고 싶은 마음이 굴뚝같은데, 그렇게 하지 못한다" 같은 하소연은 정향반사라는 개념으로 일부 설명할 수 있다. 리브스와 소슨의 선구적인 저서가 출판되고 나서 몇 년 동안 다른 연구자들은 이들의 연구를 한층 발전시켰다. 인디애나대학교의 애니 랑Annie Lang을 중심으로 하는 연구진은 정향반사 후 4~6초 동안 심장박동이 느려진다는 사실을 밝혀냈다. 광고, 액션 장면, 비디오 클립 등에서는 기본 형태로 인한 효과가 초 단위로 이어지면서 우리의 정향반사 또한 지속적으로 가속화된다. 이와 더불어 랭과 그의 동료 연구진은 편집으로 인한 효과가 시각적 기억에 미치는 영향에 대해서도 연구했다. [⋯]

어린이들을 위한 교육 프로그램 제작자들은 기본 형태에 따른 효과가 학습활동에 도움을 줄 수 있다고 주장했다. 그러나 잦은 장면 전환과 편집은 궁극적으로 우리의 뇌에 피로감을 안겨주는 결과를 초래한다. 빠른 장면 전환이나 뚜렷한 연관관계 없이 이어지는 장면들로 점철된 비디오 클립이나 광고들은 정보를 전달한다기보다는 계속해서 사람들의 주의를 끌기 위한 목적으로 제작된다. 따라서 광고나 비디오 클립을 본 사람들은 제품이나 그룹의 이름은 기억할 수 있으나, 그 광고를 통해서 얻은 정보들은 한 귀로 들어왔다가 다른 한 귀로 빠져나가기 십상이다. 말하자면 '정향반사'가 과도하게 이용되는 것이다. 텔레비전 시청자들은 계속해서 화면을 응시하지만 피로감을 느끼고 진이 빠진다. 우리가 진행한 연구는 이러한 현상을 다시 한 번 확인시켜준다. 제품을 기억하게 되는 기제는 때로 매우 미묘하다. 오늘날의 많은 광고들은 고의적으로 모호하게 만들어진다. 그 광고들은 매우 호감 가는 짜임새를 보여주지만 그것들이 우리에게 무엇을 팔려고 하는지는 쉽사리 드러나지 않는다. 광고들을 본 다음에도 당신은 해당 제품을 또렷하게 떠올리기 힘들다. 하지만 광고업자들은 당신의 주의를 끌었기 때문에 당신이 그 제품에 친숙한 느낌을 갖게 되었을 것이라고, 혹은 매장에 갔을 때 막연한 기억 때문에 그 제품을 사게 될 확률이 높아졌으리라고 생각한다.

로버트 쿠베이, 미하이 칙센트미하이

영상과 세뇌의 상관관계

텔레비전은 우리의 정신에 정확하게 어떤 효과를 미치는가? 세뇌와
거의 비슷한 효과를 미친다는 것이 다큐멘터리 영화 〈튜브Le Tube〉를
감독한 피터 엔텔Peter Entell이 내린 결론이다.

* * *

우리 모두가 적어도 한 번쯤은 경험한 '텔레비전 쇼크sidération
télévisuelle'가 영화 〈튜브〉의 출발점이다. 평균적인 텔레비전 시청자
들에게 어김없이 나타나는 내성이나 이끌림, 피로감 등을 백일하에
드러내기 위해서 피터 엔텔은 여론조사를 실시했다. 텔레비전이 우
리 뇌에 초래하는 결과를 이해하기 위한 시도였다. 그 결과, 마약이
나 알코올과 마찬가지로 텔레비전도 우리를 무의식적으로 제2상태
état second, 곧 의식 분리 상태에 빠뜨린다는 결론을 얻었다. 다시 말
해서 우리는 텔레비전 화면이 우리에게 건네주는 메시지를 마치 스

편지처럼 쭉쭉 흡수한다는 것이다. 이 영화는 광고 제작자들이 점점 더 효율적으로 우리의 지각을 제어하기 위해 진행하는 과학적 연구들을 만천하에 드러내 보인다는 점에서 매우 주목할 만하다. 또한 이 다큐멘터리 영화는 이처럼 과학으로 무장한 도구가 지닌 전체주의적 차원도 다시 한 번 확인시켜준다. 〈튜브〉는 최면에 걸린 듯 텔레비전 화면을 떠나지 못하는 자신의 어린 딸을 걱정하는 스위스 로망드 텔레비전 방송국 출신 기자가 그 이유를 알아내기 위해 직접 조사에 나선다는 얼개로 짜여 있다. 이 영화의 감독은 우리를 장악하는 텔레비전의 마력을 드러내 보이겠다는 의도를 숨기지 않는다. 반박할 수 없는 증거까지는 아니더라도 그는 상당히 설득력 있고 명백한 요소들을 제시한다.

* * *

이 영화를 찍기 이전의 당신은 텔레비전에 대해서 어떤 입장을 보였습니까?

피터 엔텔: 나는 다섯 살 때부터 텔레비전을 보기 시작했습니다. 그 이후로 줄곧 거기에 빠져 지냈죠. 나는 지금도 텔레비전과 컴퓨터, 그러니까 점멸하는 화면 앞에서 많은 시간을 보냅니다. 살아오는 동안 내내 나는 "화면에 착 달라붙어 산다", "화면 귀신 될라", "화면 때문에 뇌 절제 당했다"는 말들을 들어왔습니다. 그런데 어째서 사람들은 이런 말을 할까요?

텔레비전은 방송하는 프로그램의 내용을 넘어서 몇몇 특정 행동을 유발하는 걸까요? 이 문제를 집중적으로 파고들기 시작한 나는 이 문제를 다룬 영화가 단 한 편도 없다는 사실을 발견했습니다. 텔레비전을 분석한 글들은 많은데 말입니다. 이 영화에서 사회학자나 철학자들이 아니라 초등교육만 받은 사람들을 인터뷰한 건 의도적이었습니다. 우리를 문전박대한 곳도 많았지만, 그럼에도 우리는 상당히 충격적인 사실들을 알게 되었습니다. 반짝거리며 점멸하는 화면은 우리의 뇌에 영향을 끼칩니다. 전도체를 통해서 우리는 활동 중인 우리의 뇌가 만들어내는 전파—시냅스는 전기를 통해서 기능하죠—를 측정할 수 있습니다. 뇌 활동이 저하되면 알파파가 방출되는데 그것으로 뇌 활동을 알아낼 수 있지요. 그런데 텔레비전을 볼 때면 뇌 활동이 저하됩니다. 말하자면 텔레비전이라는 기계는 우리를 소극적인 수동 상태에 빠뜨리는 거죠.

당신의 영화에서는 비평가 마셜 맥루언이 처음 제안한 실험이 등장하던 데요.

네, 맞습니다. 그의 아들은 다음과 같은 실험을 진행했어요. 그는 방 안에 천으로 된 화면을 설치했습니다. 한쪽에서는 사람들이 정면에서 오는 빛을 직접적으로 받고, 다른 한쪽에서는 영화관에서처럼 빛을 간접적으로 받도록 했죠. 전자의 경우, 박동성搏動性 빛이 우리에게 직접 쏟아지므로 어떤 의미에서 우리 자신이 화면이 되는 거나 마찬가지였습니다. 이 경우 우뇌, 즉 감정을 관장하는 뇌가 반응을 보였을 뿐, 성찰이나 숙고를 담당하는 좌뇌는 반응하지 않았습니다. 요컨대 비판정신을 상실하는 거죠. 간접적인 빛의 경우와 비교해볼 때 그 차이가 상당했습니다.

텔레비전 시청자의 뇌에 제일 먼저 관심을 보인 사람은 아마도 허버트 크루그만 Herbert Krugman**이었죠.**

그는 제네럴일렉트릭사의 수석 마케팅 담당자로, 심리학자이자 사회학자이기도 하죠. 또 기업의 가장 중심에서 일하는 사람입니다. 아시다시피 제네럴일렉트릭은 텔레비전 수상기 제조업체입니다. 뿐만 아니라 무기도 제조하죠. 광대한 위성 네트워크를 소유하고 있으며 미국에서 가장 큰 텔레비전 방송국들 가운데 하나도 이 회사의 소유입니다.

바로 그 허버트 크루그만이 1960년대에 텔레비전이 인간의 뇌에 끼치는 효과에 대해 연구하기 시작했습니다. 영화에서 크루그만은 한국전쟁 당시 군인들에게 고용되어 일했다고 고백합니다. 그는 "우리 같은 광고쟁이들은 세뇌에 무척 관심이 많다. 나는 제일 유능한 세뇌 전문가들을 우리 편으로 끌어들였다는 데에 대단히 자부심을 느낀다"고 말합니다. 텔레비전을 보는 것과 세뇌 사이에 상관관계가 있는지 묻자 그는 "물론이다. 두 경우 모두 인간이 하는 일이다"라고 대답합니다.

크루그만은 세뇌의 경우, 인간의 뇌에서 감각지각을 제거하면 인간은 흥분해서 결국 미쳐버린다고 설명합니다. 물론 텔레비전을 앞에 두고 인간은 자신이 볼 프로그램을 선택하고 그 이야기를 따라가면서 웃기도 하고 울기도 합니다. 뇌가 활동을 한다는 말이죠. 하지만 텔레비전을 시청할 때 우리는 앉은 상태에서 오로지 빨강, 파랑, 초록 등, 화소의 색상을 받아들일 뿐입니다. 초점이 변한다거나 동공이 확장되는 일은 없습니다. …… 한편으로는 뇌가 활동하지만, 다른 한편에서 보면 뇌의 상당 부분이 잠들어 있다고 할 수 있는 거죠. 따라서 우리의 정신은 매우 말랑말랑한 상태라고 할 수 있습니다. 이렇듯 무엇이든 잘 받아들일 수 있는 상태에서는 메시지가 쉽게 전달되기 마련입니다. 우리는 모두 직관적으로 이러한 사실을 잘 알고 있었습니다. 나는 살면서 내내 텔레비전을 시청하는 행위와 세뇌 사이에 분명 상관관계가 있다고 생각해왔습니다. 그런데 마침 전문가를 만나 그것이 사실임을, 상관관계가 분명 존재함을 확인한 거죠. 영화에서 광고 제작자들은 말합니다. 텔레비전 시청자들은 거의 수면 상태에 버금가는 수동적 상태에 있으며, 자기들 광고 제작자들은 말하자면 일종의 "꿈"을 제공하는 거라고요.

실제로 그 같은 수동적 상태에서 우리가 주로 소비를 부추기는 메시지를 흡수한다는 점이 커다란 문제라고 할 수 있죠.

광고 제작자들은 지난 40년 동안 진행해온 연구의 과실을 수확하는 중입니다. 인간의 뇌에서 무슨 일이 일어나는지 반드시 알아내야겠다는 그들의 의지와 노력은 엄청난 보상을 요구했으니까요. 그들은 인간을 아주 철저하게 연구했습니다. 수십억 달러, 수십억 유로가 오가는 일이었죠. 그 결과, 오늘날 쾌락 또는 혐오감을 발생시키는 정확한 시냅스를 콕 집어낼 수 있는 수준에 도달한 것 같습니다. 다시 말해서 인간 뇌의 작동원리를 상당히 정확하게 이해하게 된 거죠. 따라서 하나의 광고를 대할 때 개개인이 어떤 반응을 보일지 알 수 있게 되었습니다. 영화의 어느 대목에선가 광고 제작자들 중 한 명이 '빅브라더'에 대해 언급하면서 그것이 우리의 미래라고, 그 점에 대해서는 아무도 어쩔 도리가 없다고, 그것이 이른바 진보라고 말합니다.

화면은 이제 공공장소까지 야금야금 점령해가고 있습니다.

도쿄에서 우리가 머물렀던 곳—아마도 전 세계에서 가장 텔레비전 화면이 많은 곳—에는 도처에 수상기가 설치되어 있었죠. 유럽도 머지않아 그렇게 될 겁니다. 전파를 받아 화면이 반짝거릴 경우 단순한 포스터보다 훨씬 주의를 끌기 쉽습니다. 집이나 길거리 또는 버스 안에 화면이 있다면, 그러니까 깜박거리는 무엇인가가 있다면 사람들은 일단 즉각적으로 그걸 바라보게 되어 있습니다. 이 사실은 이미 수백 년 전부터 잘 알려져 있었는데, 횃불이 바로 그 증거입니다. 따라서 요즘의 화면은 전자횃불인 셈이죠. MTV는 벌써 오래전에 이 점을 간파했습니다. 누구에게나 자기가 보기에 적당한 양이 있기 때문에 도처에 화면이 출현하게 되는 거죠.

말이 나온 김에 덧붙이자면, 의존 현상도 무시할 수 없습니다.

우리는 매사추세츠 주에서 화면 중독자들, 그러니까 텔레비전이나 컴퓨터 화면 앞에서 엄청나게 많은 시간을 보내는 사람들을 위한 클리닉을 개설한 교수도 만났습니다. 그녀는 이들에게 코카인 중독자용으로 나온 약물을 처방하더군요. 그 덕분에 좋은 결과를 얻었죠.

당신은 이 같은 주제를 갖고 텔레비전이나 광고 분야에서 영화를 찍으면서 주로 어떤 난관에 부딪쳤습니까?

내가 제작자들을 만나고 싶다고 요청할 때마다 모두들 당신은 어떤 식으로 결론을 지을 거냐고 묻더군요. 그때마다 나는 "그건 나도 모릅니다. 이건 어디까지나 생방송으로 찍는 진짜 인터뷰니까요"라고 대답했죠. 그러면 몇몇 사람들은 "그건 판도라의 상자를 여는 것이나 다름없다"며 노발대발했습니다. 판도라의 상자를 열다니, 그게 무슨 말일까요? 이 세상의 모든 악이 다 쏟아져 나올 거라는 말인가요? 그런가 하면 "당신이 그런 짓을 하면 우리 시청률이 떨어진다"고 걱정하는 사람들도 있었죠. 그런 말을 들을 때면 내가 주제는 잘 잡은 것 같다고 생각했습니다. 만일 텔레비전이 본질적으로 비판적인 측면을 제거해버리는 기계라면, 인간의 좌뇌를 잠들게 하는 기계라면, 어떻게 텔레비전에서 영화를 방영할 수 있단 말인가? 바로 이 점이 〈튜브〉가 품은 문제의식 가운데 하나였습니다. 나는 이러한 모순적 상황을 흥미롭게 느꼈습니다. 그래서 텔레비전에서 일하는 기자와 힘을 합하게 된 거죠. 이 모순이 텔레비전 내부에서는 어떤 식으로 작동하는지 궁금했거든요. 일반적으로 나는 과정 자체를 카메라에 담았을 뿐, 사전에 미리 연구를 하는 짓 따위는 하지 않았습니다. 촬영을 하면서 어떻게 촬영할 것인지를 깨닫게 되었다고 해야겠죠. 나는 누구나다 텔레비전과 관련이 있음을, 텔레비전으로부터 벗어날 수 있는 사람은 아무도 없음을 깨닫게 되었지요. 우리는 텔레비전에서 일하는 사람들을 찍고, 그 사람들은 텔레비전에 나올 사람들을 찍었습니다. 악순환 속에서 벗어날 수가 없는 겁니다. 어떤 의미에서는 영화 속에 영화 이야기가 들어가는 이 격자방식mise en abyme(문자 그대로 옮기자면 프랑스어 'abyme'은 심연을 의미하므로 '심연 속에 집어넣기'라고 옮겨야 하겠으나, 소설이나 영화 작법을 설명하기 위해 흔히 사용되는 '격자'라는 관용적 표현으로 옮겼다─옮긴이) 덕분에 더욱 용기를 내어 영화를 찍을 수 있었는지도 모르겠습니다. 나는 영어에는 존재하지 않는 이 'mise en abyme'이라는 표현이 무척 마음에 듭니다. 바닥이 없는 구멍 속으로 빠져 들어가는 것처럼 약간의 스릴이 느껴지면서 위험을 감수한다는 기분이 들거든요.

〈튜브〉는 많은 토론장에서 상영되었죠. 그 영화를 본 사람들은 어떤 반응을 보이던가요?

프랑스에서 나는 특별히 일주일 동안 고등학생들에게 이 영화를 소개했습니다. 대체로 젊은 층은 이 영화를 보고 몹시 당혹스러워하는 것 같았습니다. 그들은 이제까지 텔레비전의 긍정적 측면에만 익숙했으니까요. 나는 영화 관람자들에게 정신과 의사들이 검사할 때 사용하는 질문지를 모델로 해서 작성한 설문지를 돌렸습니다. 혹시 텔레비전 의존증을 겪는 사람이 있는지 알고 싶었거든요. 의사들의 질문지에서 '약물'을 '텔레비전'으로 바꾸었을 뿐입니다. 예를 들어, "당신은 하루에 텔레비전을 몇 시간이나 봅니까?", "당신은 텔레비전 앞에서 잠든 적이 있습니까?", "당신은 원한다면 곧 텔레비전을 끌 수 있습니까?", "당신은 가끔 텔레비전에서 아무 프로그램이나 볼 때가 있습니까?" 같은 질문을 던졌습니다. 그리고 마지막 질문은 "당신은 자신이 텔레비전 중독이라고 생각하십니까?"였습니다. 아주 흥미로운 설문조사였습니다. 일부 관람자들은 하루 평균 5시간씩 텔레비전을 시청하고, 비디오 게임도 즐긴다고 답했습니다. "네, 나는 내가 원하는 것을 보지 못하면 크나큰 좌절감을 느낍니다." 이런 사람들은 모든 질문에

"네"라고 대답했습니다. 그러면서 마지막 질문에는 "아니오, 나는 텔레비전 중독이 아닙니다"라고 답했죠. 학생들은 이 영화가 수많은 문제를 제기하면서 아무런 답도 제시하지 않는다는 사실 때문에 당혹감을 느끼는 것 같았습니다. 이 영화에는 결론이 없습니다. 그게 제작 의도이기도 했지만, 현실을 그대로 보여주는 것이기도 했죠. 3년 동안의 조사에서 답이라곤 거의 찾지 못했으니까요. 사실 나는 애써 답을 만들어내기를 원하지 않았습니다. 그게 내 스타일이기도 하니까요. 나는 상대방을 도발하고, 질문을 던지기를 좋아합니다. 그게 답을 제시하는 것보다 훨씬 현명하니까요. 괜히 도덕심을 고취시키려 할 마음은 없습니다. 또 내 영화 한 편 때문에 텔레비전 산업이 내리막길로 들어설 거라고도 생각하지 않습니다. 중요한건 우리들 각자가 텔레비전이 어떻게 기능하는지 그 기제를 조금 더 잘 이해하는 겁니다. 이 영화가 주는 메시지가 있다면 "당신이 알아서 판단하라"는 정도겠죠.

대담: 레일라Leila

(2003년 5월)

텔레비전은 어떻게
우리의 생각을 단순하게 만드는가

이 글은 참여 영화인이자 영화 〈퍼니시먼트 파크Punishment park〉의 감독인 피터 왓킨스Peter Watkins가 미디어의 위기를 분석한 글 「달의 감춰진 얼굴La face cachée de la lune」[1]에서 발췌했다. 이 글에서 왓킨스는 텔레비전이 우리에게 보여주는 프로그램의 구조, 즉 정신을 멍하게 만들며 반복되는 구조 자체를 비판한다.

* * *

내가 이제부터 묘사하고자 하는 민주주의의 위기에서 가장 중요한 요인들 가운데 하나로 매스미디어 분야에서 토론이 거의 이루어지지 않는 현실을 꼽을 수 있다. 그리고 또 이에 못지않게 인접한 분야인 커뮤니케이션학에서 '단일형태monoforme'에 관해 활발하게 논의가 이루어지지 않는 점을 꼽을 수 있다. 단일형태에 관한 논의라 함은 그 형태의 본질과 그것이 영화나 텔레비전에 미치는 예술적 영향, 부차적으로는 사회와 정치에 가해지는 파급 효과, 세계화와의 밀접성 등을 두루 포함한다고 할 수 있다. 단일형태라는 말은 텔레비전과 상업영화가 자신들이 전하고자 하는 메시지를 제시하기 위해 사용하던 중심언어에 내가 약 20년 전 부여한 명칭이다. 곧 단일형태란 걷잡을 수 없이 쏟아지는 영상과 음향의 격류, 신경질적인 편집, 각각의 구성요소들이 바느질 자국이라고는 하나도 없이 감쪽같이 조립되었으나 그럼에도 파편화되어 있는 복합적 구조를 가리킨다. 이러한 언어는 오늘날의 영화와 텔레비전에서라면 어디에서든 만날 수 있다. 이러한 단일형태는 본래 영화에서, 특히 짧은 장면들이나 병행으로 제시되는 액션 장면, 관점이 다른 장면으로의 전환(예를 들어 전체를 보여주는 원거리 장면에서 클로즈업 화면으로 넘어가기) 등을 연속적으로 이어붙이는 방식을 애용한 그리피스David Wark Griffith(1875~1948. 수많은 영화기법을 체계화한 미국의 영화감독—옮긴이) 같은 개척자들의 작품에서 일찍부터 사용되었다. 최근 들어서는 층위를 달리하는 밀도 있는 음악과 효과 음향이나 목소리, 충격적인 효과를 극대화하기 위해 갑작스럽게 음을 제거하는 기법, 음악으로 포화 상태에 도달한 장면들, 리듬감 넘치는 반복적인 대화 형식, 쉬지 않고 몸을 비틀고 빙빙 맴을 도는가 하면 앞뒤 좌우로 움직이는 카메라 워크 등도 모두 포함하는 용어로 사용된다. 그러므로 '단일형태'는 크게 몇 가지로 분류할 수 있는 매우 다양한 변이체들을 모두 내포했다고 봐야 한다. 첫째, 가장 지배적인 형태는 단선적인 내러티브 형태로, 전통적인 고전 통속 드라마, 수사물, 그리고 할리우드 영화의 98퍼센트 이상(할리우드 영화 〈인사이더The

Insider〉가 가장 현대적인 사례다)이 여기에 속한다. 둘째, 텔레비전 뉴스에서 사용하는 방식, 셋째, 텔레비전의 퀴즈나 토크쇼가 취하는 형태, 넷째, MTV에서 보듯이 시각적 주제와 모티브들을 적어도 겉보기에는 자유롭게 막힘없이 물 흐르듯 섞어놓는 형태 등이 대표적이다. '단일형태'의 변이체들은 예외 없이 유사한 특성을 보이며, 그렇기 때문에 우리는 그것들이 모두 같은 뿌리에서 파생되었음을 쉽게 알아차릴 수 있다. 반복적이며, 예측 가능하고, 시청자들과의 관계에서 폐쇄적이라는 점이 단일형태가 보여주는 특성이다. 자유분방해 보이는 겉모습과는 달리, 모든 변이체를 포함하는 단일형태는 미디어의 속성에 따르는 강제성에 의해 엄격하게 통제되어 시간과 공간을 활용할 뿐, 시청자라는 더욱 광범위한, 아니 거의 무한한 가능성에 스스로를 맞추려 들지 않는다. '단일형태'의 변이체들은 한결같이 시청자들은 성숙하지 못 하며 따라서 이들을 화면 앞에 붙잡아두기 위해서는 익숙한 방식으로 내용물을 제시해야 한다는 하나의 원칙, 미디어 입장에서는 전통적이라 할 만한 태도를 견지한다. 많은 오디오비주얼 전문가들이 속도감과 충격적인 편집방식에 의존하는 것은 이 같은 이유 때문이다. 이들은 시청자들에게 생각할 시간을 주지 말아야 한다는 생각에 사로잡혀 있다.

'단일형태'를 알아볼 수 있는 가장 손쉬운 방법 중 하나는 며칠 동안 텔레비전 뉴스를 지속적으로 시청하면서 '정보' 또는 '새 소식'이 시청자들에게 소개되는 방식을 관찰하는 것이다. 이러한 관찰 결과 가장 명백하게 드러나는 양상들은 뉴스를 진행하는 앵커들과 기자들이 선택하는 단어들, 소식 한 꼭지당 할애된 시간, 전체

뉴스에서 그 꼭지들이 차지하는 중요도 서열, 화면에 등장하는 인물들, 그들에게 주어진 발언시간, 전달하고자 하는 소식에 첨부된 영상 등이다. 이와 같은 기초적 양상들만 꼼꼼하게 살펴보아도 벌써 편집진이 지닌 편견이나 반복적인 서술방식 등이 확연하게 드러난다.

이처럼 가시적으로 드러나는 서술방식은 '단일형태'가 지닌 드러나지 않는 부분에 의해 제어되고 재단되며, 구획 지어지고 제한된다. 그 부분이란 편집이라는 수단을 통해 시공간을 조정하는 구조로써, 단일형태에 깊숙하게 뿌리를 내리고 있다. 카메라의 움직임, 화면 배치, 소리의 사용 등도 역시 중요한 역할을 한다. 이러한 구조화를 묘사하는 가장 효율적인 방법은 다음과 같은 막대표를 만들어 전파를 타고 전해지는 르포나 화면에 등장한 인물들의 대담에 적용해보는 것이다. I-I-I — I-I — I-I-I-I-I-I (여기서 수직선은 편집에 의한 재단을 뜻한다). 즉 감자튀김용 감자 자르는 기계처럼 우리 자신의 반응에 따라 수직선을 그어보는 것이다.

'단일형태', 그중에서도 특히 앞에서 언급한 첫 번째와 두 번째 변이체의 경우(세 번째 유형에서도 자주 관찰된다)에서 가장 중요한 요소 가운데 하나는 단선적이면서 물결처럼 일정한 움직임을 보이는 서술방식이다. 가령 눈길을 끌만한 장면을 프로그램 도입부에 제시하고, 주요 등장인물을 소개하며, 극을 전개시켜가는 가운데 지루한 공백 시간과 긴장감을 자아내는 절정이 번갈아가며 이어지다가 마침내 대미에 이르는 식이다. 이는 기본적으로 앵글로색슨식 서술방식으로, 적어도 텔레비전이나 영화에서 다루는 이야기의 95

퍼센트 이상이 이 방식을 차용한다.

위에서 제시한 '단일형태'의 시간과 공간 구성 막대표가 이야기 서술구조에 깔려 있기 때문에(말하자면 이것이 철도의 레일 구실을 한다) 모든 프로그램은 청룡열차처럼 굴러간다. 열차에 올라탄 시청자들은 전속력으로 상승과 하강을 반복하지만 누구나 한 방향으로 달린다. 한 예로 텔레비전 뉴스를 상세하게 분석해보면, 이와 같은 서술방식이 시간별, 연도별로 일목요연하게 드러난다. 이는 주어진 테마가 정서적 차원을 건드리는 것이건, 거기 등장하는 사람들이 누구건 전혀 달라지지 않는다.

이상이 심각한 왜곡의 첫 번째 신호다. 매스미디어도, 그것을 연구하는 학문도 정보를 제시하는 방식(여기에는 사용하는 언어도 포함된다)이 우리가 그 정보를 이해하고 그에 따라 반응하는 데 중요한 영향을 끼친다는 이 기초적 원리를 문제시하지 않는다.

그런데도 '단일형태'는 매 순간 유사하게, 거의 초 단위의 오차도 허용하지 않는 정확성을 가지고 소리와 영상을 조합하는 방식을 재현한다. 그러다 보니 이 주제도 저 주제도 모두 '그 나물에 그 밥' 식으로 닮아버린다. 차이가 없어지는 것이다. 이는 곧 정서적 반응의 획일화로 이어진다. 그 같은 구조만 아니었으면 매우 대조적인 반응이 나타날 수도 있을 텐데 말이다. 가령 항공기 사고라는 비극이 자기 밭의 오이를 온통 분홍색으로 칠해버린 괴짜 농부의 이야기와 같은 방식, 다시 말해서 막대표에 그려진 서술구조에 따라 소개된다고 상상해보라. 결과적으로 광고와 정보, 실재적인 폭력과 폭력 시뮬레이션, 냉소적인 행위와 연민적인 행위를 구분 짓기란 점점 어려워진다. 모든 것은 오늘날 매스미디어를 지배하는 경직된 틀에 의해 제작되기 때문이다. 이처럼 도식화되어 반복적으로 사용되는 서술구조는 시청자들에게 생각할 시간이나 개입할 여유를 주지 않으면서 시청자들에게 폭력적인 영상과 소리, 모순적인 주제들을 병치한다는 점에서 폐쇄적이라고 할 수 있으며, 실제로 지난 수십 년 동안 우리 사회에 치명적인 파괴 효과를 가져왔다. 재단하고 또 재단하기. 컷. 컷. 효과음. 살짝 기울이기. 흔들기. 컷. 음악. 클로즈업. 회전 움직임. 짧은 문장. 컷. 효과음. 살짝 기울이기. 흔들기. 컷. 음악. 충격. 추락. 컷. 컷. 회전 움직임. 컷. 클라이맥스. 컷. 장면 전환. 전 과정의 반복. 컷. 컷. 효과음. 살짝 기울이기. 흔들기. 컷. 매스미디어에서 사용하는 이러한 방식이 초래하는 결과로 우리는 다음과 같은 몇 가지 점을 꼽을 수 있다.

첫째, 시간과 역사(과거, 현재, 미래), 그것들이 지나온 과정 등과 우리가 맺는 관계에 변화 또는 손상이 생길 수 있다.

둘째, 화면을 통해 폭력적인 장면을 자주 접할 뿐 아니라 오디오비주얼 언어 자체에 내포된 공격적인 성향으로 말미암아 가정 내에서 또는 사회 내부에서 폭력이 발생하는 빈도가 높아진다.

셋째, 일상생활에서나 사회적 · 정치적 절차에서 서열화된 구조를 쉽게 받아들이는 경향을 보인다.

넷째, 텔레비전이 제공하는 뉴스나 많은 다큐멘터리 영화들을 통해 가능해진 간접적인 체험에 대한 반작용으로 좌절감이나 공격성이 억압될 수 있다(우리는 모든 것을 의심해야 한다는 점을 잘 알고 있다. 내가 이걸 정말로 믿어야 하나? 혹시 이 모두가 조작된 게 아닐까? 이게 정말인지 아닌지 어떻게 알 수 있지? 이건 객관적인 것 같지 않아. 아무래도 나를 이용하는 것 같은데, 그럼에도 나는 무력하기 그지없어……). 또한 광고나 소비사회의 모습을 보여주는 각종 이미지나 시트콤 등에 따른 기만적인 희망이 좌절될 때도 이러한 억압이 작용할 수 있다.

다섯째, 더욱 복합적이고 민주적인 오디오비주얼 대안 형태에 대한 우리의 직접적인 경험이나 지식의 폭이 줄어들 우려가 있다.

여섯째, 사회적 관계의 파편화를 가져올 수 있다. 이는 또한 우리 사회가 공동체로서 어떤 선택을 하기 위해 토론하는 경향을 약화시키며, 우리 세계가 나아갈 수 있는 방향, 소비사회 때문에 지구촌이 파괴되는 것을 저지하기 위한 방법을 모색하기 위해 의견을 교환하는 것도 어렵게 만든다.

피터 왓킨스

2

광고가 점령한 세상,
소비기계 노릇은 이제 그만

2003년 4월에 발간된 오팡시브 6호에 게재된 글

2005년 9월에 발간된 오팡시브 7호에 실린 「광고는 어떻게 폴란드를 세계화했나」와

2005년 12월에 발간된 오팡시브 8호에 실린 「자유를 들먹거리는 사회」만 예외

광고는 자본주의 체제의 잉여물이 아니라 그 체제가 발전해가는 과정에서 필연적으로 생겨나는 산물이다. 광고는 자본주의 체제가 원활하게 기능하기 위해 반드시 필요하다.

　　상품의 지배가 명실상부하게 뿌리내리기 위해서는 생산과 소비를 확실하게 구분 지어야 한다. 그래야만 어느 누구도 자신이 하루하루 살아가는 데 필요한 수단을 조금이라도 제어할 수 있다고 큰소리칠 수 없게 될 터이니 말이다. 광고는 이러한 간극을 강조하고 정체성 면에서 불편함을 창조해나간다. 그런데 소비란 본질적으로 대중적인 현상으로, 개개인들을 동질화시킨다는 데에 문제가 있다. "자꾸만 남들과 똑같아진다는 기분이 드세요? 그렇다면 우리 제품을 사세요. 그러면 당신은 남들과 달라질 테니까요." 보편화된 서글픔의 감정이 매일 조금씩 더 확산되어가는 것은 바로 이 때문이다.

　　광고는 자본주의 체제가 낳은 대량생산을 인간의 필요와 일치시키기 위해 사용된다. 그러기 위해서 광고는 인간의 필요를 조각조각 토막내거나 이를 강요하기도 하고, 필요하다면 없는 수요를 만들어내기도 한다. 이렇듯 광고는 우리의 의식이 구축되고 방향을 정하여 다른 사람들의 의식과 만나는 곳, 즉 집단적 열망이 결집하는 정치적 공간으로부터 우리의 의식 속으로 파고든다. 광고는 일종의 새로운 유토피아이며, 우리를 노예화하는 데 사용되는 자본주의 무기들 가운데 가장 완성도 높은 최첨단 무기다. 이제는 '멋진 저녁'을 꿈꾸기만 해서는 안 된다. 중요한 건 특정 구두 브랜드나 탄산음료 회사가 입에 침이 마르도록 부추기는 '쿨'하거나 '시크'하거나 그것도 아니면 '극한적인' 삶을 실제로 사는 것이다. 정치적 의미의 유토피아는 광고를 소비하느라 부화뇌동하는 개인주의에 의해 살해당한 채 죽어간다.

광고에 반대하는 항거를 생각한다는 것은 곧 자본주의를 반대한다고 생각하는 것일 뿐만 아니라, 성차별, 인종차별, 나이차별 등에 항거하는 것이기도 하다. 그럴 정도로 광고는 모든 억압의 온상이 되고 있다.

간략하게 정리한 광고의 역사

광고의 역사를 연구한 저술들은 광고가 우리 사회에서 차지하는 비중을 감안한다면 의외로 매우 드문 편이다. 하지만 소비사회에 대한 근본적인 비판을 시도하기 위해서라면 광고체제가 진화해온 과정과 그것이 변신해온 자취를 반드시 되짚어볼 필요가 있다.

* * *

광고가 지닌 여러 가지 힘 가운데 하나는 그것이 우리의 일상적 삶에서 빼놓을 수 없는 현실로 굳건하게 자리매김했다는 점이다. 광고 제작자들이 자기 입으로 광고는 오래전부터 존재해왔으며, 인간 본성의 일부를 이룬다고 귀에 못이 박히도록 주장하지 않는가? 심지어 라스코 동굴 벽에 그려진 매머드나 고속도로변을 수놓은 슈퍼마켓 광고판이나 그게 그거라는 식으로 말하는 사람들도 적지 않다.

광고 '혁명'

하지만 광고는 본능과는 전혀 무관하며, 전적으로 자본주의 체제가 낳은 산물이다. 분명 고대와 중세 시대에도 행상인들이나 손님을 끌기 위한 간판들이 존재한 건 사실이지만, 이처럼 원시적인 형태는 오늘날 우리가 접하는 현대적인 광고와는 무관하다. 광고체제는 부분적으로 자본주의의 부상과 상관관계에 있으며, 좀 더 정확하게 말하자면 시장경제와 밀접한 연관이 있다. 그러므로 상대적으로 매우 일천하다고 볼 수 있는 광고의 역사는 우리 사회의 정치적, 경제적 선택에서 기인한다고 말할 수 있다.

서양 국가들에서는 18세기 말 산업혁명이 사회적 관계를 송두리째 바꾸어놓으면서 최초의 광고가 출현했다.[1] 대량생산, 점차 사라져가는 농민과 전통적 수공업장인들, 거대 도심의 발달 등으로 인해 생산자들과 소비자들을 이어줄 새로운 기술이 필요했다. 광고란 무엇보다도 수요와 공급 사이의 중개 역할을 본분으로 삼는다. 신문 광고나 포스터 등이 잉여 생산품을 팔아치우는 데 일조하는 동시에 고객이 왕인 풍요사회의 신화를 지탱해가는 역할을 맡았다. 초창기 주요 광고주들은 주로 농식품 관련 기업들이나 당시 대대적으로 세를 불려가던 세제 제조업자들이었다. 기업인들은 우선 국내시장을, 이어서 국제시장까지 선점하려 했다. 그래서 자신들의 표준화된 생산품의 판촉을 담당할 중개인들에게 손을 벌렸다. 미국에서 최초로 설립된 광고회사들로는 로드 앤드 토마스Lord and Thomas, 어윈 워세이 앤드 컴퍼니Erwin, Wasey and Co.나 제이 월터 톰슨J. Walter

Thomson 등을 꼽을 수 있다. 1864년 뉴욕에서 문을 연 월터 톰슨은 처음에는 감정과 언론 광고 전문으로 시작했으나 차츰 미국의 대외무역 촉진 쪽으로 방향을 틀었다. 이 업체는 창립한 지 얼마 되지 않아 런던에 사무실을 열었으며, 그 외 유럽과 유럽 식민지 대도시들에도 지부를 개설함으로써 산업화 진행이 더딘 지역까지 광고 모델을 확산시켰다. 코카콜라나 제네럴모터스 같은 상표가 세계적으로 알려지게 된 것도 이들 덕분이다. 그러므로 광고는 19세기에 이미 경제 세계화를 가속화하는 견인차 역할을 했다고 말할 수 있다.[2]

광고는 본래 기업집단의 이익에 봉사하기 위해 만들어진 것이었으나, 그럼에도 빠른 시일 안에 야심적인 젊은 국가들, 사회통제의 새로운 형태를 추구하던 경영자들이 선호하는 공격수단으로 확고하게 자리매김했다. 기계화가 노동자 계급을 탄생시킨 것과 마찬가지로 광고 역시 새로운 사회적 범주, 즉 소비자 대중을 탄생시켰다. 그 과정에서 기존의 연대 역학에는 심한 균열이 발생했고, 교환은 극도로 상품화되었다. 개인에게 끊임없이 구매를 종용하는 광고판이나 포스터, 간판들의 난립은 19세기에 벌써 사회적 통제가 공장이나 사무실 벽 너머까지 확산되었음을 말해준다. 노동자들은 대량생산을 강요받는 한편, 자기들이 생산한 아무런 쓸모도 없는 제조품을 구매하는 국가적 노력에 동참할 것을 강요받았다. 이제 시스템의 중요한 한 축이 된 광고 활동은 그 영역이 확장됨과 동시에, 당연한 논리적 귀결이겠지만 고도로 전문화되어갔다. 프랑스 출신 쥘 아렌Jules Arren은 1912년에 최초로 광고 교과서를 집필했다. 『어떻게 광고를 해야 하나?Comment il faut faire de la publicit?』라는 제목으로 그가 내놓은 광고 안내서는 기업인들에게 그들이 생산한 제품이 시장에서 주목받도록 하기 위해 동원할 수 있는 다양한 광고기법을 설명한다. 수많은 경영학교에서도 이러한 광고기법들을 가르치기 시작했으며, 광고 담당자들과 광고주들의 동업조합이 주축이 되어 1927년 광고전문인을 길러내는 최초의 학교를 열었다. 명실상부한 직업으로서 광고가 형성되고 광고 교육이 활성화되면서, 광고전문가들은 사회적으로 그들의 전문 분야를 인정받게 되었다. 이로써 이들의 활동과 이들에게 활동의 장을 제공하는 매체들은 전도양양한 발전의 길로 들어서게 되었다.

포스터에서 텔레비전 광고로

광고를 처음으로 "받아들여준" 공간은 문자 언론, 곧 정보를 대중에게 공개하는 매체들이었다. 프랑스에서는 1836년에 일간지 《라프레스La Presse》를 창립한 에밀 드 지라르댕Émile de Girardin이 최초로 지면을 광고주들에게 팔았다. 그 후 광고는 대규모 발행 부수를 자랑하는 매체들의 중요한 자금줄로 자리 잡았다. 19세기에 광고는 평균적으로 전국지 수입의 10~20퍼센트가량을 차지했다.[3] 점진적으로 활동을 늘려가던 광고업체들도 언론과의 관계를 돈독하게 유지했으며, 심지어 두 분야의 합병도 이루어졌다. 대표적인 예로, 1838년에 세워진 언론사 아바스Havas는 샤를르 뒤베르니에Charles Duvergnier가 설립한 광고업체 소시에테제네랄다농스Société générale d'annonces(SGA)와 1857년에 전격적으로 합병했다. 합병 이후 SGA 는 프랑스의 파리를 제외한 지방에서 가장 중요한 광고업체로 부상했다. 그 후, 이 두 회사의 합병 사례를 본받아 언론매체 로이터 Reuters도 한동안 광고 섹션을 육성했다.[4] 언론을 통한 광고가 현대 광고의 원조임은 분명하나, 광고업체들은 머지않아 곧 활동 매체를 다변화하기에 이른다. 인쇄기술, 재생기술의 발전에 힘입어 광고는 빠르게 언론 광고에서 포스터 형태로 넘어갔고, 이에 따라 기차역 이나 지하철 등이 광고를 위한 새로운 공간으로 부상했다. 1920년 대에 들어와서는 영화의 발달과 라디오의 발명으로 광고업자들의 상상력은 한층 더 빨리 움직이게 되었다.

하지만 뭐니뭐니해도 광고가 진정으로 도약한 것은 2차 세계 대전의 종전과 더불어 각 가정에 텔레비전 수상기가 보급되면서였 다. 광고는 본질적으로 커뮤니케이션의 도구로써 다른 커뮤니케이 션 도구를 이용하여 기능할 수밖에 없다. 따라서 어느 모로 보나 가 장 널리 사용되는 매스미디어를 선호하는 것이 논리적이다. 광고 를, 다시 말해서 소비의 기준을 각 가정에 전파하는 데 텔레비전은 신문이나 라디오에 비해서 훨씬 막강한 힘을 발휘한다. 영리한 광 고업자들은 이 사실을 일찌감치 간파했으며, 따라서 시청각 매체 를 통한 광고를 대대적으로 진행했다. 영국, 이탈리아, 스위스를 비 롯해 적지 않은 나라들이 지체 없이 텔레비전 광고를 허용했다. 프 랑스의 경우, 이들 나라들에 비해서 텔레비전 광고가 시작되기까지 제법 시간이 걸렸다.[5] 프랑스 광고업자연합은 1951년부터 이미 광 고매체가 부족하다는 점을 들어 전국을 대상으로 내보내는 공중파에 광고를 허용해줄 것을 요구했으나, 1968년까지 기다린 후에야 비로소 정부의 허가를 얻어냈다. 당시 퐁피두 대통령이 통치하던 프랑스 정부는 프랑스 경제가 이웃 유럽 경쟁 국가들에 버금갈 만한 경쟁력을 갖출 때까지 기다려야 한다는 논리를 들어 광고업계의 열망을 잠재워왔다. 텔레비전 광고를 허용하면서 광고 공간 경영을 담당하는 프랑스 광고 공사가 탄생했다. 처음에는 하루에 7분으로 제한되었던 텔레비전 광고 허용 시간은 텔레비전 방송국의 광고 수입이 늘어감에 따라 점진적으로 길어졌다. 1974년 ORTF(Office de radiodiffusion-télévision française, 프랑스 라디오텔레비전 방송국의 약자. 1964년부터 1974년까지 존속한 국영기업으로, 1975년부터는 여러 개의 개별 기업으로 분리되었다—옮긴이) 시대가 막을 내릴 무렵에는 텔레비전 방송국의 광고 수입 상한선을 25퍼센트로 제한하는 법이 제정되었다. 같은 시기, 신문을 비롯한 전통적인 언론매체의 광고 수입은 전례 없이 급성장했다. 한 예로, 유명 일간지《르몽드Le Monde》의 광고 수입은 평균 60퍼센트 정도였다.[6]

'영광의 30년'(선진국 중심으로 경제가 고도성장하고 생활수준이 급격하게 향상되었던 1946년부터 1975년까지의 시기를 일컫는 말—옮긴이) 시기에 거의 100년 역사를 자랑하는 프랑스 광고는 최고점에 도달했다. 사람들의 사고방식 속에 광고를 뿌리내리게 하는 데 성공한 광고업자들과 광고주들은 이제 아무런 두려움 없이 활동영역을 확대해갈 수 있었다. 많은 광고사들이 정치인과 정당의 홍보를 위해 기꺼이 그들의 노하우를 제공했다. 대표적인 예로, 마르셀 블뢰슈탱-블랑셰Marcel Bleustein-Blanchet가 1926년에 설립한 퓌블리시스Publicis

는 드골 장군의 텔레비전 연설을 성사시켰다는 사실을 매우 자랑스러워했다. 이제 제품이 아닌 브랜드를 부각시키기 위해 후원이나 협찬 같은 전략도 보편적으로 쓰이기 시작했다. 1980년대와 1990년대에는 기업들의 인수합병이 잦아지면서 광고업체와 정치권력 간의 관계가 한층 더 불투명해지는 효과를 낳았다. 이는 광고가 커뮤니케이션으로 변신해가는 과정을 보여주는 대표적인 증후로, 훗날 산업자본주의가 겪게 될 변화를 예고했다.

오렐리Aurélie

산업을 촉진하기 위한 산업

『광고의 불편한 진실De la misère humaine en milieu publicitaire』[1]의 저자인 마르퀴즈 그룹은 광고가 어떻게 해서 국가 주도적 산업체제의 중요한 구성요소가 되었는지 그 과정을 상세하게 기술한다. 이와 아울러 2003년에 일어난 "광고 반대antipublicitaire" 운동도 다룬다.

* * *

2003년부터 2004년으로 이어지는 가을과 겨울에 일어난 일련의 '광고' 관련 행동(2003년 10월 '광고 반대'를 주장하며 수백 명의 젊은 이들이 지하철을 중심으로 광고판에 검정색 페인트를 칠했다. 이 사건은 이후 광고 반대 시위로 이어졌다—옮긴이)은 무척 고무적인 동시에 적지 않은 실망도 안겨주었다. 우리에게 해가 되는 장치들에 해를 입히는 일종의 태업을 통해서, 다시 말해 물질적·금전적 손실을 입힘으로써 권력에 대항했던 러다이트Luddite 전통과 맥을 같이했다는 점에서는 고무적이었다. 하지만 투쟁이 폭넓은 지지층을 동원할 수 있었던 원인들이 결과적으로 그 운동이 지닌 약점이었다는 점은 아쉬움으로 남는다. 그도 그럴 것이, 인터넷 사이트Stopub가 아니었다면 이 운동이 벌인 마지막 시위 행동에 1,000명가량의 참여를 이끌어내기란 불가능했을 것이기 때문이다. 또한 각종 닷컴이나 온라인을 활용한 정책 구상을 열렬하게 지지하는 자들의 바람과는 달리 '클릭 한 번으로'는 절대로 공동체를 구축할 수 없음도 명백해졌다. 러다이트 운동 가담자들, 곧 기계가 그들의 노하우를 평가절하고 그들의 생존을 위협한다는 이유로 기계파괴에 나섰던 수공업 장인들이나 길쌈업자들은 19세기 초반 수십 년 동안 지속적으로 영국 국가권력에 진정한 위협으로 작용했다. 그 이유는 이들을 끈끈하게 이어주는 연대의식이 전자 기계를 통한 유대감보다 훨씬 강했기 때문이었다. 바꿔 말하면, 같은 공간에서 생활하며 일상을 공유하는 것이 공동체 구성원들 간에 결속력을 높이고, 따라서 운동의 일관성을 유지시켜준다는 것이다. 이와 반대로 원자화된 개인들을 하나로 묶어주는 웹사이트를 통해서는 가상 공동체나 만들 수 있을 뿐, 그것을 통해 지속적인 반대 운동을 이끌어간다는 것은 환상에 불과하다.

이러한 난맥상을 고려할 때, 우리는 이 운동에 통찰력과 일관성을 부여할 수 있는 전망을 제시해야 할 필요가 있다고 판단했다. 그렇기 때문에 마르퀴즈MARCUSE(Mouvement Autonome de la Réflexion Critique à l'Usage des Survivants de l'Économie, 경제 생존자들을 위한 비판적 성찰 운동이라는 뜻—옮긴이)라는 이름으로 『광고의 불편한 진실』이라는 제목의 책을 집필했다. 광고 반대 운동은 그 자체로 목적이 될 수 없다. 광고 없는 세상이라고 해서 광고가 지닌 모든 해악으로부터 자유로운 세상이 될 거라고 생각한다면 어불성설이다. 광고는 오히려 산업사회를 비판하는 데 필요한 매우 흥미로운 프리즘이 된다. 최초의 광고기업이 미국과 유럽에서 거의 동시에, 즉 1830~1840년대에 출현한 것은 그 시기가 바로 산업혁명 시기였기 때문이다.

산업과 광고는 서로의 존재를 전제로 삼는다. 생존에 필수적인 제품을 생산하는 사회에서는 당연한 말이지만 광고가 필요하지 않다. 광고는 산업화가 시작되면서 비로소 출현했다. 소비재가 빈번하게 대량생산되자 그제야 광고의 필요성이 대두되었다는 말이다. 대량생산 체제에서는 잉여 생산품을 처분하고, 점점 더 표준화되는 제품을 차별화하며, (점점 더 큰 폭으로 대량생산이 이루어짐에 따라) 점점 더 품질이 저하되는 상품들에 가치를 부여하면서, 무엇보다도 제조업자들이 내놓은 신제품들의 활용도와 무해성을 소비자들에게 각인시켜야 했다. 그것은 즉 사람들의 생활방식을 변화시키고, 그들에게 텃밭에서 가꾼 채소로 직접 수프를 끓여먹는 것보다 상자 안에 든 인스턴트 수프를 사먹는 편이, 밋밋한 물을 마시는 것보다 탄산소다를 사먹는 편이, 마차나 자전거를 타는 것보다 자동차로 이동하는 편이 훨씬 편하다는 점을 소비자들에게 납득시켜야 한다는 뜻이다. 그러므로 모든 혁신과 현대 기술의 매체인 광고는 자율적인 주민들이 이어오던 문화적 전통—시대에 뒤떨어지고 우스꽝스러운 것—에 대항하는 전쟁수단으로 군림하기 시작한다.

벌써 짐작했겠지만, '산업적'이라는 형용사를 오로지 양적인 의미로만 해석한다면 지나치게 피상적이라는 비난을 면하기 어렵다. 소규모 수공업과 대량생산 사이에는 생산되는 제품의 본질 면에서, 특히 사회적 관계와 그에 따른 삶의 유형에서 상당한 질적 차이가 있다. 산업화(이 말은 철강이나 화학 등의 2차산업 분야뿐만 아니라 모든 생산 과정에 적용할 수 있다)는 노동분업의 가속화를 내포하며, 이는 도처에서 노동자들을 지켜보는 관리자의 존재, 그에 따른 과학적-관료적 작업 환경 조성, 기계에 의한 노동자들의 기능 상실과 그로 인한 임금 저하, 파편화 현상 등을 동반한다. 그 결과 생산자들은 결코 그들이 생산한 제품을 소비하지 못하며, 소비자들은 결코 그들이 소비하는 것을 생산하지 못하는 사회가 생겨난다. 이렇듯 생산과 소비의 분리(오늘날 우리가 소비하는 것들은 우리가 전혀 모르는 사람들이 세상의 반대편 끝에서 생산해내는데, 이런 상황에서 어떻게 다소나마 생산조건을 제어할 수 있단 말인가?), 노동과 삶의 분리가 점점 더 커지면 사람들은 점차 앞으로의 사회 체제를 자율적으로 내다보지 못하게 된다.

우리가 '자본주의적capitaliste'이라는 용어보다 '산업적industriel'이라는 형용사를 선호하는 까닭은 공산주의자들과 사회주의자들이 생산수단의 본질에 대해서는 별로 성찰해보지도 않은 채, 자본주의를 생산수단의 사유화로 정의했기 때문이다. 이 경우 자본주의의 출구는 생산수단의 사회화, 즉 일반적으로 중립적이라고 평가되는 생산력을 집단이 점유하는 것으로 귀착될 것이다. 하지만 핵발전소, 대량생산 공장 또는 전 세계적인 물류 유통망을 자율 경영하는 것이 불가능하다는 점은 두말할 필요도 없다. 이처럼 거대한 인프라는 다시 점유할 수 없다. 이러한 시설들은 인간적인 크기가 아닐뿐더러, 그것이 민간 소유물이건 공공소유물이건 언제나 착취와 지배를 내포하기 때문이다.

그러므로 자본주의를 정의하는 것은 소유권이 법적으로 누구에게 있느냐의 문제가 아니다. 용어 자체에서 이미 드러나듯이, 생산력이 발전함에 따라 세계가 가치화되고 그와 연계된 자본이 무한정 축적되는 경제 역학의 문제다. 이런 관점에서 보자면, '공산주의' 사회도 '자유세계'에 못지않게 자본주의적이었다고 말할 수 있다. 그게 아니라면 중국이 그토록 단시일 내에 마오쩌둥의 비극에서 자본주의적인 대약진운동으로 옮아간 사실을 어떻게 이해할 수 있단 말인가? 요컨대 '공산주의' 사회는 이들의 발전 과정과 생산방식을 그대로 답습함으로써 서구 민주국가의 흉내를 냈던 것이다. 다만 서구 민주국가들에 비해서 방법이 약간 더 비효율적이었으며, '인권'과 관련된 보상을 무시했을 따름이었다. 철의 장막을 기준으로 장막의 안과 밖, 양쪽 모두에서 현실을 리모델링하려는 똑같은 움직임, 즉 자연과 인간에 대한 착취의 가속화, 사회적 관계의 파편화, 농촌사회의 도태, 개인들의 자율성 상실 같은 경향이 지속되었다. 그 결과 개인들은 자기 힘만으로는 아무것도 할 수 없게 되었다. 생존에 필요한 것들을 생산할 수도, 자신들의 건강을 지킬 수도 없게 된 것이다.

이처럼 산업화는 외부세력으로 인한 개인의 쇠퇴, 나아가 삶의 모든 양상 속을 비집고 들어오는 상품화 관계라고 정의할 수 있다. 소련에서도 활발하게 이용된 광고는 산업화의 중요한 매개다. 우리 자신이 생산하는 것, 다시 말해서 우리가 필요로 하는 것들을 지역적 · 수공업적으로 제조하는 것은 더 이상 바람직하지 않다며 체념을 종용하는 것이 바로 광고다. 광고는 그 자체가 하나의 산업이다. 산업적으로 대량생산된 제품들은 판매 촉진 또한 대량으로, 이를테면 교환이라는 의미 속에 내포된 관계의 본질을 뿌리째 바꾸어놓는 기술적 장치들을 통해 이루어지기 때문이다. 산업화 이전 시기, 즉 생산자가 자신이 생산한 제품을 비교적 잘 아는 사람들에게 팔던 시기를 특징짓는 직접적이고 개인적인 고객과의 관계는 개인과 관계없는 매개적인(간접적인) 관계로 대체되었다. 이제 고객이 자신이 어느 정도 잘 아는 상인에게 가서 필요한 물건을 사오기 위해 시장에 가는 것이 아니라, 보이지 않는 상인들이 소비자들의 집까지 찾아와 그들에게 필요를 주입하게 되었다. 이들의 필요란 소비자들의 생존을 위한 필요와는 거리가 먼, 자본의 재생산을 위한 필요다.

삶이 노동으로 축소되는 것이야말로 산업이라는 용어가 지닌 본래의 의미다. 산업이란 모든 생존적인 필요와 의미로부터 유리된 채 과학과 기술, 그리고 국가(이 세 가지는 대량생산을 위해 필수불가결한 요소다)가 중추적 역할을 담당하는 사회조직의 한 유형을 가리킨다. 우리가 투쟁의 대상으로 삼는 권력이 우리가 그들에게 전적으로 의존하는 상황을 자양분으로 삼는다면, 그리고 그러한 연유로 우리가 현재 처한 심각한 무기력 상태가 이러한 의존 상황과 직접적으로 연관되어 있다면, 인간적 규모의 집단에서 우리 삶의 조건을 다시금 추슬러 볼 수 있도록 시급히 정치적 결단을 내려야 한다. 이는 오늘부터라도 당장 전력투구해서 매달려야 할 만큼 긍정적인 프로젝트임이 분명하지만, 우리의 삶을 조직하고 와해시키는 국가-산업체제를 파괴하지 않는 한 그 계획은 부분적이고 일시적으로만 실현될 것이다. 우리가 성장의 과실을 더욱 효과적으로 분배하자는 '좌파적' 요구에서 벗어나, 보편적 최저수입revenu minimum universel(이는 이 세상 반대편에 사는 노동자들의 착취와, 그들의 삶에 대한 제어권을 박탈당한 수동적 소비자로서의 위치를 고착시킨다) 요구를 비판해야 하는 것은 바로 이 때문이다. 새장은 공유하지 않고 부숴야 한다!

마르퀴즈 그룹

광고를 위해 봉사하는 인문과학

인문과학은 광고시스템이 진화해가는 데 결정적 역할을 했다. 20세기를 관통하는 이 '여행'은 바로 이 점, 즉 과학과 산업자본주의 사회의 동시적인 발전상을 명백하게 드러내고자 한다.

* * *

마케팅과 광고 분야에서 인문과학의 성과를 토대로 한 지식은 19세기 중반에 제도적으로 구축되기 시작했다. 미국의 비즈니스 스쿨에서 고안해낸 마케팅은 인구의 도시 밀집, 농촌 지역이 농업생산 전문지대가 되면서 생겨나는 판매 문제에서 비롯되었다. 미국 중서부에서 기른 채소들을 동부 대도시에 팔기 위해서는 매우 효율적인 방식이 필요했으며, 이에 최적화된 유연한 유통 과정이 보장되어야 했다. 하지만 '판매학'을 대학 과정에 정착시키기 위해 막대한 자금을 선뜻 내놓은 것은 대규모 산업체들이었다. 1881년 필라델피아의 기업가 조지프 와튼Joseph Warton은 최초의 비즈니스 스쿨을 개설하기 위해 펜실베니아 대학교에 거액을 기부했다. 같은 해 프랑스에서는 HEC(École des hautes études commerciales de Paris, 파리고등상업학교의 약자—옮긴이)가 문을 열었다.[1] 이 같은 경영전문학교들은 교수진의 일부는 대학이 길러낸 인재들(심리학자, 사회학자 등), 나머지 일부는 이익을 키우려면 시장을 과학적으로 분석하는 게 중요하다고 확신하는 기업가들로 구성하여 교육을 진행한다는 특징을 지니고 있었다. 이렇게 되자 광고가 매우 중요한 비중을 차지하는 마케팅 분야는 대학 제도권 출신 인사들과 기업계 출신 인사들이라는 이질적인 구성원으로 이루어진다는 일종의 불문율을 갖게되었다. 이처럼 서로 다른 분야의 만남은 1937년 미국 마케팅협회의 결성으로 이어졌다.

프로이트는 마케팅 업계의 감칠맛 나는 소스

이 무렵, 심리학과 정신분석은 과학계의 총아로 각광을 받았다. 행동주의 심리학의 창시자인 존 B. 왓슨John B. Watson은 파블로프의 몇 가지 전제(인간은 외부자극에 반응하는 존재이므로 주어진 상황에 적응할 수 있다, 의식은 존재하지 않는다 등)를 새로이 조명하고, 가족이 어린아이의 사회화 과정에 부정적인 영향을 끼칠 수 있다고 주장했다. 왓슨은 시장경제가 제공하는 욕구 충족을 제외한 모든 만족은 심리적으로 역효과를 내는 동시에 사회적으로도 해악을 끼친다고 단언하기도 했다. 1922년 그는 J. 월터 톰슨 광고사의 대표가 된다.

한편 지그문트 프로이트의 조카인 에드워드 버네이스Edward Bernays
는 현대적 PR이론을 정립했으며, 현대사회의 여론의 향방을 좌우
할 수 있는 '심리학' 교육을 옹호했다.

현대적 의미에서 광고가 출현하기 시작한 것도 이 무렵이다.[2]
포드가 생산경제를 최대치로 끌어올렸다면, 대량생산의 시급함을
외친 사람은 기업가이자 소비자보호운동의 창시자인 에드워드 필
렌Edward Filene이었다. 생산에서 이득을 얻으려면 더욱 역동적인 시
장이 필요했다. 대중이 자신들의 원초적인 필요가 아닌 자본주의
기제의 실재적이고 역사적인 요구를 충족시키기 위해서 물건을 사
는 시장이 필요했다는 말이다. 그러므로 소비자에 주목한 것은 본
질적으로 재고를 털기 위해서였던 것이다. 그 외에도 다른 이유가
존재하는데, 바로 공장 문을 나선 노동자들을 '문명화'시켜야 할 필
요였다. 타인의 시선이라는 주제로 모든 것을 설명하는 광고담론을
통해 노동자들에게 체화된 항거문화를 잠재움으로써 이들을 별로
요구하는 게 없는 온순한 사람들로 만들어야 했다는 말이다. 이웃
사람들이 광고 이미지와는 전혀 동떨어진 나의 생활방식을 조롱한
다고 믿게 하는 것보다 더 효과적으로 노동자들의 연대의식을 와해
시킬 방법이 무어란 말인가?[3] 미국의 대규모 산업체가 구사하는 광
고기술이 너무도 현란한 탓에 1932년 독일에서 대통령 선거 운동
이 한창이던 무렵, 아돌프 히틀러의 선전 담당자였던 괴벨스는 자
신이 구상하는 선거 캠페인에 "미국 방식을 미국만큼의 규모로" 도
입하고 싶다고 말했을 정도였다.[4]

1950년대에 들어와 광고 분야는 행동과학, 동기 연구 전문가들

과 협업했다. 그 당시 행동주의 심리학자들은 왓슨의 모델을 완벽하게 가다듬었으며 소비 행태를 모델로 정립하는 작업에 착수했다. 2차 세계대전 후 유럽에서 미국으로 건너온 수많은 이민자들 가운데 하나이자 심리학자 파울 라자스펠트Paul Lazarsfeld의 제자였던 에르네스트 디히터Ernest Dichter는 1938년 미국에 도착한 즉시 크라이슬러, 프로텍터 앤 갬블을 위해 일했다. 1946년에 그는 소비자들의 감춰진 동기를 찾아내겠다는 취지에서 동기연구소Institute for Motivational Research를 세웠다. 그가 내세운 정신분석적 관점은 오직 전문가만이 (비전문가는 물론 연구의 대상이 되는 당사자도 숨은 동기를 찾아내기란 불가능하다) 무의식으로 인한 동기를 찾아낼 수 있다는 점에서 그의 연구에 이중으로 정당성을 부여했다. 본질적으로 양보다 질, 즉 정성분석에 해당하는 동기 연구는 대학과 기업 양쪽 모두에게 매력적으로 비치기 위해서 여론조사나 인구 분석 같은 정량분석적 연구를 보완해야 했다. 또한 다양한 개인적 변수가 구매 행동에 미치는 영향을 측정하기 위해 계량경제학 기법을 적용했다. 이런 과정을 거쳐 소비자 행동 양태를 감안한 모델이 1964년에 정립되었다. 이 모델에 따르면 소비자는 수많은 변수를 고려하며 신앙이나 태도, 의도와 행동 등의 복잡한 상호작용을 거친 후에 자신의 선택을 결정하는 합리적인 개인으로 정의된다.[5]

1980년대에 들어와 신행동주의 심리학이 광고기법 무기고에 모습을 드러냈다. 이 새로운 학문 경향은 인공두뇌학cybernétique(커뮤니케이션학으로, 전후 진정한 유토피아로 간주되었다)에서 파생된 것으로, 정보처리기계를 모델 삼아 인간을 연구하는 학문이다. 이것은 이후에 정밀과학 분야(특히 컴퓨터 공학)에 지대한 영향을 끼쳤다. 인공두뇌학 이론은 마치 한 번 알려지고 나면 얼마든지 조종 가능한 코드처럼 인간의 언어를 순전히 기능적 차원에 입각해서 다룬다. 이 이론이 구사하는 많은 기법들 가운데 신경언어 프로그래밍 neuro-linguistic programming(NLP)이 아마도 인간을 정보적인 존재, 그러니까 주변 환경과 인풋inputs, 아웃풋outputs을 적극적으로 교환하는 존재로 간주하는 가장 대표적인 기법이라고 할 수 있다. 판매 분야뿐만 아니라 심리치료나 자기계발 분야에서도 활용되는 NLP는 평균보다 훨씬 높은 수준의 커뮤니케이션에 도달하고자 한다. 거의 인간을 조종하는 것에 비견할 만한 이러한 언어와 행동 연구는 기업계와 정치계, 광고계의 커뮤니케이션 분야에서 엄청난 성공을 거두었다.

감시당하는 우리의 뇌

광고전문가들이 가장 최근에 찾아낸 보물은 뉴로마케팅neuro-marketing이다. 광고주들과 광고 제작자들은 보다 더 정밀한 방식으로 구매 결정에 영향력을 행사하겠다는 희망을 품고 벌써 10여 년 전부터 신경생물학자들이 뇌영상 분석 기법을 개발하도록 독려해왔다. 우리 뇌의 어딘가에 위치했을 '구매 단추', 누르기만 하면 구매를 하게 되는 장치까지는 아니더라도, 학자들은 대뇌피질 어디쯤에선가 활성화되어 욕망이나 쾌락을 일으키는 특정 부위를 찾아내고 그 부위에서 내보내는 특별한 신호(시각적, 청각적, 후각적 신호 등을 모두 포함)를 범주화하겠다는 야심을 숨기지 않는다. 뉴로마케팅의 선구자는 코카콜라의 본산지인 애틀랜타의 에모리 대학병원이다. 2001년 브라이트 하우스 연구소Institute Bright House가 문을 연 곳도 역시 애틀랜타였다. 이 연구소는 미국 기업들에게 신경생리학적 분석을 제공한다.[6] 여기에 뒤질세라 유럽도 발 빠르게 움직인다. 독일 울름 대학병원의 일부 인사들은 다이믈러-크라이슬러사의 자금 덕분에 우리 뇌에서 쾌락과 관련하여 보상을 관장하는 부위를 찾아내는 데 성공했다고 한다. 프랑스에서는 심리학자이자 리옹대학교의 인지 기제 연구소 소장으로 일하는 올리비에 쾨닝Olivier Koening이 불로뉴-비양쿠르 지역에 앵팍트 메무아르Impact Mémoire!라는 이름으로 활동하는 연구자문기관을 열었다. 앵팍트 메무아르의 주고객은 네슬레, 이동통신 사업자 SFR, 《르몽드》, 소시에테 제네랄 은행, 프랑스 전국 텔레비전 광고 노동조합 등이다. 그러나 그와 같은 연구를 지지하는 자들마저도 이들 연구기관이 앞세우는 수단의 가치에 대해 회의를 보인다! 시장에 충성을 맹세한 이들 학자들은 "우리가 무엇을 생각하느냐?"가 아니라 "우리가 어떤 방식으로 생각하느냐?"를 연구하며, 자신들은 이러한 연구에 적합한 관찰도구를 정비할 뿐이라고 누누이 설명한다. 이들의 연구결과는 돈줄을 쥔 금융권과 소비자보호단체들에도 유용하게 활용될 수 있다. 이들은 자신들의 연구성과를 과소평가함으로써 스스로를 보호하려 든다. 앵팍트 메무아르의 올리비에 쾨닝은 다음과 같이 말한다. "한 명의 소비자가 오직 뉴런의 활동만으로 복잡한 선택 결정을 내린다고 예측할 수는 없다. 뇌 영상을 통해서 의도적인 구매 기제를 파악할 수 있다고 주장하는 것은 어리석기 짝이 없는 짓이다!"[7] 뉴로마케팅 하나만으로 우리를 좀비 소비자로 변모시킬 수 없음은 명백하다. 그럼에도 뉴로마케팅은 대규모 산업기계의 리듬에 우리를 맞추려는 범세계적인 시도의 관점에서 볼 때, 한 걸음 앞으로 전진한 것에 틀림없다. 사리사욕 없고 가치중립적인 학자라는 현대의 신화는 여전히 우리의 뇌리에 또렷하게 각인되어 있으며, 그것이 바로 심리학 같은 학문이 지닌 힘의 원천이다. 이러한 학문들은 태어날 때부터 선전의 도구로 이용되어왔다. 국가도 기업도 이 학문들을 자신들을 선전하기 위한 수단으로 사용했다는 말이다. 그렇다고 이들 학문을 통해 새로이 획득한 지식의 중요성이나 이의 응용이 때때로 우리 인간들에게 커다란 도움이 되었다는 사실을 부정하려는 것은 아니다. 하지만 자유로우면서도 연대의식을 공유하는 개인들로 구성된 사회 건설이라는 관점에서, 이제껏 지나치게 보호를 받아왔다는 인상을 주는 이들 비밀스러운 연구기관에 정신 차리라고 한 번쯤 발길질을 해줄 때가 되었다. 또한 이들의 기능과 존재 목적에 대해서도 제대로 된 의문을 품어봐야 할 때다.

쥘리앙 스칼디스Julien Scaldis

순응하면 행복하다고? 광고의 전체주의

프랑수아 브륀François Brune은 오래전부터 광고시스템을 연구해왔다. 필독도서 반열에 오른 『순응하는 행복Le Bonheur conforme』의 저자인 그는 『우리 시대의 이데올로기에 대하여De l'idéologie, aujourd'hui』에서 광고라는 현상이 어째서 전체주의적이며, 그가 '피할 수 없는 사실주의'라고 이름붙인 사고체제에 어떻게 편입되는지를 조목조목 설명한다.

＊ ＊ ＊

당신은 왜 당신 책에 "이데올로기에 대하여"라는 제목을 붙였습니까?

프랑수아 브륀: 나는 축구, 라디오, 텔레비전처럼 여러 다양한 현상들을 통해서 '피할 수 없는 사실주의'라는 유일한 이데올로기가 우리 앞에 전개되고 있음을 드러내겠다는 의도를 갖고 그 책을 썼습니다. '피할 수 없는 사실주의' 이데올로기는

현실을 촬영한 것이라는 느낌을 줌으로써 이데올로기로서의 정체를 감춥니다. 오늘날에 활약하는 이념론자들의 특징은 그들이 이념론자가 아닌 것처럼 연기한다는 사실입니다. 그러면서 그들은 자신들의 적을 가리켜 이념론자들이라고 비난합니다. 현실을 전복시키는 거죠. "사고가 유일한 것이 아니라 현실이 유일하다"는 말이야말로 이들을 이해하는 키워드입니다. 현실이 우리에게 확실한 것으로 제시하는 것 외에 다른 것을 생각하기란 불가능합니다. 그것이 우리가 복종해야 하는 시장의 본질이건 현실이건 말이죠. 많은 선량한 사람들이 가령 당신에게 "유전자 변형식품에 관해 말하자면, 우리는 그걸 피할 수가 없다네"라거나 "시장은 피할 수 없는 거라네"라고 말합니다. 이러한 이데올로기는 사실상 이 세계를 바꾸려는 모든 시도를 꺾어버립니다. 그저 '변동하는 세상'에 적응하는 수밖에 없다는 거죠.

어떤 문제가 부상하면 사람들은 기능장애라고 말합니다. 그런데 당신은 그것이 많은 것을 시사한다고 말하더군요.

기능장애란 체제가 지닌 문제점들을 당연한 것으로, 정상적인 것으로 받아들이도록 만드는 데 아주 유효하게 사용되는 이상적인 표현이죠. 체제가 그 문제를 해결할 수 있다고 믿게 만드는 겁니다. 오염된 지하수층, 호흡곤란을 일으키는 공기 오염, 국민의 20퍼센트 이상이 처한 비만, 프랑스 파리를 비롯한 수도권에서의 암환자 증가 같은 문제들을 일시적이고 사소한 장애 정도로 축소시켜버리는 거죠. 그러면서 "모든 것은 나아질 거야", "체제가 원활하게 작동할 거라는 믿음을 가져야 해"라고들 말합니다. 기술과 관련된 문제가 발생할 때마다 우리는 그 문제를 좀 더 많은 기술을 투입해서 해결하려고 할뿐, 경제적 현실에 대한 문제의식을 발동시키는 법이 없습니다. 한 예로, 터널 안에서 불이 나면 흐름이 극소화된 공간에서 나타나는 교통의 문제에 대해 재고하기보다 새로운 터널을 뚫으려 한다는 겁니다. 기능장애라는 알리바이가 기능 질서를 강화하는 데 일조하는 셈이죠.

당신은 일시적 표류를 지적하는 것이 아니라 그 같은 이데올로기에 대한 근본적인 비판을 제시합니다. 당신 주장대로라면 이 이데올로기에는 진보신화, 기술 우위, 커뮤니케이션 교리, 시대정신 숭배, 이렇게 네 가지의 중심축이 존재합니다. 그 네 가지 각각을 좀 더 상세하게 설명해주시죠.

　이데올로기란 모든 사람이 그걸 믿으니 그것이 자명한 것처럼 여겨지도록 부추기는 겁니다. 여러 가지 생각들이 어깨동무하듯 나란히 놓인 것이 아니라 하나의 망을 이루는 거라고 말할 수 있죠. 이데올로기는 체제를 형성합니다. 그 체제의 첫 번째 축이 진보신화인데, 이에 대한 비난이 점점 커지고 있습니다. 명확하고 개별적인 진보가 이루어지지 않는다는 것이 아니라, 진보가 곧 구원이라는 생각, 진보란 피할 수 없는 것이라는 생각이 문제입니다. 사회는 자연적으로 진보를 거듭한다고 믿는 그 생각 말입니다. 사람들은 진보와 복지를 모두를 위한 경제성장과 연계시키는 경향이 있습니다. 여기서 모두라고 하면 우리가 우리 모델을 강요하는 제3세계까지 포함합니다. 사람들은 더 많은 부의 생산, 소비의 가속화, 더 많은 에너지 소모가 당연히 진보를 가져다 줄 것이라고 맹목적으로 믿습니다. 하지만 환경이나 경제적 관점에서 보자면 이러한 생각에 충분히 반론이 있을 수 있습니다.

전문가들은 국민총생산의 증가에 '진정한 진보'라는 지수로 맞섰습니다. '진정한 진보' 지수란 성장에서 부정적인 효과를 배제하고 난 나머지를 계산해서 얻을 수 있습니다. 전문가들은 특히 미국의 경우 경제성장이 지속적으로 이루어졌음에도 1970년대 이후 진정한 진보지수는 계속 하강곡선을 그리고 있음을 밝혀냈습니다. 경제성장을 통해 복지를 키워나가자는 생각은 신화에 불과했음이 드러난 겁니다. 신화치고도 아주 위험한 신화라고 할 수 있는 것이, 기술전문가들과 관료들에게 백지수표를 써준 셈이었기 때문이죠. 이러한 신화는 기술과 관련된 이데올로기와 밀접한 관련이 있습니다. 기술 우위라는 축은 모든 분야에서 깊이 뿌리내리고 있습니다. 심지어 심리학과 인간관계도 예외가 아닙니다. 인간의 행복을 묘사하기 위해서 기술 관련 어휘들("인간관계를 경영한다", "이러한 심리상태를 수용한다" 같은)이 동원되는 형편이니까요. 이러한 생각의 저변에는 인간의 본성과 관련된 문제를 기술적 해결책을 통해서 풀 수 있다는 믿음이 깔려 있다고 봐야겠죠.

커뮤니케이션의 중요성을 지나치게 강조하는 교리 탓에 고독감을 덜기 위해서는 타인과 접촉을 늘려야 한다는 식의 사고방식을 강요받게 되었습니다. 관계에서 비롯되는 모든 문제나 오해, 몰이해 등은 당신이 커뮤니케이션을 잘 못하기 때문이라는 겁니다. 예를 들어 라파랭Jean-Pierre Raffarin 내각(프랑스에서 자크 시라크 대통령 재임시절에 해당하는 2002년 5월부터 2005년 5월까지 라파랭 수상이 이끈 내각—옮긴이)은 정책의 실패를 커뮤니케이션 부족 때문이라고 설명했는데, 사실 라파랭 내각은 커뮤니케이션에만 치중했을 뿐, 정책 부재에 대해서는 고민하지 않았습니다. 국민은 그 사실을 다 알았는데 말입니다. 하나의 노하우가 존재방식을 대체할 수 있다고 믿는 거죠.

당신은 이제 더 이상 이른바 창조적 고독이라고 부르는 것을 누릴 권리가 없습니다. 휴대폰처럼 각종 신기술을 장착한 커뮤니케이션 수단들이 개인으로 하여금 혼자 힘으로 독자적으로 존재하는 것을 방해하기 때문이죠. 커뮤니케이션 이데올로기는 개인에게 타인과 끊임없이 접촉하라고, 그게 안 되면 적어도 그렇게 하고 있다는 착각이라도 하라고 강요합니다. 아주 강압적이죠. "너에게 휴대폰이 없다면 나는 내가 원하는 순간에 너를 붙잡을 수 없다는 걸 의미한다"는 식입니다. 그런데 실재적인 교류가 이루어지기 위해서는 단순한 접촉만으로는 충분하지 않습니다. 당사자 두 사람 각자가 무언가 상대에게 제공할 것이 있어야 합니다. 서로 아무 할 말이 없거나 함께 겪을 것, 함께 욕망할 것이 없다면 두 사람 사이에는 아무 일도 일어나지 않습니다.

마지막으로 시대정신 숭배라는 축이 있습니다. 이벤트성 담론의 생산을 가리키는 말입니다. 시대는 말하자면 배경막에 해당합니다. 우리는 끊임없이 진보를 거듭한다고 여겨지는 배경 속에서 사는 존재로 알려져 있죠. 이 시대라는 배경은 끝없는 소비를 제공합니다. 그 때문에 소비를 하지 않는다는 것은 자기 시대를 거역하는 것을 의미합니다. 우리는 미디어가 어떤 현상들을 선택할 때 궁극적으로는 그 현상들이 내포한 모더니티 함유량에 따라 선택한다는 사실을 알고 있습니다. 미디어는 이런 식으로 모더니티를 창조합니다. 이렇게 창조된 모더니티는 일종의 신으로, 그 앞에서는 고개를 숙여야 합니다. 자기 시대를 따르지 않는 사람은 비정상적이고 반동적인 사람으로 낙인찍힙니다. 커뮤니케이션 교리, 진보신화, 과소비에 입각해 생겨난 이러한 '종교' 안에서 우리는 속박당합니다. 우리는 서로가 서로를 감시하는 시선 속에서 살게 됩니다. 아주 미세한 차원의 진보신화라고 할 수 있는 '트렌드' 역시 대단한 구속력을 가집니다. '트렌드'를 따라가지 않는다면 당신은 존재하지 않는 것이나 다름없습니다.

광고 문제와 관련하여 당신은 '전체주의'라는 표현을 사용하는데, 아무래도 그건 좀 지나친 용어가 아닐까요?

오늘날 군림하는 글로벌 이데올로기의 뿌리에는 광고 이데올로기가 자리잡고 있습니다. 사람들은 하나씩 따로 분리된 개별적 광고를 볼 뿐이죠. 개별적 광고 각각은 멋지거나 재미있습니다. 총체로서 광고가 일종의 담론 네트워크를 형성해서 이른바 인생 사용설명서—나 자신은 이것을 가리켜 '순응적인 행복'이라고 합니다만—라고 부를 만한 것을 프로그래밍한다는 점은 보지 못하는 거죠. '순응적인 행복'은 행복이나 쾌락 공동체와는 다릅니다. '순응적 행복'이란 정해진 틀에 맞춰진 상투적 행복을 말합니다. 그 같은 행복은 소비 이데올로기를 토대로 구조화됩니다.

광고는 두 가지 층위에서 전체주의적입니다. 첫째, 확연히 눈에 보이는 차원에서 보자면, 광고는 도시 곳곳에 편재합니다. 광고는 모든 공간과 시간을 온통 차지하고 있습니다. 오늘날의 광고는 인간의 감수성과 조건화 역량에 관해 점점 더 섬세하게 정제되어가는 조사와 분석에 충실하게 복종합니다. 특히 뉴로마케팅이라는 기법이 주로 활용되고 있죠. 광고는 그러므로 인간을 모든 차원에서 파악합니다. 신경감각적, 정신적, 사회학적 차원 등 그야말로 모든 차원에서 관찰이 이루어지는 겁니다. 둘째, 광고는 인간 존재를 지각하는 방식에서도 전체주의적입니다. 관계에 따른 행복, 시민으로서의 참여, 영적 차원 등, 존재의 모든 양상에 부응한다고 주장하니까요. 광고는 전통적인 모든 가치들, 그러니까 소비를 미덕으로 삼는 세태와는 대립관계에 있는 가치들을 장악합니다. 혁명이나 궤도이탈이 도처에 난무합니다. 광고는 아침마다 혁명을 부르짖죠. 광고는 인간이 활동하는 모든 영역을 관장한다고 주장합니다. 그런 점에서 보자면 광고는 전체주의적이 아닐 수 없죠. 이전의 전체주의와 광고의 차이점이 있다면, 조금 덜 거칠면서 훨씬 더 교묘하다는 점을 들 수 있습니다. 올더스 헉슬리가 말했듯이 사회안정이라는 원칙은 사람들에게 미리 프로그래밍된 것을 그들이 욕망하던 것이라고 믿게 하는 것입니다.

당신은 광고 이데올로기를 몇 가지 굵직한 특성으로 요약했는데, 그중에서 첫 번째로 꼽은 특성은 절대 멈추지 않는 진보에 대한 신화입니다.

모름지기 인류는 모든 분야에서, 그러니까 소비를 포함하는 전 영역에서 멈추지 않고 전진해야 한다고 확신하는 것이 소비 이데올로기의 근간을 이룹니다. 물론 여기서는 질이 아니라 양이 문제죠. '더 나은 소비'란 언제나 '더 많은 소비'라고 풀이되니까요.

필요를 과도하게 활성화시키는 경향도 있죠. 가령 '필요의 필요'라거나……

욕망을 창조해야 한다는 것이 광고 제작자들의 생각입니다. 그 사람들에게 그들이 필요를 창조해낸다고 말하면 욕망이란 자연적인 것이라고 대답합니다. 그들은 자연적 욕망을 그렇지 않은 욕망과 연계시킵니다. 모든 물체에 성적 의미를 부여하는 것도 다 그 때문이죠. 다른 한편으로는 일종의 포화 상태도 감지됩니다. 사람들은 실제로 자기들은 별다른 욕망이 없는데도 이런 식으로 끊임없이 자극을 받는 것에 피로감을 느끼기 시작했단 말입니다. 진정한 욕망은 즉각적으로 해결되는 성질의 것이 아니죠. 그건 좀 더 깊이 있는 무엇이므로 서서히 무르익어가는 준비 단계가 필요합니다. 아주 기발한 광고 한 가지를 예로 들어볼까요? 광고에 등장하는 인물은 "나는 사람들이 나에게 욕망을 제공할 때만 욕망한다"고 말합니다. 우리는 욕망이 과도하게 활성화되어 행복이 실종되는 세상에 살고 있습니다. 끔찍한 일이죠.

광고 이데올로기의 세 번째 특성으로 당신은 공포심을 야기할 정도의 합의 추구, 집단 모방을 꼽았습니다.

그건 시대정신 숭배와 연결되죠. 요컨대 남들처럼 해야 한다는 겁니다. 우리는 분명 개인주의자인데, 동일한 모델 안에서 개인주의자라는 말입니다. 당신이 익숙하지 않은 행동을 보인다면 사회의 시선이 당신에게 쏠리면서 당신을 비정상적인 사람, 정신박약자, 시대에 뒤떨어진 사람으로 의심할 겁니다. 요컨대 사람들은 르네 지라르René Girard가 '모방 욕구désir mimétique'라고 이름붙인 것을 키워나가는 거죠. 나는 남이 욕망하는 것을 욕망해야 한다. 광고라는 구경거리는 나에게 욕망을 가진 자들을 보여주는데, 그건 그 사람들이 그 욕망 덕분에 행복해하는 모습을 보여줌으로써 나에게도 똑같은 욕망을 갖게 하기 위해서죠. 그런데 처음에는 행복해 보이던 것이 공포의 합의가 되면서 오히려 고통으로 변해버립니다.

당신은 "만들어진 영웅을 향한 숭배"니 "당근이 결국 채찍이 되도록 프로그래밍된 행복"이라는 표현도 사용합니다.

제품은 곧 구원입니다. 모든 문제의 해결책이라는 말입니다. 이는 기술 우위 풍조와 밀접하게 연결되어 있습니다. 제품은 생산되는 것입니다. 제품은 곧 가치죠. 실존적 문제를 안고 있는 사람에게 제품이 도착하면 만사가 다 좋아진다는 식입니다. 정체성 또한 하나의 제품입니다. 다른 존재 수단을 갖지 못한 사람들은 유명상표에 집착함으로써 소외됩니다. 그 상표를 통해서 정체성을 찾을 수 있다고 믿는 겁니다. 소비행위가 당신에게 제공하는 감각을 제외하면 당신은 존재하지 않습니다. 광고 식의 행복이 끔찍한 건 늘 새로운 순간을 필요로 한다는 점입니다. 거기에는 항상 진보하고, 항상 새로움이 있다, 영원히 그럴 것이라는 전제가 깔려 있죠. 그런 광고를 대하는 사람들은 진정으로 자기가 욕망하는 것이 무엇인지 파악하지 못한 채 항구적인 외향적 상태 속에 놓이게 됩니다. 그가 당근이라고 믿었던 것이 사실은 채찍으로 판명되는 거죠. 요컨대 계속해서 소비를 해야 하는 겁니다. 그건 무슨 말이냐 하면 계

속해서 돈을 벌어야 한다는 말이고, 그러려면 쉬지 않고 일을
해야 하고, 이런 식입니다.

당신이 '소비 충동'이라고 명명한 현상도 있죠.

물건을 소비해야 할 필요는 결국 우리로 하여금 우리가 소
비하는 것을 파괴하도록 이끕니다. 이러한 소비 충동은 제품
에도 해가 될 뿐 아니라 그 제품을 생산하는 사람들에게도 피
해를 줍니다. 우리는 제품이라는 것은 언제나 인간의 노동 또
는 자연으로부터 얻어진다는 사실을 쉽게 망각합니다. 그게
다 광고 탓이죠. 전체 인구의 20퍼센트가 자기들의 권리라면
서 나머지 사람들이 생산한 것을 독식하는 일종의 폭식 증세
가 나타나고 있습니다. 이는 인간적 관점에서 볼 때 완전히 왜
곡된 체제라고 볼 수밖에 없습니다. 일부 서양 대기업들이 지
구 전체의 자원을 독점적으로 소비해야 할 필요는 때로 전쟁
으로 이어지기도 합니다. 그런데 그 같은 사실이 전쟁이라는
'사건'에 의해 은폐되곤 하죠.

광고 이데올로기의 일곱 번째 특징으로 다른 모든 특징들을 뒷받침해주
는 것이 바로 가치 파괴라고 했는데…….

광고는 우리에게 건강과 시민정신, 용기, 함께하는 즐거
움, 지능 등을 제공한다고 주장합니다. 다만 우리가 소비를 한

다는 조건하에서 그렇다는 거죠. 소비활동은 자기중심적 행위입니다. 그 사실만으로도 벌써 우리로 하여금 소비를 하도록 부추기기 위해 동원되는 가치들과 대척점에 있습니다. 말하자면 흐름을 거스르는 행위인 거죠. 광고는 자주 가치를 날조합니다. 인간 내부에 도사린 본능과 충동성을 부추기기 때문이죠. 언제까지고 인류애적 가치만을 이용할 수는 없는 노릇이므로 그 가치들은 훼손되기 마련입니다. 그런 연유로 광고 속에서 소시지를 먹으면서 "좋아하면 계산 같은 건 하지 않죠"라고 말하는 인물을 만나게 되는 겁니다. 가치가 비틀린 거죠. 사실 제일 좋은 건 이기적인 향유를 찬미하면서 그런 가치들을 아예 제거해버리는 것일 테죠. 이것이 바로 개인적이고 서양적인 행복의 논리적 귀결입니다. 비록 이따금씩 그 행복이 어느 정도의 측은지심을 불러일으키는 기호 형태로 나타나는 경우도 있긴 하지만요. 이 시대는 적지 않은 수의 비극을 겪었는데, 우리는 그 비극들을 우리에게 고유한 인간조건의 표현인 양 소비합니다. 그렇게 해서 제3세계도 소비의 대상, 다시 말해서 우리가 지닌 고유의 연민을 맛보는 기회가 됩니다.

당신은 「소박한 사회를 위하여」라는 글로 책을 마무리했더군요. 무슨 의미입니까?

우리는 가치나 체제, 그리고 그 뒤에 버티는 이데올로기에 저항하지 않고는 결코 광고 이데올로기에 저항할 수 없습니다. 그런데 이러한 배후 이데올로기의 구성요소들 가운데 하나가 바로 특정 생활방식입니다. 오늘날과 같은 초소비사회에서는 지구촌 60억 주민들이 살아갈 수 없습니다. 숨 가쁘게 성장만을 추구하는 사회는 지속가능하지 않습니다. 우선 생태환경적인 면에서 그렇습니다. 그런 사회에서는 행복할 수 없기 때문이죠.

그렇기 때문에 '성장 감소' 사회라는 개념이 제기되는 겁니다. 그렇게 되면 사람들은 퇴보한다고 생각하겠지만, 그런 것이 아니라 양적 성장과는 다른 토대 위에 건설되는 사회라고 생각해야겠죠. 다시금 사회적 요소를 고려하고, 낭비를 대체하는 신개념 경제를 토대로 삼는 사회 말입니다. 소박함은 결핍이나 궁핍이 아니라 상대적으로 절제된 소비, 아주 불편하지는 않은 수준의 경제적 여유를 의미합니다. 예전에도 존재했던 것들을 되찾기는 하나 예전과는 다른 방식으로 그것들과 만나는 이러한 생활방식은 내면적인 소외 극복을 함축합니다. 우리 사회는 어쨌거나 막다른 길에 도달할 수밖에 없습니다. 성장 감소가 필연적이라는 말이죠. 그러므로 벽에 부딪치기 전에 미리 어떻게 해야 방향을 반대로 돌릴 수 있는지 궁리해야 합니다.

새로운 사회를 건설해야 합니다. 오늘날 진보와 기술과 관련하여 의구심이 고개를 들기 시작했습니다. 이건 매우 긍정적인 신호입니다. 하지만 이러한 신호들이 한순간 반짝하는 일시적인 유행에 그쳐서는 안 됩니다. 시스템은 고치지 않으

면 헐떡거리게 마련입니다. 그렇게 되지 않도록 사전에 손을
써야겠죠.

대담: 세드릭 비아지니

정리: 레일라

(2005년 4월)

광고는 어떻게 폴란드를 세계화했나?

1990년 폴란드는 공산체제로부터 해방되었고, 주민들은 이제 스스로의 힘으로 자신들의 미래를 가꾸어갈 만반의 태세를 갖추었다. 그러나 자본주의가 광고와 텔레비전을 통해 밀고 들어오면서 이들 정치화된 폴란드 국민들을 하찮은 소비자 무리로 변모시키는 데 성공하자 그것은 불가능한 이야기가 되었다.

* * *

1990년대 말, 폴란드 사회에서는 다른 무엇보다도 정치가 최대의 관심사였다. 대학이나 기업, 선거위원회 같은 대부분 조직에서는 늘 정치 이야기뿐이었다. 재야인사 아담 미슈닉Adam Michnik이 1989년 5월에 창간해 솔리다르노시치Solidarinosc('연대'라는 뜻을 가진 폴란드의 자주관리노조—옮긴이)의 선거 승리에 크게 기여한 일간지 《가제타 비보르차Gazeta Wyborcza》(선거저널이라는 뜻)는 날개 돋친 듯이 팔렸다. 추락한 정권에 오래도록 복종해왔다는 이유로 심하게 조롱

받았던 친사회당 성향의 학생기구는 비로소 고개를 들고 학생들이 처한 상황에 대해 진지하게 고민하기 시작했다. 사람들은 마침내 당을 등에 업은 인사들의 손아귀에서 벗어난 지역정치, 다시 말해서 자기가 거주하는 동네, 자기가 사는 주택협동조합 등에 적극적으로 참여했다. 진정한 의미에서 집회를 열어 진정한 의미의 선거를 통해 새로운 협동조합 간부들이 선출되었다. '소규모 민영화'법이 제정되어 종업원으로 일하던 사람들이 그들의 이전 지위에 따라 소매전문 점포나 식당의 주주가 되었다.

　　최초의 대통령을 선출하기 위한 선거운동 역시 상당히 정치적인 분위기 속에서 진행되었다. 선거운동이 절정에 달한 1990년 10월, 폴란드의 공공영역에 최초의 광고가 등장했다. 서양 광고 제작사들이 폴란드의 광고 공간에 고개를 들이민 건 이미 한참 전이었다. 대선 후보들이 너 나 없이 선거전에 대비해서 이들에게 도움을 청했기 때문이었다. 프랑스의 광고회사 퓌블리시스와 세겔라는 마조비에츠키Mazowiecki(1927~2013. 폴란드의 언론인이자 정치가로 공산당 정부에 반대하는 재야 지식인으로 활동했다—옮긴이) 편에 섰다. 이들은 '도도한 힘La Force tranquille'을 내건 미테랑의 선거 포스터를 자기들이 미는 폴란드 대선 후보자에게 그대로 가져다 썼다. 그런데 폴란드어로 옮기기 쉽지 않았던 이 슬로건은 '평온의 힘La Force du calme'이라는 의미로 완전히 오역되고 말았다. 그 같은 슬로건이 아니더라도 벌써 거북이 이미지로 놀림감이 되어오던 가엾은 후보자는 무성의하고 경솔한 번역 때문에 이제 완전히 느림보 이미지까지 얻게 되어 정복자 같은 역동적 이미지를 밀어붙이던 친자유주의적 가톨릭 후보 레흐 바웬사Lech Walesa 앞에서 톡톡히 망신을 당하고 말았다. 미확인 비행물체에 비견할 만한 폴란드 최초의 텔레비전 광고는 바로 이러한 정치적 배경을 깔고 등장했다. 문제의 이 광고는 미국의 기업 존슨앤존슨 사의 광고로, 이 회사의 여성 대표 바바라 피아세카-존슨Barbara Piasecka-Johnson은 가톨릭교회는 물론 바웬사와도 친분이 있는 사이였다. 여성용 생리대 광고에 등장한 연극 전공 여대생은 올웨이즈 생리대 덕분에 얼마나 편해졌는지를 열심히 설명했다. 광고가 전파를 탄 다음 날, 폴란드 사람들은 모두 그 광고 이야기만 했다. 대학에서도 여학생 대부분은 그렇게 좋다는 생리대를 사고 싶어 했다. 폴란드 제품에 비해서 값이 4배나 비싸도 그건 문제가 아니었다. 어째서 이 같은 충격이 가능했을까? 하필이면 이제껏 금기시되던 생리대 광고라서? 그렇게 단정 지을 순 없다. 그런 주제에 대해 공개석상에서 그처럼 노골적으로 언급한 것이 처음 있는 일은 아니었기 때문이다. 1987년 여성용 생필품을 제조하는 유일한 생산공장이 가동을 멈추자 남자, 여자, 어린이 할 것 없이 모두가 집안 여자들을 위해 곧 품귀현상을 겪게 될 생리대를 사려고 약국 앞에 줄을 섰다. 폴란드 사람들은 당국에서 고의로 품귀현상을 조작하지는 않았는지 의심의 눈초리까지 보냈다. 그도 그럴 것이 생리대를 사기 위해 줄을 서는 여자는 적어도 파업에 참가하지는 않을 것이고, 정치는 잠시 뒷전으로 미루어둘 테니까. 그렇다면 미국 세제 기업의 입장은 어떨까? 그들도 그 같은 계산을 했을까? 지난 2년 동안 적어도 폴란드에서 생리대 품귀현상은 없었다. 어째서 국내에서 가장 큰 정치적 사건인 대통령 선거 운동이 한창인 시기에 딱히 필요하지도 않은 상품광고를 내보낸 것일까?

광고가 정치를 죽였다

두 번째 광고는 독일 기업인 슈바르츠코프 사의 머리 염색제 광고였다. 불과 몇 달 사이에 폴란드 전국은 갈색 머리 여인들로 뒤덮였다. 그다음은 엄청 비싼 로레알 사의 화장품. 헨켈, 프로텍터 앤 갬블 사의 세제가 그 뒤를 이었다. 6개월이 지난 다음에야 자동차처럼 남성 고객들을 겨냥하는 광고들이 선을 보였다. 그러는 사이 대학에서는 아무도 정치에 대해 언급하지 않았다. 학생자율조직은 보잘것없는 소집단으로 전락했다. 학생들은 더 이상 그들을 열광시켰던 것들이나 그들을 역사 공부로 이끌었던 것들에 대해 이야기하지 않았다. 학생들은 그저 광고에서 본 것, 앞으로 사려고 하는 것들에 대해서 이야기할 뿐이었다. 아니, 더 고약한 것은 일부 학생들이 방문판매 같은 아르바이트를 시작하거나 아예 학업을 중단하는 것이었다. 광고는 정치를 죽였을 뿐 아니라 교육마저 평가절하하며 극도로 자유주의적인 선전을 강화하는 결과를 낳았다. 정치참여적인 학생들은 돈벌이를 하지 않고 오직 학업과 정치, 그리고 학생 관광협회 같은 곳을 통해 활동적인 방학 생활을 보내는 데 전념하겠다고 생각해왔다. 하지만 불과 1년 만에 공산주의 체제와 체제에 반대하는 재야인사들의 반공산주의 체제에서 공통적으로 인정하던 가치들은 완전히 무너져버리고 그 자리를 돈과 광고, 서양 제품 소비가 차지했다.

1991년 1년 내내 존슨앤존슨 사가 폴란드 여성 모두에게 그녀들의 생체주기와 내밀한 성생활에 대해 묻는 설문지를 발송하는 사이에 스웨덴에서 만든 강도 높은 포르노 영화들이 폴란드에 쏟아져 들어왔다. 언론은 이러한 영상물을 자유로운 서구식 성생활의 표본으로 소개했다! 그 덕분에 폴란드 사람들은 그들의 양식과 체험—적어도 서구에서 생활할 기회를 누린 일부 사람들에게는—에 어긋나는 이러한 선전을 사실인 양 받아들였다.

1990년 12월 폴란드 시민들이 광고에 팔려 있는 사이, 레흐 바웬사 후보는 일반적인 무관심 속에서 폴란드공화국의 대통령으로 당선되었다. 그는 사실 약간의 조작 없이는 당선될 수 없었다. 바웬사는 현역 총리이자 온건 중도우파에 속하는 마조비에츠키보다 더 많은 지지를 얻은 티민스키Tyminski 후보를 물리쳐야 했기 때문이다. 기업가 출신 티민스키는 후보 등록에 필요한 10만 명의 서명을 사들이고 광고 캠페인에 필요한 경비를 대기 위한 자금을 비축해놓았다.[1] 선거조작을 염려한 시민들은 잘 알려진 후보인 바웬사에게 표를 몰아주었다. 바웬사는 대통령에 당선되자 즉각적으로 극도로 자유주의적이며 그리스도교 원리주의적인 내각을 구성하고 자유주의자들의 리더인 비엘레츠키Bielecki를 수상으로 앉혔다. 새 수상은 1991년 1월부터 다보스로 날아가 한창 걸프전에 열을 올리던 미국에 무조건적인 지지를 약속했으며, 무엇보다도 폴란드의 알짜 기업들을 다국적기업에 팔아넘기기 시작했다. 그는 또한 서구에서 제조되어 폴란드로 수입되는 상품들에 국경을 활짝 개방했다. 이 때문에 이제 막 내수시장에서 경쟁 활동을 벌이기 시작한 수많은 폴란드 기업들이 도산해버렸으며, 세계 시장 가격과의 격차로 인하여 폴란드의 농업 또한 죽어버렸다. 이 같은 소용돌이 속에서 프랑스의 출판사 아세트Hachette는 폴란드 제1의 일간지 《공화국Rzeczpospolita》을 사들였고, 이탈리아의 한 기업인은 제2의 일간지 《바르샤바의 삶Zycie Warszawy》을 차지한 후 이를 3류 저질신문으로 변질시켜버렸다. 한편 프랑스 일간지 《리베라시옹Libération》은 《가제타 비보르차》의 주주가 되었다. 친공산주의적 언론은 간신히 명맥을 이어가면서 사망선고만을 기다리는 딱한 처지에 놓였다. 모두들 시장을 찬미하기에 바쁜 가운데 기자들은 특별히 열을 올렸다. 친자유주의적 성향을 보이지 않는 기자들은 텔레비전이나 라디오 방송국에서 해고당하기 일쑤였다. 대학에서도 교수들을 대상으로 동일한 강령이 내려왔다. 친자유주의를 외면하는 교수들에게는 강의 금지, 석·박사 논문 지도 금지, 해외 근무 종용 등의 반대급부가 주어졌다. 일부 비판적인 학생들은 내부 학칙 강화를 빌미로 퇴학 처분을 받았다. 정치화된 학생들이 그들과 국가의 이익에 관심을 쏟던 시절에는 느슨하기 짝이 없던 학칙들이 갑자기 엄해진 것이다. 이렇게 해서 세계화는 슬금슬금 정착했다.

폴란드 문화에 동화된 광고

1991년 1월, 그러니까 걸프전쟁이 발발한 무렵, 폴란드 텔레비전은 대대적으로 광고를 내보내기 시작했다. 이러한 광고들의 가장 큰 특징은 대다수 폴란드 시민들의 삶을 전혀 반영하지 않는다는 사실이었다. 서양 광고를 그대로 들여와 매우 서툴게 번역해서 내보내는 식이었다. 이는 타겟으로 삼은 폴란드 시민들의 문화를 철저하게 경멸하는 것이나 다름 없었다. 광고에는 입가에서 미소가 떠나지 않는 가정부들이 반질반질 쓸고 닦는 독일의 호화로운 대저택들이 등장했다. 대다수 폴란드인들이 거실 하나 침실 2개짜리 콘크리트 공동주택에 살며 주부들도 모두 일을 한다는 사실을 고려한다면 이는 어리석고 황당하기 짝이 없는 광고였다. 현실에서건 환상 속에서건 '가정부'라는 사람들은 아예 존재도 하지 않는 상황이었으니까. 광고에 자주 등장하는 마룻바닥 윤내기 따위는 자식들의 건강과 교육 문제만으로도 충분히 골머리를 앓고 있는 폴란드 주부들에게는 관심사 축에도 끼지 못하는 일이다! 결핍이 일상이던 시절 적극적으로 가사를 분담하고, 특히 배급을 받기 위해 줄을 서는 고역이라면 이골이 난 폴란드 남편들 역시 부인들 못지않게 자식 문제에 열성적임은 두말할 필요도 없었다. 그런데 광고는 오로지 자기 차에만 몰두하는 남자들을 보여주었다. 현실에서 폴란드 남자들 대다수가 자동차라고는 소유해본 적이 없는데도 말이다! 그런가 하면 프랑스 기업들은 우스꽝스러운 섹시코드를 남발했다. 가령 로레알 샴푸 광고의 경우, 연한 갈색머리에 몸이 몹시 마른 여자가 직장에서 회의 시간에 자신의 아름다운 머리채를 흔들자 회의에 참석했던 남자들이 박수를 치는 장면을 내보냈다. 폴란드 여성들은 체격이 크고 금발이 많은 데다 50년 전부터 공장과 사무실 등지에서 일을 해왔다. 농사일이라면 물론 태곳적부터 빠지지 않았다. 이러할진대, 폴란드 여성들은 일자리를 '얻으려고' 아등바등할 필요가 없으며, 더구나 아름다운 머리채를 흔들어가면서 일자리를 구걸해야 할 까닭이 없다. 폴란드 여성들은 이미 오래전부터 일터에서 없어서는 안 될 존재들이기 때문이다. 그러니 이처럼 물정 모르고 멍청한 광고들이 여자들을 모두 성적 노리개 취급하겠다는 요량이 아니라면 다 무슨 소용이란 말인가?

최근 몇 년 사이에 의사현실pseudo-reality을 표방하는 광고들이 사람들의 상상력 속에서 일종의 '메타현실Meta-Reality'(일상적 현실을 초월한 현실—옮긴이)처럼 뿌리내렸다. 사람들은 광고를 들여다보기 위해서 자신들의 진짜 삶을 바라보기를 멈추었다. 다시 말해서 광고를 현실로 받아들인다는 말이다. 사람들은 광고에 등장하는 물건들을 사기 위해 기꺼이 빚을 졌다. 이 정도면 원점으로 돌아온 셈이다. 이제 광고의 세계는 현실을 측정하는 척도가 되었으며, 여기에서 문화적 차이 같은 것은 전혀 고려의 대상이 되지 않는다. 한편 정치비판으로 말하자면 완전히 자취를 감추었다. 일간신문에서조차 자연스럽게 광고와 마케팅 관련 언어를 사용하는 지경에 이르렀다. 폴란드어는 미국식 영어에 물든 나머지 형편없이 빈곤해졌다. 그런가 하면 광고 제작자들은 번역 수준을 향상시켰고, 폴란드식 상상력에 몸을 맞춰 나갔다. 덕분에 국수주의적 비판은 수그러들었고, 광고도 당당하게 폴란드 문화의 일부분이라는 생각이 뿌리내리기 시작했다.[2]

이러는 사이 극우 성향의 그리스도교 원리주의자들은 1992년 6

월 10일 군사쿠데타를 획책했다. 골수 민족주의자들은 그가 공산체제하에서 비밀경찰의 하수인 노릇을 했다는 증거를 제시하며 레흐 바웬사 대통령을 권좌에서 끌어내리려고 시도했다. 이들이 말하는 '증거'라는 것은 그리스도교 원리주의자 출신 내무 장관 안토니 마치에레비치Antoni Macierewicz가 날조한 파일들 속에 포함되어 있었다. 서구 국가들과 미국, 바티칸이 힘을 합해 이 군사쿠데타를 물리쳤다. 이들은 바웬사를 다시 복권시키고, 한나 수호츠카Hanna Suchocka를 총리로 지명했다. 여자인 탓에 한나 수호츠카 총리는 남자들 위주의 정당들이 일삼는 정쟁에서 비켜나 있었고, 그 덕분에 정계의 합의에 따라 최초의 여성 총리가 탄생할 수 있었다. 민족주의자면서 동시에 극단적 자유주의자인 한나 수호츠카 총리는 민영화를 추진하고 임신중절을 금지시킴으로써 미국과 바티칸의 신임을 얻었다. 이러한 국내 상황을 기반으로 체제는 빠르게 안정되어 갔으며, 오늘까지도 폴란드는 비슷한 맥락 속에 놓여 있다.

모니카 카르보프스카Monika Karbowska

소비를 이용해 대중을 제어하라

광고에 의한 욕망과 매스미디어에 의해 소외된 의식을 분석하면 광고
가 지닌 중요한 쟁점 가운데 하나를 파악할 수 있다. 바로 고통을 주
지 않으면서 대중을 제어한다는 점이다.

* * *

1930년대에 경제위기를 겪으면서 광고의 필요성이 대두되었다.
기업은 욕망의 시스템과 자신들이 만들어내는 제품의 시스템을 일
치시킬 수 있는 구조의 필요성을 절실하게 느꼈다. 실제로 장 보드
리야르의 표현을 빌자면,[1] 이는 진정한 의미에서의 "강제통합"이라
고 할 수 있다. 인간의 욕망이 소비와 어느 정도 관련을 맺고 있다
면, 그건 그렇게 되도록 형성되었을 때에, 다시 말해서 광고체제에
의해 욕망이 만들어졌을 때에 그렇다는 뜻이다.

욕망의 대중화

광고는 집단적으로 욕망을 노리기 때문에 하나의 시스템이라고 할 수 있다. 보드리야르는 이러한 기제를 완벽하게 설명한다. 광고는 욕망을 왜곡시키기 때문이 아니라 욕망이 생성되는 것을 단일화하기 때문에 사악한 것이다. 하나의 욕망은 항상 집단적 준거를 통해 만들어진다. "이 세상의 그 어떤 남자도 욕망하지 않는 여자를 사랑한다고 상상할 수 있겠는가? 반대로, 대중 전체가 한 여자를 애지중지한다면, 난 그 여자를 전혀 모르면서도 사랑할 것이다."[2] 광고는 바로 이 같은 집단적 준거를 연출하여 보여주는 것이다. 광고는 도처에 존재함으로써 거의 즉각적으로 이러한 집단성을 창조해낼 수 있다. 모든 광고의 근저에는 "누구나 다 꿈꾼다"는 메시지가 암암리에 깔려 있는 것이다. "누구나 다 꿈꾼다"에 즉각적으로 이어지는 말은 당연히 "그러니 당신이라고 해서 왜 안 되겠어?"다. 바꿔 말하면, 광고는 하나의 순수한 상업적 관계를 개인적 관계로 전환시키는 마술을 성공적으로 수행한다.

그러므로 광고는 유사하고 틀에 박힌 욕망들, 즉 우리 시대에 통용되는 자본주의적 생산에 완벽하게 부응하는 욕망들에 실재적인 집단성을 부여하기 때문에 하나의 시스템이라고 할 수 있다. 따라서 소비는 필요를 충족시키는 것과는 아무 관계도 없다. 광고는 전 세계적 차원에서 인간 역사상 이제껏 볼 수 없었던 욕망의 대중화를 창조해낼 뿐이다.

의식의 소외

욕망이라는 것이 꽁꽁 숨겨진 구석구석에 이르기까지 우리의 삶을 구조화하는 것이 사실이라면, 우리의 의식조차도 광고산업에 의해 구성된다고 봐야 한다. 그와 같은 확신 속에 담겨 있는 쟁점을 이해하기 위해서는 이 대목에서 잠시 철학자 베르나르 스티글러 Bernard Stiegler가 제시하는 분석을 살펴볼 필요가 있다. 인간의 의식은 시간적이다. 인간의 의식은 시간 속에 존재한다. 나는 나에게 일어나는 일을 의식하는데, 그건 내가 순간들이 연속관계에 의해 이어진다는 것을 지각하기 때문이다. 예를 들어 음악은 내가 두 번째 음을 듣는 순간에도 여전히 첫 번째 음을 기억하고 있고, 세 번째, 네 번째 음에 대해서도 이와 똑같은 방식이 적용되기 때문에 멜로디일 수 있다. 영화도 그것이 광고 영화냐 아니냐의 여부를 떠나 똑같은 방식으로 작용한다. 방영되는 이미지들의 의미는 그것들이 연속되는 관계에서 찾을 수 있다.[3] 스티글러는 이러한 기억의 첫 번째 층위를 '1차적 과거 지향rétention primaire'이라고 명명했다. 여기에 두 번째 층위('2차적 과거 지향rétention secondaire')가 포개지는데, 이때 나는 똑같은 멜로디를 두 번째로 들을 경우 첫 번과 같은 것으로 듣지 않는다. 내가 듣는 것은 이미 이전에 들었던 것 때문에 변하기 때문이다. 다시 말해서 기억의 두 번째 층위는 망각과 기대를 동시에 발생시키는 것이다. 이 두 번째 층위는 내가 지각할 수 있고 예측할 수 있는 것, 따라서 다음번에 들을 때에도 남아 있게 될 것을 좌우한다.

우리 의식에 내재하는 이러한 기제는 시간적 대상(음악이나 영화)에 의해 밝혀진 것으로, "시간적인 산업 생산품들을 통한 소비자들의 하이퍼 동시화hypersynchronisation"가 빚어낸 우리 시대의 소외현상의 근간을 이룬다.[4] 표현 자체는 다소 상궤를 벗어나는 것 같아도 찬찬히 들여다보면 그 내용은 무척 단순하다. 텔레비전과 이 시대의 매스미디어(광고 또는 미국식 블록버스터들) 덕분에 모든 사람이 똑같은 것들을 보고, 모든 사람이 똑같이 기다리고 욕망하는 것을 배우며, 아니 그보다 더 고약하게는 모든 사람이 현대사회의 똑같은 면만을 지각한다는 것이다. 2차적 과거 지향은 "점근선적으로asymptotiquement"(다시 말해서 극단적으로) 모든 사람들을 똑같이 만들고자 한다. 사고와 지각 작용은 광고 영상의 플래시가 의식 속에서 터지는 리듬에 맞춰 단일화되는 것이다.

이렇게 되면 대대적인 군집화 현상이 소비와 광고의 자양분이 되고, 소비와 광고는 남과 다르게 만들어준다는 특정 제품을 빌미로 개인화를 부추기게 된다. 이러한 기제는 이중적이며 따라서 무서울 정도로 사악하다. 우선 광고는 모든 의식들로 하여금 유사한 방식으로 욕망하고 사고하며 세상을 지각하게 만든다. 그런 다음에는 이와 같은 개인성 말살에 직면하여 '치료법'을 제시한다. 하지만 그 치료법이 오히려 대중화의 욕망을 한층 가속한다. 대중화의 욕망이 가속한다는 것은 개인성을 향한 욕망을 부추긴다는 말과 다르지 않다. 예를 들어 특정 신발 상표의 광고가 활력 넘치는 극한 스포츠의 매력을 한껏 만끽하며 사는 삶이 마치 '엘리트들'만이 누릴 수 있는 특권인 양 보여준다면, 그 상표는 적지 않은 대중들의 마음

속에 그와 동일한 기대치와 상징을 심어주게 된다. 그렇게 되면 이들 대중은 돋보이려는 욕망 때문에 그 상품 쪽으로 발걸음을 돌리게 된다. 광고는 모든 사람을 동일하게 만드는데, 교묘하게도 대중들에게 소비는 다른 사람들과 나를 차별화할 수 있는 공간이라고 믿게 하면서 그렇게 한다. 이것이 바로 악순환의 힘이다. 소비를 많이 하면 할수록 나는 남과 동일해지고, 그렇기 때문에 나는 더욱 소비를 많이 해서(언제나 더 새로운 것, 더 최신 유행에 부합하는 것, 더 시크한 것) 남과 달라져야 한다. 개별성을 몰수당한 개인들은 시장이 제공하는 가공물을 통해 남과 달라 보이려고 애를 쓴다. 시장은 이러한 애절함을 한껏 이용한다. 지나칠 정도로 자기 연민에 빠진 개인들은 실패의 쓴 잔을 맛보지만 다 소용없다. 개인들은 결국 자기만의 이미지를 잃기 때문이다. 이들은 더 이상 스스로를 사랑하지 않으며, 나아가서 아예 사랑할 역량마저 상실한다.[5] 이 체제는 궁극적으로 개인성을 깡그리 사라지게 한다는 점에서 일종의 광기라고 할 수 있다. 자아감이 덜할수록 사람들은 소비를 통해 부족한 자아감을 보충하려 한다. 바꿔 말하면, 자기 자신이 덜 될수록 점점 더 자기 자신이 되고자 한다.

소비자들의 프롤레타리아화

압도적인 물건의 지배를 통해 욕망이 단일화되는 현상을 분석한 보드리야르나 2차적 의식의 과거 지향이 대중화되는 경향을 묘

사한 스티글러나, 이들이 내린 결론은 동일하면서 끔찍하다. 개인
은 소비지향적 과정을 이어주는 연결고리가 되는데, 이 소비지향적
과정은 개인의 정체성을 만들어주는 동시에 개인으로서의 개인을
사라지게 만든다는 것이다. 제일 고약한 것은 이렇게 개인이 사라
지는 과정이 비밀리에 이루어지는 것이 아니라 백일하에 드러난 상
태에서 진행된다는 사실이다. 좌표의 상실, 개인성의 상실은 날마
다 모든 사람들이 지각(일부러 밖으로 표현까지는 하지 않더라도)한다.
서글픔에 대한 '치료제'로서 아이쇼핑은 불행하게도 너무 보편적이
되지 않았는가. 현대사회는 중독에 의해 돌아간다.

광고에 의한 자아 소비와 의식의 상품화를 아울러 한 단어로 표
현하자면, 적어도 이 글의 문맥에서는 소비자의 프롤레타리아화가
어떨까. 물론 이 단어는 쇄신해야 할 필요가 있겠지만 말이다.[6] 고
전적인 마르크스주의적 분석에서 프롤레타리아는 생산수단을 소유
한 자에 의해서 노동력을 박탈당하는 자를 가리킨다. 프롤레타리아
는 자신의 노동력, 즉 세계를 변화시키는 자신의 행동을 판매하며,
그 결과 그 노동력으로부터 얻어낼 수 있는 과실을 마음대로 처분
할 수 없다. 우리가 다루는 주제를 놓고 본다면, 소비자가 약탈당하
는 것은 단지 세계에 미칠 수 있는 힘뿐만이 아니라 세계를 지각하
고 욕망하며 상상할 수 있는 역량까지도 포함된다. 여기서 소외(어
원적으로 보자면 자기 자신에게 이방인이 되는 것을 뜻한다)는 개인성의
뿌리까지도 건드린다고 말할 수 있다. 소비자는 세계를 향한 시선
을 박탈당할 경우, 아예 타자가 되어버린다. 소비자는 닥치는 대로
모든 것을 다 갈아 부수는 거인 같은 과정 속에 포함된 단순한 하나

의 톱니바퀴에 불과하다. 자신의 노동력을 파는 대신 오늘날의 소비자는 세계 산업계의 거물들에게 의식의 시간을 팔아 넘긴다. 프랑스의 방송사 TF1의 회장 파트리크 르 레Patrick Le Lay가 아주 적절하게 말했듯이. "우리가 제작하는 방송들은 (텔레비전 시청자들의 뇌를) 비우는 것을, 그러니까 뇌에 오락을 제공하고 긴장을 풀어줌으로써 메시지와 메시지 사이에 착오가 없도록 준비시키는 것이다. 우리가 코카콜라에게 파는 것은 비워진 뇌의 시간이다."[7]

이러한 소외가 괴물처럼 무서운 건 새로운 프롤레타리아에게 그것이 없어서는 안 되는 꼭 필요한 것이기 때문이다. 19세기에 급여가 노동자들의 생존을 책임졌듯이, 21세기 초반부에는 소비가 개인성을 담보해준다. 그러므로 이때의 소비란 전혀 필요 충족에 토대를 두지 않는다. 우리 시대의 소비란 그 자체로서 순전히 "기호를 조종하는 행위"일 뿐이다.[8] 필요가 욕망으로 이끌고 그것이 물건으로 인도한다는 고전적인 도식은 이제 완전히 전복된다. 물건이 욕망을 발생시키고 이어서 욕망이 필요를 창출하는 식이 되는 것이다. 물건에 대한 욕망이 존재에 대한 욕망을 눌렀다. 궁극적으로 타자는 물건이어야만 욕망할 만한 것이 되며, 존재가 아닌 소유가 욕망의 유일한 원천이 된다. 고전적 관점에서 볼 때, 해방투쟁의 목표였던 자유는 어디에도 비견할 수 없는 막강한 통제수단이 되었다. 조직 두목이 갖는 힘보다도, 국가의 법이 갖는 힘보다도, 공동체의 규범이 지닌 힘보다도, 소비자들의 (선택의) 자유야말로 저변에 깔려 있는 충동의 비합리성과 정상에 자리 잡은 생산의 엄격한 통제를 화해시키는 힘을 발휘한다. 개인은 시장의 한 부품이 되어버리고, 의식은 상업적 쟁점으로 변하여 선택으로 대체되었으며, 소비자는 프롤레타리아가 되어버린 현대사회의 앞에, 이성적으로도 충동적으로도 전체주의적이라고 할 수밖에 없는 세계가 펼쳐진다. 충동적인 시커먼 속내에 의해 거짓으로 움직이는 세계. 타나토스는 길이 끝나는 곳에 승리가 기다린다고 믿게 함으로써 에로스에게 승리를 거두었다. 광고가 우리에게 끊임없이 칭송한 사회의 자양분이란 결국 죽음이었다.

기욤 카르니노

당신을 조련하는 일방통행 메시지

광고 제작자들이 만들어낸 시각적 생산품들은 소비지향적 이데올로기에서 제일 중심적인 자리를 차지하고 있다. 그 생산품들을 통해서 이제껏 볼 수 없었던 시선의 통제, 다시 말해서 개인의 통제가 이루어지며, 거기서 더 나아가 집단의 통제도 가능해진다. 왜냐하면 이러한 거짓 이미지들이 정치를 가능케 하는 공통의 감각 세계를 사라지게 만들기 때문이다.

* * *

우리가 우리 사회를 이미지 사회라고 정의하는 것은 잘못이다. 우리 주변에서 이미지는 점점 귀해지는 형편이다. 우리는 이미지를 밀어낸 시각적 생산품들 속으로 빠져 들어가는 중이다. 이미지는 우리를 시선의 자유로 이끄는 반면, 시각적인 생산품들은 우리를 조종하여 복종시킨다. 우리의 시선을 표준화하고 우리의 삶을 마비시키는 각종 포스터들과 스팟광고들이 전형적인 예다. 이미지는 픽션으로서의 입지를 확실히 하는 반면, 광고는 사실을 반영하는 것처럼 작용한다. 또한 사진의 출현과 더불어 나타난 혼동 상태, 다시 말해서 사진기에 포착된 이미지는 실재의 한 부분일 것이라는 믿음을 기꺼이 유지하려 든다. 그런데 재현된 이미지 앞에서 우리의 눈은 지적으로 대상을 파악하기에 앞서 우선 감각적인 경험을 한다. 반면 문자의 경우, 이를 해독하기 위해서는 코드를 제어하는 역량이 필요하다는 점에서 재현된 이미지와는 상당히 차이를 보인다. 현재 통용되는 이데올로기는 지각된 것과 실재적인 것, 기호와 기의記意 사이의 이와 같은 혼동에 토대를 두고 있다. 이 이데올로기는 우리로 하여금 눈에 보이는 것이 현실과 같은 가치를 가지고 있으며, 현실은 진실에 버금간다고 믿게 만든다. 이렇듯 "눈에 보이는 명백함의 테러리즘"은 환상문화를 생산한다. "텔레비전에서 봤다"는 표현은 곧 "자신의 눈을 믿어야 한다"를 뜻한다고 말할 수 있다. 따라서 "광고에서는 이미지에 대한 즉각적인 신뢰를 강화하겠다는 목표를 지닌 수사법이 주로 사용되며, 이미지에 대한 신뢰는 사물에 대한 조건반사적인 접착력으로 이어진다"고 프랑수아 브륀은 지적한다. 다시 말해서 "광고에서 사용되는 수사법은 이성적 단계, 곧 이미지들을 사물로부터 분리시켜 이를 분석하는 과정을 건너뛴다. 그러므로 지성은 뒷전으로 물러난다. 감각적인 것이 즉각적으로 다가와 비판적인 거리두기 과정이 제거되는 것이다. 이렇게 되면 우리의 정신은 이미지의 권력 앞에 머리를 조아릴 수밖에 없다. 이미지의 권력이란 결국 그것을 생산하는 자들의 권력과 다르지 않다."[1]

관계 맺기를 요구하지 않는 일방통행

자신들이 만들어낸 생산품이 사회를 반영한다는 광고 제작자들의 말은 이러한 시각적 혼란을 유지시키는 역할을 한다. 그 어떤 이미지도 현실일 수 없다. 모든 이미지는 현실에 대한 하나의 관점일 뿐이다. 진정한 의미에서 이미지란 시선의 유희가 이루어지는 공간이며, 볼거리를 제공하는 자, 볼거리로 제공되는 것, 그리고 그것을 바라보는 자, 이렇게 3자 사이에 작용하는 역학이다. 시각 디자이너, 사진작가 또는 영화감독은 자신의 관점을 제안하며, 보는 이들에게 이 관점에 대한 각자의 입장을 정하라고 권유한다. 이미지 전문가 마리-조제 몽쟁Marie-José Mondzain에 따르면 이미지는 자유, 언어와 불가분의 관계에 있다. 광고가 제공하는 비주얼은 "믿고 향유할 것"을 요구하며 우리의 입을 막아버린다. "이미지가 존재하기 위한 필요불가결한 조건은 이타성異他性"이라고 영화 비평가 세르지 다네Serge Daney가 말하지 않았던가. 실재적인 것을 비추는 거울이라는 양 권위적 방식으로 우리에게 주어지는 광고 비주얼은 어떤 시선도 기대하지 않는다. 광고 비주얼이 우리에게 지정하는 자리는 분명하다. 우리는 맞추어야 할 과녁일 뿐, 어떠한 경우에도 관계를 맺어야 할 타자가 될 수 없다. 광고, 즉 일방적 이미지들은 그것을 더 잘 흡수하기 위해 바라보려는 자들을 부정한다. 그들을 그저 구매행위로 이끌 뿐이다. 광고는 미적 감각이나 공감을 통해서 보는 이들을 사로잡을 수는 있어도 그들과 그 어떤 것도 공유하지는 않는다. 그렇기 때문에 광고 제작자들이 즐겨 내세우는 예술 논리라는 제작동기―이들은 광고 포스터가 시각 디자인 작품과 같은 차원에 있다고 주장한다―는 성립될 수 없다. 광고업계의 '창작자'가 뻔뻔스럽게도 사진은 어떤 것이든 모두 예술작품이 될 수 있다고 주장한다면, 그는 창작과 도구로 사용되는 것이 근본적으로 다르다는 점을 부인하는 것이다. 감각과 픽션의 영역에 속하는 이미지는 공유할 수 있는 상상력을 제안한다. 반면 광고 비주얼은 이미지를 재현하는 정신능력으로서 상상력의 맹목화, 빈곤화를 낳는다. "미리 되새김질된" 이미지들을 내면화하라고 강요하기 때문이다.

광고 도판이 지닌 특성 중 하나는 시신경과 대상 사이의 거리를 제거해버린다는 사실이다. 얼마나 많은 사람들이 자신들은 더 이상 광고를 "보지 않는다"고 말하는가? 의식적으로 바라보는 행위 대신 우리 주변을 에워싼 비주얼을 자동적으로 흡수하게 하는 것이야말로 광고 제작자들의 전략이다. 눈과 비주얼 사이를 갈라놓는 거리가 없다는 사실은 의미심장하다. 이해하거나 좋아하는 문제가 아니라 고유한 의미에서의 접착, 우리 안구가 계속해서 밀려드는 시각적 신호와 딱 붙어서 아예 그것들과 하나가 되어버리기 때문이다. 이러한 '이미지들'은 마치 기체처럼 우리 존재의 표면에 난 모든 구멍들을 통해 우리 내부로 침투한다. 우리의 신체기관들은 젖먹이 아기들이 자기 몸의 일부라고 여기는 엄마 젖을 빨듯 광고의 물결을 빨아들인다. 헤르베르트 마르쿠제는 "우리는 이미지들에 사로잡혔다. 우리는 이미지들 때문에 괴로워한다"고 그의 비전 넘치는 저서 『일차원적 인간』에서 이미 고발한 바 있다. 이처럼 비주얼과 그것을 바라보는 자 사이의 상호 흡수는 개인이 희석되는 현상으로 비춰진다. "몇몇 사람들은 마치 이미지에 대대적으로 접착되면 불안에서 해방되고 무언가를 향유할 수 있기라도 한다는 양, 보여지는 것들 속으로 빨려 들어간다"고 마리-조제 몽쟁은 말한다. "이들은 눈에 보이는 것을 게걸스럽게 소비한다. 자기 자신마저 그 안으로 함몰될 때까지."[2]

메시지가 아닌 조련이 있을 뿐

우리가 살고 있는 구경거리 사회에서는 광고에 의한 재현이 공간뿐 아니라 시간까지 모두 집어삼킨다. 진정한 이미지라면 존재로서 자신을 드러내 보이기 위해 관조를 요구하는 반면, 광고는 그런 것 따위는 아랑곳하지 않는다. 온갖 포스터와 스팟광고들은 말하자면 단 몇 초라도 눈에 띄기 위해 기획되어 터지는 플래시들이다. 이것들은 일단 눈에 띄고 나면 곧 사라져버리고, 다른 포스터나 스팟들이 이것들을 대체한다. 교체된 것들도 겉보기에만 다를 뿐 결국 마찬가지다. "여기서 가장 중요한 건 망각"이라고 마리-조제 몽쟁은 강조한다. "거짓말쟁이는 기억상실의 대가인데, 자신의 기만을 영구적으로 지속시키기 위해 기억상실에 의존한다. 중요한 건 아주 빠른 속도로 이것들을 교체하는 것, 빛의 속도로 하나의 구경거리에서 다른 구경거리로 넘어가는 것이다."[3] 재고를 극소화하면서 즉각적으로 소비하는 행태에는 비판적 사고가 끼어들기 매우 어렵다.

우리가 쉬지 않고 호흡하는 이러한 광고 비주얼은 궁극적으로 무엇을 상징하는가? 그것들은 나이가 아주 어리거나 과장되게 치장한 모델들, 화면처럼 매끈한 얼굴들이나 대상으로서의 몸뚱어리들을 무대에 세운다. 광고 비주얼에 등장하는 인물들이나 세상은 전혀 실재적이지 않으며 그저 정형화된 상투적 표현(여성성, 수컷성, 유년기 같은), 우상 수준으로 끌어올려진 상품에 불과하다. 스토리도 미래의 지평도 신비성도 지니지 않은 이 같은 비주얼들은 깊이가 결여된 괴상한 세상을 보여준다. 아무것도 표현하지 않는 죽음처럼 차디찬 시뮬라크르 뒤에는 아무 것도 없다. 진정한 이미지는 우리를 열린 세상으로 연결시켜주는 반면, 광고 비주얼은 꽉 막힌 유리창에 불과하다. 우리의 시선을 죽이고 우리의 뇌 속으로 비집고 들어가도록 치밀하게 연구된 신호들을 받아들이는 화면일 뿐이다. "보여주는 자가 그를 마음대로 조종하고자 타인의 시선을 좌지우지하려 들 경우, 이는 필시 실명失明으로 귀결된다"[4]고 마리-조제 몽쟁은 말한다.

최면은 사고를 조절하여 인간의 행동을 조절하기 위해 필요한 것이다. 광고는 우리 안에서 파블로프 조건반사를 일으키기 위한 시각적 자극일 따름이다. 거기에는 메시지가 아니라 '조련'이 있을 뿐이다. 우리에게는 소비하라, 다시 말해서 구매행위를 통해 존재하라는 명령이 떨어진다. 광고라는 선동적 구호는 사실상 우리에게 유일한 세계관, 즉 소비 촉진 이데올로기만을 전파한다. "단 하나의 사고, 단 하나의 목소리를 위한 단 하나의 시선, 단 하나의 이미지." 이것이 마리-조제 몽쟁이 전체주의적 이미지에 대해 내린 정의다. 따라서 광고용 로고는 나치의 상징인 역만자逆卍字형 십자가처럼 이데올로기의 응축물, 요컨대 이론의 여지라고는 없이 즉각적으로 동일화 반사를 일으키는 신호 체제라고 할 수 있다. "메시지와 이미지, 이미지와 그것을 바라보는 주체의 절대적 합치."[5]

우리의 실존이 소외되는 현상은 우리의 시선을 통해 진행된다. 광고가 우리의 시선을 무용지물로 만들어 끊임없이 이를 왜곡하기 때문이다. 구경거리로 주어진 겉모습을 진실인 것처럼 모방하는 과정에서 우리의 삶은 그 자체가 하나의 화면으로 변질된다. 이것이 마르쿠제가 설명한 투입 현상이다. "에고는 '외부'를 내부로 들여보낸다"고 그는 말한다. "하나의 차원만 존재한다. 그 하나의 차원은 도처에 산재해 있으며 모든 형태로 존재한다. 광고가 제시하는 가치들이 삶의 방식을 창조한다. 이렇게 해서 1차원적 사고와 행동들이 형태를 드러낸다." 광고 제작자들은 우리에게서 우리 자신의 시선을 통해 스스로 세계를 표상하는 능력을 몰수해버리는 최면술사들이다. "가시성을 독점하는 자가 상상계에 대한 권력을 장악하며, 그에 따라 사고 자체의 생사를 좌지우지하기 때문"이라고 마리-조제 몽쟁은 상기시킨다. 상상계의 상실과 더불어 우리는 세계를 지각하고 이를 변모시킬 자유를 박탈당한다. 미디어가 우리로 하여금 우리가 아무런 영향력을 행사할 수 없는 세계 속으로 들어가도록 이끈다면, 광고는 우리의 꿈꿀 역량을 잠재운다. 현재 우리가 살아가는 자본주의 사회는 정신병을 향해 치닫는 것으로 보인다. 유아론唯我論(실재하는 것은 자기자신의 의식뿐이며, 다른 것은 자아의 관념이나 현상에 지나지 않는다는 관념론—옮긴이), 픽션과 현실 사이의 혼돈이 바로 그와 같은 정신병의 증세에 해당한다.

광고시스템이 이를 입증하듯이, 시선은 자유의 중대한 관건이다. 여기서 자유는 개인적 자유뿐만 아니라 정치적 자유도 포함한다. 사람 수만큼의 이미지가 가능할 것이라고 주장하는 상대주의적 여론에 맞서서 마리-조제 몽쟁은 "함께 바라보기"의 중요성을 강조한다. 이미지를 본다는 것은 언제나 집단적으로 바라보는 것, 다시 말해서 언어를 통해서 감각적 세계에 대한 서로의 의견을 조율하는 것을 의미한다. 그런데 최면에 걸린 사회는 이러한 공동 세계의 소멸을 확인시켜준다. "이미지의 와해는 공유된 감각 세계의 와해이며, 따라서 공동체의 와해를 뜻한다." 이렇듯 개별적이거나 정치적인 상상계가 파괴된 것에 직면하여 각자의 시선을 (재)구축하는 방식을 배워야 할 필요가 있다. 또한 광고와 우리 사이에 언어와 사고를 위치시킴으로써 비주얼 제국과의 융합을 거부해야 할 필요도 있다. 이것이 바로 프랑수아 브륀이 언급한 우상파괴 의무다. "그것이 창궐하는 곳은 어디든 달려가 이미지 시스템을 부수고, 보는 자들을 홀리는 기만적인 유혹 기제의 신화를 벗겨내야 한다. 그러기 위해서는 그것들을 무조건 흡수하는 행동을 우선 멈춰야 한다." 우리가 다시금 우리의 내면 공간을 독차지하고, 그 공간에서 우리의 시선을 회복시켜줄 진정한 이미지들을 키워나가는 일도 시급하다. "가시적인 것의 존엄성이 존재한다면, 그건 분명 절대로 명령하지 않는 가시성에서 비롯될 것"이라고 마리-조제 몽쟁은 단언한다. "나는 이처럼 시선에 자유를 제공하는 것을 이미지라고 부른다."

레일라

낚여서 구매하기

상표는 우리들 삶의 일부분을 구성한다. 이탈리아 출신 사회학자 조르조 트리아니Giorgio Triani는 아래에 소개하는 그의 저서 『낚여서 구매하기Séduits et achetés』[1]에서 발췌한 글에서 상표들이 어떻게 해서 사회적 인정과 정체성을 표현하는 매개물이 되는지를 설명한다. 기업 측에서 보자면 상표는 상업적으로 성공하기 위해 절대적으로 필요한 매개물이다.

* * *

로고, 상품, 상표, 브랜드. 이것들은 엄밀한 의미에서 동의어는 아니지만, 일상언어에서는 모두 '상품'에 이름을 붙여주는 수단이다. 이는 해당 상품들을 생산하고 소비하는 사람들에게는 일정 수준의 철학과 강력한 특성을 지닌다. 뿐만 아니라 이것은 개성을 부여하는 이미지로 무장한 상품 및 서비스를 사회적으로 인정하는 표식이자 다른 상품과 언어적, 도상적으로 차별화하는 표식으로 기능한다. 표어문자, 그림문자, 다시 말해서 언어기호 또는 개념을 담은 도상기호로 표시되는 상표는 상업적 범주에 해당하는 용어로, 지난 수십 년 사이에 그 의미가 크게 확장되었다. 특히 상표의 커뮤니케이션 기능은 그 범위를 엄청나게 넓혀가고 있으며, 그 결과 전통적으로 '제조 상표'로 인식되던 것이 정신적이고 상상적이면서 비물질적인 것으로 확장됨에 따라 상업적 영역을 넘어서는 곳까지 거침없이 나아가고 있다. 상표는 표준화된 상품들을 독창적인 것으로 만드는 데 있어 없어서는 안 될 중요한 역할을 수행한다. 상표는 모든 것이 산업적으로 대량 제조되는 세상에서 소비자들에게 비록 환상에 불과할지라도 손으로 만들어진 물건이라는 느낌을 주기 위해서, 표준화된 제품들을 독창적인 것으로 보이게 하기 위해서 반드시 필요하다. 20세기가 낳은 가장 기발하면서 독창적인 업적은 동일한 물품을 소비하고 생활수준이 비슷해지면서 개개인이 모두 평등하다는 인식이 자리 잡을수록, 차별화할 수 있는 소수의 범주 내에서는 사람들이 남과 달라지고 싶어 하며, 실제로 남과는 다르다고 믿을 가능성이 있게 만들었다는 점일 것이다. 네가 무엇을, 어떤 상표를 소비하는지 말해주면 네가 누구인지, 네가 무엇을 하는지, 이 사회에서 너의 역할이 무엇인지 말해주마. 이렇듯 오늘날 사회적으로 인정받고 자기 자신 및 남에 대해 지각하는 것에는 고유한 특징이 있다. 이것들은 상품을 소비한다는 아주 끔찍할 정도로 단순한 방식을 통해 이루어지는데, 그 상품은 그것을 구입한 사람들에게 특정 사인signature이나 족적frigge(이 두 가지는 로고와 동의어다)이 있을 경우에만 정체성과 관련된 가치를 지닌다.

옵션을 선택할 자유

상표가 지닌 결정적이다 못해 전략적인 중요성은 상품들이 사람들과 마찬가지로 브랜드화되었을 경우에만 존재할 뿐, 브랜드화되지 못했을 경우에는 존재하지 않는 거나 마찬가지인 사회에 살고 있다는 믿음을 다시 한 번 확인시켜준다. 그뿐 아니라 상품들, 따라서 생산자들의 수와 마케팅의 외연이 천문학적으로 늘어났으며 해마다 같은 속도로 늘어나는 현실을 기막힐 정도로 손쉽게 상기시킨다. 중간 정도 되는 규모의 유럽 도시에서 소비자 한 명이 주어진 한 시점에서 유통되는 모든 상품들을 구매하려면 적어도 820년, 그러니까 적어도 열 번의 삶을 살아야 한다고 한다. 선택은 포기를 뜻한다. 오늘날 자동차 한 대를 사려는 사람에게는 선택지가 2,000개이상 있다.

이러한 현실은 가히 병적이라고 할 만한데, 지나치게 많은 선택지는 구매자들에게 혼돈을 초래하기 때문이다. 이러한 혼돈의 근원은 두 가지다. 첫째는 더욱 넓은 공간을 확보하거나 주어진 판매장소에서 보다 많이 노출되기 위해 각 상표들이 벌이는 극심한 경쟁이다. 둘째는 각기 다른 제품들을 소비자의 개별적인 취향에 맞추기 위해 점점 더 복잡하고 상세한 구매 동기 연구를 진행하면서 소비자 분류가 지나치게 세분화된 것이다. 여기에 제품을 개선하고 새로움을 도입함으로써 자신들의 족적을 남기려는 브랜드 매니저들—이들은 대규모 그룹 내부에서 계속 바뀐다—의 의지도 물론 더해진다. 실질적으로 어떤 혁신이나 개선이 뒷받침되는 게 아니라 그저 기본 사양에 약간의 변화만 주면서 제품을 다양화하는 현상이 나타나는 것은 새로운 것을 추구하는 경향이 점점 더 첨예하게 드러나기 때문이다. 이 새로운 것의 추구는 이제 평균적인 소비자 심리의 주요 구성요소가 되어버렸다. 그런데 이러한 다양화 추세는 동일한 주제에 대한 끝없는 변주, 그저 콘셉트만 살짝 바꾸면서 옵션 문화와 관행을 극단적으로 밀고 나가려는 꼼수 때문에 질식사할 위기에 처할 수도 있다.

이런 관점에서 보자면, '상표종교' 운운하는 전문가들이나 광고 제작자들을 보면서 성서에 등장하는 빵과 물고기 증식 기적을 떠올리는 것도 무리는 아니다. 이러한 브랜드 확장, 아니 좀 더 정확하게 말하자면 견고한 이미지와 검증된 상업적 매력을 지닌 하나의 '보급용 대표 상표marque couverture' 아래 다양한 제품을 묶는 방식의 유일한 목적은 시장을 넓히는 것이다. 상표들, 그중에서도 특히 가장 잘 알려진 유명 상표들은 오늘날 절대적 가치를 지닌다. 또한 경쟁이 보편화됨에 따라 상표는 여러 물건의 품질이 획일화된 이후 남과 차별화할 수 있고, 다양화를 통해 성장할 수 있게 해주는 유일한 수단이 되었다. 무형의 기호인 상표는 만져볼 수는 없지만 '고객과의 정서적 관계'를 형상화하는 역량을 지닌다. 상표가 없다면 제품은 하나의 사물, 생명이 없는 무력한 물건에 불과할 것이다. 성공하는 제품과 상표는 그것들이 가치와 스타일, 콘셉트와 비전, 심지어 특별한 이벤트를 제시하기 때문에 성공하는 것이다. 가령 플레이스테이션의 경우, 두 번째이자 마지막 버전은 고전적인 광고 수단이 아니라 스팟광고 형식으로 소비자들과 만났으며, 이 스팟에는 제품이나 로고는 거의 등장하지 않았다. 이 사건을 두고 지구상의 모든 대중 미디어는 플레이스테이션의 신제품 출시가 머지 않았음을 대서특필했다. 판매 시작을 알리는 신호만으로도 이렇듯 신비화된 게임을 사고 싶어 하는 소비자들을 매장 앞에 줄 서게 만드는 데에는 충분했다.

아디다스도 시드니 올림픽 개막에 앞서 숨겨진 광고stealth advertising의 훌륭한 사례를 보여주었다. 아디다스의 제품은 물론 CM송이나 상표조차 등장하지 않는 12개의 스팟광고를 제작해서 내보낸 것이다. 오직 다양한 올림픽 종목과 관련하여 자신의 신체적 역량을 시험하는 운동선수들만 등장하는 그 스팟광고들은 제품이 아니라 운동경기가 불러일으키는 다양한 가치와 감정들만을 전달했다. 스팟의 타겟은 실재적이든 잠재적이든 즉각적으로 아디다스의 정신을 지각했으며, 상표를 강조하는 그 어떤 장면이 없이도 이를 이해했다.

그렇기는 하나, 상업광고의 고전적인 커뮤니케이션 모델은 이 제품이 무엇에 쓰는 것이며 어떤 이득을 가져다줄 수 있는지 말하는 대신 상표의 정수를 전달하기 시작한 이후, 다시 말해서 구매야말로 그 정수를 이해한 데 따른 행동임을 주지시키기 시작한 이후, 문자 그대로 대대적으로 도약했다. 예전에는 유일한 판매 포인트unique selling proposition가 있었다. 이를 광고쟁이들의 말로 바꾸면, 사람들은 제품에 대해서 늘어놓는 모든 말들 중에서 많아야 한 가지 정도만 기억하기 때문에 오직 명쾌한 하나의 콘셉트에만 집중할 필요가 있다는 뜻이다. 그런데 오늘날에는 이것이 유일한 구매 정서

unique buying emotion로 바뀌었다. 물론 그 이면에는 상표에 마치 그것이 우리의 인생에 동반하는 인격체라도 되는 양 의사소통 능력을 부여하는 몽상적인 철학이 자리잡고 있다. 그러나 광고의 전능함에 대한 완벽한 대변자인 브랜드 닷컴brand.com(미국의 브랜드 관리 회사 ─옮긴이)은 마케팅 담당자들이나 광고 제작자들의 고조된 담론을 넘어서 아이러니라고는 끼어들 여지가 거의 없는 경제 자료에 토대를 두고 있다.

'영적' 상표

이미 여러 차례에 걸쳐서 언급되었다시피, 상표는 사실상 기업의 가장 중요한 자본이다. 상표는 매우 강력한 경제적 가치를 지닌 비물질적 자산이다. 해마다 《비즈니스 위크》는 브랜드 컨설팅 업체인 인터브랜드의 조언을 받아 자산가치가 100만 달러 이상 가는 세계적 상표들의 순위를 매기는데, 이때 각 상표의 경제적 가치가 기업의 순이익에 어느 정도 영향을 끼쳤는가를 평가기준으로 삼는다. 2000년과 2001년에는 1위부터 5위까지의 기업이 동일했는데, 1위는 코카콜라로 690억 달러, 2위는 마이크로소프트(651억 달러), 3위는 IBM(528억 달러), 4위는 제네럴 일렉트릭스(424억 달러), 5위는 노키아(350억 달러)가 차지했다. 물론 버진처럼 혁혁한 성과를 거둔 기업은 드물었다. 버진은 사실 리차드 브랜슨이라는 역량 있는 개인이 음악 레이블 사를 설립하는 데에서 시작해서 항공, 탄산음료,

금융상품으로 차츰 영역을 넓혀간, 보기 드문 역사적 사례다. 성공하는 상표는 이러한 개인적 역량 외에도 막대한 시간과 투자를 필요로 한다. 정서적 반응은 번개 같은 섬광이나 기질 같아서, 반복적으로 발현되고 유지되기 위해서는 단단하게 닻을 내릴 필요가 있다. 그렇지 않으면 확고한 전통에라도 매달려야 한다. 그런 의미에서 전통 또한 무시할 수 없는 문화적, 상징적 자본이다.

이렇듯 오늘날에는 트레이드마크trademark가 아닌 마인드마크mindmark가 관건이다. 그도 그럴 것이 오늘날 상표라는 것이 내포하는 상상적인 내용에 비해 상업적 간판은 그 중요성이 미약하기 때문이다. 하지만 그럼에도 1923년 미국 시장을 지배하던 수많은 상표들(코닥, 코카콜라를 비롯하여 질레트, 나비스코, 캠벨 등)이 오늘날에도 여전히 시장을 점령하고 있다는 사실을 상기할 필요가 있다. 이러한 사실은 하나의 상표가 지닌 개성과 힘이 산업적 역량과 견고하게 자리잡은 문화적 유산에서 나온다는 점을 확인시켜준다.

조르조 트리아니

체게바라가 청량음료 광고에 등장한 이유

광고체제는 광고를 대상으로 퍼부어지는 공격마저 재활용하는 놀라운 역량을 발휘한다. 그러나 광고시스템이 항거하는 자들에게서 무기를 빼앗는다 해도 광고에 가해지는 총체적 비판에 언제까지고 저항할 수는 없을 것이다.

* * *

광고 제작자들이 2003년 가을 내내 파리의 지하철을 떠들썩하게 만들었던 낙서 사건을 상업적으로 이용하기까지는 그다지 긴 시간이 필요하지 않았다. 광고 반대자들로 인해 고조된 여론이 채 식기도 전에 벌써 눈속임 기법으로 제작된 최초의 포스터들과 낙서 방식으로 휘갈겨 쓴 표어들이 등장하기 시작한 것이다. 많은 광고인들이 광고에 대한 항거는 광고인들을 겁먹게 하기는커녕 오히려 그들의 마케팅 기법을 한층 세련되게 가다듬는 기회를 제공한다고, 때에 따라서는 아예 새로운 기법을 창조하는 데 일조한다고 공개적으로 큰소리치지 않았던가? 아주 사소한 비판마저도 그 미학을 새로운 방식으로 전유함으로써 혹은 원래의 의미를 탈색시킴으로써 자기 것으로 만들어버리는 광고의 능력은 혀를 내두를 정도로 경이롭게 자본주의 체제의 운영 방식을 드러낸다. 제조업자들이나 국가 민주주의 실권자들과 마찬가지로 광고 제작자들도 이제 막 막을 내린 지난 세기 동안 굵직굵직한 정치 이데올로기들이 약화된 추세의 덕을 보았다. 오늘날 자본주의가 실현 가능한 유일한 경제체제로 인식되는 것처럼, 광고 제작자들은 지하철 역사 안의 광고 포스터를 대체할 것은 아무것도 없다고 공공연하게 큰소리친다. 이것이 바로 광고 반대자들을 즐거움의 적, 서글픈 잿빛 벽 옹호자들로 둔갑시키기 위해 마케팅 전문가들이 재활용에 나선 TINA(There is no alternative, 대안은 없다) 교리라고 할 수 있다.[1]

광고 관련 담론은 오늘날 '고전적인' 정치구호보다 더 심하게 절대적인 담론, 즉 다른 모든 것들을 동화시킬 수 있는, 그 모든 것들의 경계를 허물어버릴 수 있는 담론으로 군림한다. 개종한 왕년의 광고 제작자 도미니크 퀘사다Dominique Quessada에 따르면, 모든 비판을 회유하는 이러한 역량은 광고담론에는 부정성否定性이 끼어들 여지가 없다는 사실에서 기인한다고 설명한다. 다시 말해서 광고담론은 모든 담론에서 적대적인 힘이 작용하도록 하는 변증법 원칙에서 벗어나 있기 때문이라는 것이다. 광고시스템은 대화를 용납하지 않는다는 점에서 전체주의적이다. 광고시스템은 사회를 뚜렷하게 구분되는 두 개의 집단으로 나눈다. 즉 정치·경제적으로 막강한 권력을 쥔 적극적인 담론 발신자와 과도할 정도로 소비하도록 강요받는 소극적인 담론 수신자 그룹으로 이분되는데, 이 사실 자체만으로 이미 일방통행식 커뮤니케이션이 성립된다. 다른 모든 종류의 담론들을 회유시킴으로써 광고는 상업적이건 아니건 상관없이 그 야말로 모든 커뮤니케이션의 조정자임을 자처한다. 그러므로 광고 언어는 다른 어떤 언어들보다 특출나게 정치적이다. "광고는 정치 언어와 용어들을 사용한다. 광고는 정치를 에두르다가 결국 그것을 대체한다. 광고는 변화를 향한 욕구와 신념을 십분 활용하여 스스로를 변화 그 자체로 여기게끔 포장함으로써 그것들을 자신의 이익을 위해 이용한다."[2]

희화화되는 투쟁

구매행위가 이렇듯 모든 사회적 변화가 거쳐 갈 수밖에 없는 매체가 되고 나면, 혁명적 이미지들마저 상업적 목적으로 변질되어 활용된다고 해도 크게 놀랍지 않다. 가령 체게바라의 이미지가 달달한 청량음료나 저가 항공사의 가치를 선전하기 위한 수단으로 변질된다거나, 1968년 학생혁명 관련 이미지들이 대형 마트나 음반 산업의 이익을 위해 무차별적으로 도용되거나 패러디되는 경우를 보자. 광고는 이런 방식을 통해서 자신만이 찬란한 미래를 투영하는 것처럼 행세한다. 소비에 의해 평화를 유지한다고들 말하는 이 세상에서 광고 제작자들은 열등감이라고는 전혀 없이 사회적 투쟁을 왜곡하고 비웃는다. 그들이 보기에 사회적 투쟁이란 어차피 처음부터 질 것이 뻔한 게임이기 때문이다. 이들 광고 제작자들에 따르면, 점점 더 획일화되는 사회에서 자신을 남과 차별화시키는, 그러니까 반란을 일으키는 유일한 방법은 적절한 상표, 좋은 제품을 선택하는 것이다. 광고담론은 끊임없이 분열을 획책한다. 그런데 여기서 분열이란 기존체제에 대한 집단적 분리가 아니라 쉬지 않고 변화하는 사회 내에서 개인의 분리를 말한다. 광고에서 역사적 사실, 그중에서도 특히 혁명 투쟁에 대해 언급하는 것은 그것들을 구경거리로 만드는 기호, 다시 말해서 정치적 색채가 제거된 기호로 변형시킬 경우에만 소정의 효력을 발휘한다. 전복적 사고의 자양분이 되었거나 계속해서 자양분이 되어주는 역사적 사실들이나 개념들은 상징으로 환원된다. 모든 항거 행위는 구경거리로 변모되고, 그렇기 때문에 탈정치화된다.

그러므로 광고에 반대하는 투쟁이 가장 본질적으로 고려해야 할 목표 중 하나는 현 체제가 경박하고 부수적인 것, 과도한 것밖에 없다고 주장하는 곳에 정치를 다시 도입하는 것이다. 소비의 시대에 전복이라는 개념을 회유하고자 하는 광고 제작자들에 맞서 광고 반대 운동이 집단적이고 지속적이며 정치적인 투쟁이라는 것을 확인시킬 필요가 있다. 2003년 파리에서 낙서 운동이 그토록 대대적으로 벌어질 수 있었던 데에는 그것이 수평적으로, 그리고 '상대적으로' 익명으로 전개되었다는 사실이 큰 역할을 했다. 하지만 연극 영화계 비정규직 인력, 시간 강사 같은 임시직 연구 인력, 광고 속 성차별 반대를 위한 시민단체, 광고의 무차별적 공격에 저항하기 위해 형성된 단체 같은 다양한 집단에서 오랜 시간 동안 갈고 닦아온 전투적인 실천방식과 성찰이 그보다도 훨씬 더 비중 있게 작용했다고 할 수 있다. 광고 제작자들과 기자들의 주장과는 달리, 이러한 광고 반대 물결은 전혀 자발적인 것이 아니었다. 이는 어디까지나 치밀하게 전개된 정치적 작업의 결실이었다. 그런데 현행 시스템의 강점 중 하나는 투쟁이란 그것이 언론을 통해서 보여질 때에만 존재한다고 믿게 한다는 점이다. "승리의 개가가 울려 퍼지는 미래가 텔레비전 화면에서 보여지느냐 아니냐가 문제"라고 대중 미디어는 우리에게 거듭 반복해서 말한다. 2003년 가을의 광고 반대 움직임을 대대적으로 보도해서 여론몰이를 했던 그 미디어들은 금세 싫증을 내며 그 같은 움직임에 사망선고를 내렸다. 이처럼 우리 사회를 지탱하는 주요 동력으로 속도와 새로움, 젊음을 치켜세우는 시스템하에서는 그때그때 시류에 따라 고만고만한 투쟁을 이어가기보다는 장기적 안목에서 집단을 구축하는 것이 중요하다. 이런 관점에서 보자면, 광고반대가 불러일으킨 점점 증대된 관심과 그 뒤를 이은 무관심, 주요 전투 수단으로서 인터넷을 비롯한 신기술 활용 등은 오늘날 소비사회의 모습을 보여주는 중요한 증세라 할 수 있다. 오늘날 소비사회에서 통용되는 사회적 기준은 우리의 아주 사소한 일상적 몸짓에까지 속속들이 스며들어 있는 형편이다. 새로운 관습과 투쟁을 발명해냄으로써 그것들을 더욱 통찰력 있게 변모시키는 일이 중요하다. 그러나 그 같은 투쟁이 어디에 뿌리를 두었는지 고려하는 일 또한 그에 못지않게 중요하다. 우리가 벌이는 운동의 뿌리를 망각한다면 그것은 소비지상주의가 끊임없이 새로운 것을 추구하라고 우리에게 강요하는 명령에 굴복하는 것이나 마찬가지다.

점점 더 커져가는 반감

그러므로 광고시스템에 대한 비판은 일시적인 미디어 현상만으로 축소될 수 없으며, 그것을 부차적 투쟁으로 치부하는 것은 더욱 말이 안 된다. 또한 광고가 우리를 회유할 위험이 상당히 크다고 해서 자본주의의 무기인 광고가 자본주의의 허점이기도 하다는 사실을 은폐해서는 안 된다. 일반대중들의 마음속에 단단히 뿌리내린 광고를 향한 적대감은 2003년 가을을 수놓았던 대대적인 일련의 행동들과 그로 인한 경제적 손실을 부분적으로 설명해준다. 비교적 직접적인 행동들을 동반한 이 운동은 광고 혐오의 오랜 전통과 맥을 같이한다고 할 수 있기 때문이다. 광고 반대 움직임은 이제까지 있었던 그 어떤 정치적 투쟁도 누리지 못한 호의적 반응을 이끌어냈다. 그러나 그와 동시에 그러한 움직임이 지향하는 목표나 낙서자들의 요구사항에서 다소간의 혼란이 있었던 것도 사실이다. 일부 사람들은 광고시스템 이면에 은폐되어 있는 소비지상주의, 생산성 지상주의 이데올로기에 반기를 든 반면, 대다수 사람들은 지나치게 많은 광고에 대해서만 반감을 나타냈을 뿐, 광고가 지닌 사회적·정치적 역할에 대해서는 의문을 제기하지 않았기 때문이다. 그런데 상업적 커뮤니케이션에 대해 항거하는 것은 자본주의 사회 전반에 대해 폭넓게 비판할 수 있어야만 진정한 의미를 지닌다. 이 전체주의적 시스템은 스스로 고유한 항체를 만들어내는 역량이 있기 때문에 그에 맞서는 정확한 공격 관점을 갖지 않으면 투쟁이 두루 뭉술해지고 광범위해져 스스로 매몰될 위험이 크다. 그러므로 광고 반대 투쟁은 그렇고 그런 여러 투쟁들 가운데 하나, '심각한' 사회적 투쟁들의 막간에 잠깐 쉬어가는 식으로 통과해버리는 투쟁이 아니라, 그 자체로서 완전한 투쟁, 전력투구할 만한 투쟁이다. 여성해방운동, 텔레비전이나 스포츠 비판 등과 마찬가지로 광고 반대 운동 또한 일상성을 공격하는 투쟁의 일환이어야 한다. 그러한 투쟁이 없이는 그 어떤 전적인 해방도 불가능할 것이다.

오렐리

자유를 들먹거리는 사회

광고는 물론이고 텔레비전 드라마나 신기술 홍보 전문가들이 입에 침이 마르도록 찬양하는 선택 이데올로기는 책임이라는 개념 자체에 대해 생각하게 만든다. 선택 이데올로기는 지배자들의 이익을 위해 우리 사회를 원자화하는 데 일조한다.

* * *

누군가의 자유를 들먹거리는 것보다 그 사람을 확실하게 소외시키는 방법은 없다. 회유는 아주 효과적인 무기로써, 지배자들은 이제껏 그 무기를 애용해왔다. 1970년대에 일어난 혁명적 움직임이 잠시 동안이나마 자본주의적, 가부장적, 후기 식민주의적 사회를 흔들어놓은 것은 사실이나 곧 이에 대한 반동이 승기를 잡았고, 이 과정에서 사용된 무기들은 오늘날 다른 어느 때보다도 훨씬 더 반짝반짝 윤기를 발하고 있다. 1970년대의 해방 움직임이 자유의 기치를 높이 들었을 때,[1] 착취자들과 지배자들은 방향을 급선회하여 선택이라는 아이디어를 개인의 자유를 중시하는 자유주의liberal 쪽으로 쏠리게 함으로써 절대적인 자유주의libertaire로부터 멀찌감치 떼어놓았다. 그 이후 우리는 예전의 의미와는 동떨어진 선택과 자유이데올로기가 소외의 첨병이 된 사회에서 살게 되었다.

광고 속의 선택

장 보드리야르[2]는 어떻게 광고가 선택 이데올로기를 업고 기능하는지를 첨예하게 보여주었다. 인공적 욕망을 구축함으로써("모든 사람이 그걸 꿈꾸는데, 당신이라고 왜 안 되겠어?" 각각의 광고는 직간접적으로 이 같은 암시를 보낸다) 광고는 제일 밑바닥에 위치한 비합리적 충동과 제일 꼭대기에 위치한 생산의 꼼꼼한 통제를 화해시킨다. 광고 메시지마다 소비자들의 선택의 자유를 강조하는 것은 미리 결정된 산업 생산과 구매자 전체의 욕망을 일치시키려는 의지를 반영한다. 우리는 무엇이 되었든 자유롭게 상표를 선택할 수 있지만, 우리에게 선택을 하지 않을 자유, 선택의 여지를 갖지 않을 자유란 없다. 내가 여러 상표들 가운데에서 하나를 고를 자유를 지니고 있다는 그 이유 때문에 소비행위는 나를 중독으로 이끌고, 나를 소외시킬 수 있다.

소비는 결코 필요에 대한 충족을 바탕에 깔고 있지 않다. 소비는 그 자체로 '기호조작 행위'에 해당한다.[3] 필요가 욕망을 낳고 그것이 대상으로 연결된다는 욕망의 고전적 도식은 이제 대상이 욕망을 낳고, 그 욕망이 필요를 야기한다는 식으로 전복되었다. 대상에 대한 욕망이 존재에 대한 욕망을 누른 것이다. 전통적으로 해방을 위한 투쟁의 관건으로 인식되었던 선택은 이제 무엇과도 비길 수 없는 통제수단이 되었다. 개인은 시장의 한 부분이 되어버렸으며, 의식은 상업적 쟁점으로 변질되고, 자유는 선택으로 대체되었으며, 소비자는 프롤레타리아로 전락해버린 오늘날 우리 사회 앞에 합리적이면서 동시에 충동적으로 전체주의화된 세상이 펼쳐진다. 소비사회는 순수한 선택의 사회이며, 따라서 순수한 통제사회다.

새로운 사회를 만들겠다고?

장-클로드 미쉐아는 "우리가 선택하지 않았으며 결과적으로 우리가 그 어떤 특별한 호감도 갖고 있지 않은 사람들과 함께 살게 되었을 경우에만 우리는 사회를 형성할 수 있다"고 말한다.[5] 이에 대해 마티외 아미슈Matthieu Amiech와 쥘리앵 마테른Julien Mattern은 신기술로 인하여 촉발된 환상으로 분석 대상을 확장시킨다. 두 사람은 "사회성의 새로운 기준"(여기에는 인터넷, 모바일, 블로그, 채팅, 자유게시판 등이 모두 포함된다)을 지지하는 자들을 몰아붙이며 부르짖는다. "그런 자들은 정서적 '마구잡이식 채널 돌리기'가 정상적인 것이 되고, 실재적인 사회성과 연결된 구속의 대부분이 클릭 한 번으로 지워져버릴 수 있는 세상이 도래하기에는 아직 멀었다고 생각한다."[6] 서글프게도 바탕에 깔린 생각은 지극히 단순하다. 신기술 옹호자들이 전파하는 환상이란 개인들이 거래(경제모델에 입각한 거래) 순간 동안에만 서로에게 집중한다는 것이다. 이 거래로 말미암아 이들은 뒤이어 나타날 수도 있는 모든 의무를 벗어버릴 수 있다. 가령, 오스트레일리아에 사는 친구들에게 메일은 보내지만 바로 이웃에 사는 사람들에게는 말 한마디 건네지 않는 것이다.

디지털 사회에 휘몰아친 환상은 다름 아닌 스스로의 종말에 대한 환상이다. 기술이 개인들 간의 관계를 차단(문자 그대로의 의미)하므로 더 이상 아무런 사회적 의무도 없고, 모든 관계가 클릭 한 번으로 완전히 지워져버릴 수 있으므로 타인에 대해서 더 이상 아무런 애착도 남아 있지 않다. 정치란 원자화된 인간들 사이에서는 존재할 이유가 없다는 의미에서, 실제적인 유일한 국가라는 것도 결국 가상에 불과하다는 의미에서, 그 어떤 실재적인 정치적 차원도 불가능하다. 극단적 자유주의, 기술주의 환상은 궁극적으로 정치의 종말, 다시 말해서 '더불어 함께 살아가기'의 종말을 향해 달린다. 그런데 '더불어 함께 살아가기'야말로 인간적이고 개방적인 모든 사회성뿐만 아니라 모든 해방투쟁의 조건이 아닌가.

더 이상 선택하지 않기 위하여

선택할 권리는 한낱 광고표어로 전락했으며, 사회적 투쟁의 자유는 내일의 사회가 추구하는 탈정치적이고 기술지향적인 속도에 대한 구속으로 작용한다. 이전 사회가 지녔던 가부장적이고 도덕주의자적인 굴레를 벗어던지기 위해서는 다음의 사실들을 고려해야 한다. 싸워보지 않고는 어떠한 싸움도 이길 수 없으며, 어떠한 전투를 벌이더라도 영속적일 것이라 상상했던 결승점에 도달하지 않는다는 것이다. 지배자들은 해방적 의지를 담고 있는 회유책을 애용한다. 이 회유책들이 너무 강력하므로 오늘날에는 다른 어느 때보다도 한층 더 철저하게 이 점에 대비해야 한다. 항구적이고 즉각적인 선택 이데올로기가 울리는 조종弔鐘은 다름 아니라 약속의 조종일 수도 있기 때문이다. 전투적이건 정치적이건 인간적이건 연애 관계와 관련된 것이건, 하여간 장기적인 모든 약속의 조종을 울리게 될 수도 있다는 점을 명심해야 한다. 시리즈로 이어지는 일부일처제 풍습(결혼과 이혼을 여러 차례씩 거듭하는 행태)이나 가파르게 상승하는 정치에 대한 불신 등은 특별히 의미심장한 두 가지 사례라고 할 수 있다.

광고와 텔레비전 드라마, 신기술 등은 매일 조금씩 한 곳으로 수렴된다. 무슨 말인가 하면, 전화기와 비디오 화면, 인터넷을 결합한 최신 휴대용 컴퓨터들은 원자화된 사회 구상 이면에 감춰진 일관성을 명확하게 보여준다. 그러므로 선택 이데올로기는 겉으로 드러난 빙산의 일각에 불과하다. 그와 동시에 선택 이데올로기는 원자화된 사회에 대한 가장 강력한 알리바이이기도 하다. 선택 이데올로기는 "너를 성가시게 하는 모든 것들을 떨쳐버려라, 네가 하고 싶은 것만 하라, 즉각적인 너의 충동대로 살라"고 말하지 않는가. 그러니 어떻게 착취에 맞서 싸울 수 있겠는가. 투쟁의 으뜸가는 조건은 함께 나누어 가진 삶, '더불어 함께 살아가기' 속에 뿌리를 내

려야 하는데 말이다. 그것들이야말로 공통적이고 평등한 열망을 판
가름하는 데 결정적인 역할을 하는데 말이다.

권력 이데올로기 추종자들의 수법은 비교적 단순하다. 지배자
들이 추켜세우는 자유란 개인주의에 입각한 자유주의가 추구하는
자유이지 절대적 자유가 아니라는 것이다. 오늘날의 담론은 자유롭
다는 것이 모든 윤리적, 정치적, 사회적 고려 따위와는 무관하게 자
기가 원하는 때에 원하는 것을 하는 것을 의미한다. 마치 자유롭다
는 것이 반대 운동을 하거나 하지 않거나, 이 사회를 긍정적으로 받
아들이거나 증오하거나, 자유롭게 미래의 가능성을 탐색해가거나
과거의 환상에 매달려 소외되거나를 성심껏 선택하는 것인 양. 그
런데 그렇지 않다. 자유롭다는 것은 절대 "자기가 하고 싶은 것을
하는 것"이 아니다. 자유롭기를 희망한다는 것은 이미 그로 인한 연
쇄작용에 대한 인식을 내포한다. 그 같은 연쇄작용이 존재하지 않
는 것처럼 행동하는 것과는 거리가 있다는 말이다.

독일군 점령 치하에서, 또 비시 정권 치하에서 자유롭다는 것은
그날그날 자신의 기분에 따라 레지스탕이 되었다가 독일협력자가
되었다가 그것도 아니면 '회색분자'나 나치가 되는 것을 의미하지
않았다. 비시 정권하에서 자유롭다는 것은 야만성에 저항하는 것을
의미했다. 자유롭다는 것은 자기가 원하는 것을 하는 것이 아니라
"반드시 해야 할 일을 하는 것"을 뜻한다. 자유롭다는 것은 지배자
에게 저항하고, 억압에 대항하여 투쟁하며, 자신의 삶의 조건을 현
실에 맞게 변화시켜나가는 것, 실존이 부여하는 구속과 더불어 이
를 뛰어넘고 극복하는 것이다.[7] 자유롭다는 것은 오늘날에도 1943

년과 마찬가지로 투쟁하는 것이다. 유일하게 지목된 적과 싸우기보다 다양한 억압에 맞서서, 인간적인 삶을 구속하는 것들에 맞서 싸우는 것이다. 사실 구속이란 이름값 하는 모든 창조(사회적이 되었든, 지적, 정치적, 예술적 창조가 되었든)의 근원이다.[8] 자유롭다는 것은 구속이 존재함을 받아들이고, 선택 이데올로기와 그에 따른 치명적이고 비인간적인 일군의 신기술 홍보 전문가들을 거부하는 것이다. 선택 이데올로기에 신뢰를 표하는 것은 우리를 파괴하기 위해 만들어진 무기를 옆에 두고 살겠다는 것과 다르지 않다. 선택의 사회는 즉각성과 속도, 이익, 그리고 궁극적으로는 죽음의 사회다. 누군가의 자유를 들먹거리는 것보다 그 사람을 확실하게 소외시키는 방법은 없다.

기욤 카르니노

3

축구에 열광하는 사이,
당신이 학습하는 이데올로기

2006년 9월에 발행된 오팡시브 11호 기획 특집

"스포츠가 도처에 널려 있다." 운동선수들을 담은 포스터들이 도심의 벽을 채우고, 텔레비전 방송국들은 유명 경기를 중계하기 위해 수십억 달러를 아낌없이 지출한다. 그런가 하면 스포츠 전문지《레키프L'Équipe》는 프랑스에서 가장 많이 팔리는 신문이고, 어린이들은 학교에서 스포츠를 즐기며 좀 더 흥미를 가진 아이들이라면 스포츠클럽에 등록하는 열성까지 보인다. 남녀 구분 없이 청소년들은 아디다스 혹은 나이키 제품 옷으로 차려입기를 즐기며, 정치인들은 운동선수들 옆에서 함박 미소를 짓는다. 당신의 친구들도 몇 명만 모이면 운동경기 이야기에 열을 올린다.

기쁨, 사회적 관계 등과 떼려야 뗄 수 없는 스포츠는 무엇보다도 경기장과 경기장 밖에서 벌어지는 폭력이며, 1초, 1밀리미터 차이로 인간을 판별하는 극단적 경쟁이고, 기계처럼 정확하게 움직이는 인간을 만들어내는 강화 훈련이다. 목이 터져라 "우우" 고함을 질러대는 팬들의 과장된 환상이자 근육질로 터질 것 같은 남성적인 육체숭배이며, 언제나 승자와 패자가 있게 마련인 서열화 행위다.

스포츠 만세!

그럼에도 제대로 된 스포츠 비판은 그 어떤 것도 존재하지 않는다. 왜 그럴까? 있어봐야 아무런 흥미를 유발하지 않기 때문("운동선수들끼리의 문제일 뿐이다")일 수도 있고, 그토록 인기 많은 분야를 굳이 도마 위에 올려 난도질하고 싶지 않기 때문일 수도 있다. 스포츠는 19세기 영국에서 자본주의가 형성될 무렵 태어났다. 스포츠를 통해서 그 이전까지 놀이의 형태로 지속되던 관습이 제도화되었다. 진보를 향한 경주에 발동이 걸린 시대였으므로 온갖 종류의 등급을 동원해서 가장 우수한 자를 가려내는 데 열을 올리게 된 것이었다. 국제무역에서 건전한 경쟁이 미덕으로 숭상 받을 때, 스포츠계에서는 국가별 운동선수들의 기량을 비교했다. 스포츠는 중립적이지도 비정치적이지도 않았으나 자본주의 체제 속에 놀라울 정도로 잘 녹아들어갔고, 자연스럽게 그 이데올로기를 전파하게 되었다.

우리는 스포츠와 싸워야 한다. 스포츠라는 민중의 아편은 그 어떤 사제라도 부러워할 만큼 열기와 믿음으로 가득 찬 수만 관중들로 경기장을 가득 채운다. 매주 일요일 경기장으로 가자! 2006년 월드컵에서 '프랑스 선수들'의 첫 번째 경기가 열리던 날 한 신문은 '하던 일을 모두 멈추다'라는 제목을 달았는가 하면, 정부는 월드컵 열기에 편승해서 당시 만연해 있던 '정치는 이제 신물 난다' 분위기를 바꾸어보겠다는 꼼수마저 배제하지 않았다. 바로 그거다. 정치와 항거가 스포츠에 의해 유야무야되는 것이다. 경기에 관해서라면 사람들은 감독이나 코치의 무능을 탓하지 구단주에게 뭐라 하지 않는다. 게임전략을 두고 몇 시간이고 논쟁을 벌이지만 경영자협회가 우리에게 어떤 미래를 제시하는지에 대해서는 일언반구도 없다. 스포츠의 힘은 구경거리와 마찬가지로 능력 위주의 자본주의 이데올로기를 생산해낸다는 데 있다. 곧 일용할 빵마저 바닥이 날 처지에 이른 사람들에게 말이다. 시합이 계속되는 한…….

민중의 아편

스포츠는 우리 사회를 결속시켜주는 여러 신화들 가운데 하나다. 그렇기 때문에 스포츠에 대한 비판은 좌우의 구별을 떠나 항상 따가운 눈총을 받는다고 사회학자 장-마리 브롬Jean-Marie Brohm은 설명한다.

✻ ✻ ✻

우선 오해의 소지를 없애기 위해, 당신은 **스포츠**를 어떻게 정의하는지 부터 말씀해주시죠.

장-마리 브롬: 맞습니다, 스포츠 비판에 관한 혼란은 모두 거기에서 비롯됩니다. 사람들은 일요일 아침에 조깅하기, 친구들과 탁구 한 판 치기, 크로넨버그 맥주를 과음해서 불어난 뱃살을 빼기 위해 복근 운동하기 같은 것을 스포츠라고 생각합니다. 버스를 놓치지 않으려고 전력 질주하는 것도 스포츠라고 생각한단 말입니다! 그런데 그게 아니죠. 스포츠란 각종 협회나 클럽 같은 울타리 안에서 정해진 규정에 따라 진행되는 제도화된 경쟁을 지칭합니다. 다시 말해서 지역, 국가 혹은 세계 수준에서 벌어지는 경쟁을 규정과 체계화된 기술, 관료주의적 규제 등을 통해 제도로 만든 것입니다.

흔히 열혈투사들은 스포츠가 기껏해야 민중의 오락거리 또는 몸을 움직이고 최선을 다해 노력함으로써 신체를 단련시키는 것에 불과하다고 생각합니다. 실제로 비판해야 할 대상은 스포츠 제도입니다. 가령 열 살짜리 사내아이가 동네 스포츠클럽에 가입했다고 합시다. 그 아이는 시합에 나가게 되고, 코치의 지도를 받게 됩니다. 클럽에서는 성공하는 법, 곧 승리하는 원리를 가르치죠. 아이는 서열화된 시스템 속에서 단계를 하나씩 밟아 올라갑니다. 서열화된 시스템의 목표는 국가의 챔피언을 생산하거나 협찬을 받는 용병을 키워내는 거죠. 이건 우리가 수영을 배우거나 대자연 속에서 트레킹을 즐기거나 해변에서 공놀이를 하는 것과는 완전히 차원이 다른 이야기입니다.

그렇다고 좋은 스포츠와 나쁜 스포츠를 구분해야 할 필요가 있을까요?

지금 이 지적은 사회 관련 모든 주제에 두루 해당됩니다. 가령 좋은 핵무기와 나쁜 핵무기, 좋은 매춘과 나쁜 매춘 등 이런 식으로 말할 수 있느냐는 거죠. 나쁜 스포츠란 우리가 일반적으로 '과도한 것'이라고 말하는 것들에 의해 결정될 수 있겠죠. 여기에는 금지약물 복용이나 폭력, 마약, 부패 등이 해당한다고 봐야할 겁니다. 대부분 스포츠 이념가들은 이러한 것들을 단순한 '일탈'로 간주합니다. 좌파 집단 구성원의 거의 전부가 자본주의는 스포츠를 변질시켰으나 본질적으로 스포츠는 순수하고 교육적이며 건전하다고 생각합니다. 하지만 이건 절대적인 기만입니다. 스포츠에서 과도함이라는 것은 어디까지나 스포츠의 본질에 속합니다. 쿠베르탱 남작(1863~1937. 프랑스의 교육자로 근대 올림픽 경기의 창시자—옮긴이)이 말했듯이, 스포츠란 궁극적으로 과도한 것의 자유입니다.

그와 같은 구분은 노동자 운동이 낳은 유산, 곧 붉은 스포츠 때문이 아닐까요?

붉은 스포츠는 소비에트 국가기구와 긴밀하게 연결되어 있었습니다. 노동자 계급은 부르주아 계급과는 다른 방식으로 스포츠를 조직할 수 있으리라는 생각에서 비롯된 거죠. 이른바 붉은 스포츠 협회라는 것들이 창설되었으며, 거기에서 노동자 스포츠 체조 연합이 생겨났죠. 이른바 '노동자' 스포츠 이념가라는 사람들은 이제까지와는 다른 스포츠, 즉 노동자가 중심이 되는 스포츠, 협회가 중심이 되는 스포츠를 한다고 주장했습니다. 하지만 전부 헛소리였습니다. 그들은 다른 나라와 마찬가지로 동일한 규정에 따라 심판을 두고 서로가 경쟁하는 시합 위주의 스포츠를 전파했으며, 얼마 지나지 않아 사람들은 처음 의도 따위는 까맣게 잊어버렸습니다. 따라서 중요한 건 여전히 경쟁이 지닌 폭력성이었죠. 근본적인 것에 대해서는 전혀 문제제기가 없었던 겁니다. 두 사람을 데려다 놓고 둘 중 누가 더 나은지를 결정한다는 본질은 바뀌지 않았습니다. 그걸 피할 수는 없었어요. 친구들 사이에서도 어떤 시합을 벌이고 거기서 점수를 매기기 시작하면 결국 싸움이 벌어집니다. 고함을 지르고 속임수를 쓰기 시작한다는 말입니다. 그게 바로 경쟁 논리죠. 반드시 승자와 패자가 정해져야 하니까요.

일부 사람들은 경기장을 민중들을 위한 장소로 보기도 합니다. 그 말은 곧 경기장을 정치화 공간으로 본다는 거죠.

유럽의 경기장들을 보자면, 이때의 정치화란 대개 파시스트적이고 인종차별적이며 반反유대주의적이라고 할 수 있겠죠. 이건 일부 다혈질 관중들만의 문제가 아닙니다. 사람들은 선수들이 시합하는 모습을 보려고 경기장에 갑니다. 로마의 축구 클럽 라지오는 노골적으로 파시스트 성향을 드러냅니다. 모든 팬들이 한 팔을 앞으로 들어 올리죠. 네덜란드의 경우, 반유대주의 성향의 팬들이 가스 소리를 내며 응원전을 펼치기도 합니다. 경쟁이 지닌 폭력성은 필연적으로 경기장의 폭력성으로 이어집니다. 거기에다 금전적 문제까지 개입되어 이러한 폭력성을 증폭시킵니다. "반드시 이겨야 한다"가 되는 거죠. 지옥을 방불케 하는 리듬으로 이어지는 이러한 절박함은 금지약물 복용이나 유전자 조작 등의 유혹으로 이끕니다. 최근에 나는 마르세유에서 한 경기를 보았는데, 경기가 계속되는 2시간 내내 4만 여 관중이 "병신 같은 놈", "이놈 죽여라, 저놈 죽여라"를 외쳐대더군요. 심판들은 특별한 보호를 받는 것 같았습니다. 경기장 주변에는 전투경찰들이 쫙 깔렸고요. 스포츠란 그런 겁니다. 계엄령에 준하는 상황, 그리고 민중의 대중화, 이게 스포츠입니다.

스포츠가 노동자 계급의 정신을 분산시키고 환상을 안겨 주며, 이들을 아둔하게 만드는 대대적인 정치적 효과를 지녔다는 사실을 투사들이 어떻게 잊어버릴 수 있습니까? 이는 자본주의적 소외를 한층 더 강화하는 방식입니다. 그러니 골을 넣는 것이 '프롤레타리아적'일 수 있는지 아닌지 여부를 아는 것이 문제입니까? 아닙니다. 규정은 지구상 어디에서나 동일하기 때문입니다. 동질적이며 구속력을 지닌 제도적 울타리를 강요하는 데 성공한 것이야말로 부르주아의 힘입니다. 획일적 사고의 세계화는 스포츠 규정의 통일을 통해, 사람들이 동일한 진행방식과 행동방식을 받아들이기 시작했을 때부터 이미 시작되었습니다.

모든 사람이 당신처럼 스포츠에 대해 부정적 견해를 갖고 있는 건 아닙니다!

　좌파 지식인들은 말합니다. "축구는 열정이고 생동감이다"라고요. 그런데 그 사람들은 도대체 어떤 축구에 대해 말하는 거죠? 유명 팀들은 용병들을 대거 기용하며 반은 마피아 같은 인물들에 의해 운영됩니다. 파리 생제르맹이나 올랭픽 마르세유 같은 프랑스 축구 클럽들은 가짜 영수증, 자금 횡령, 수상한 이적 등의 혐의로 사법 당국의 조사를 받았습니다. 프로 축구계에는 부패가 만연했고, 심판들은 부정행위로 심문을 받습니다. 적지 않은 시합들이 은밀하게 거래하는 마피아들에 의해 승부조작의 희생양이 되기도 하죠. 팬들도 그러한 사실들을 알고 있지만, 그래도 꿈에서 깨어나고 싶어 하지 않습니다. 이건 아주 정확한 의미에서 소외와 다르지 않습니다. 나의 관심을 끄는 건 있는 그대로의 스포츠 비평입니다. 마르크스는 소외, 그러니까 민중의 아편은 거짓 현실을 이상화하려 한다고 설명했습니다. 엥겔스는 이를 가리켜 허위의식이라고 했죠. 존재하지 않는 세계에 대한 의식이라는 것입니다. 축구는 놀이이고 자유이며 문화이고…… 등등, 거짓으로 이렇게 믿게 만든다는 말입니다.

　터무니없는 훈련에 시달려야 하는 프로 운동선수들에게는 스트레스의 연속이자 진절머리 나는 연속공정이죠. 한 여자 수영선수는 하루에 7시간 내지 8시간을 물속에서 지낸 다음 근력운동을 합니다. 나는 이처럼 신체에 가해지는 집중 사격이 어떤 의미에서 해방이라는 건지 알고 싶습니다. 축구선수들도 로봇이나 마찬가지입니다. 하지만 스포츠 관련 신화를 비판하기란 매우 어렵습니다. 민속학 연구들에 따르면 신화를 공격하는 자는 집단에서 배제됩니다. 사회의 결속력을 강화시켜주는 것이 바로 신화니까요.

사회학자들은 스포츠를 대하는 민중의 열기를 열정이라고들 합니다.

물론 그렇죠. 그런데 문제는 그 열정이 지닌 정치적 또는 문화적 함의입니다. 열정은 파괴, 살해, 증오 등도 될 수 있으니까요. 팬들은 무엇에 의해서 동요합니까? 상대에 대한 증오심일 수 있겠죠. "네놈을 죽여버리겠어", "꺼져버려", "네놈을 흠씬 두들겨 패주겠어"라고들 외치지 않습니까. 명망 높은 사회학자들은 스포츠가 지닌 폭력성을 최소화하려 합니다. 그들은 그것이 보여주기 위한 분노라거나, 정체성 추구 또는 민주적인 능력 사회의 축소판이라거나 그 외 비슷한 종류의 모호한 표현들을 늘어놓습니다. 그들 말대로 경기장 안에 민주주의가 존재한다면, 우리는 아마도 민주주의에 대해 서로 다른 개념을 가진 것이 분명합니다. 그들은 팬들을 움직이는 유일한 논리가 언어적 또는 신체적 대결이라는 사실을 이해하지 못하는 것 같습니다.

많은 사회학자들의 문제는 그들이 자신들의 열정에 함몰되어 있다는 점일 겁니다. 그들은 스스로를 팬들에 동화시키지요. 하지만 학자들이라면 자신들의 연구대상과 거리를 두어야 합니다. 끈적거릴 정도로 대상과 합체해서는 안 된다는 말입니다. 열정은 시선을 동요시키고, 적지 않은 경우에 최악의 상황을 낳습니다. 부부 사이의 폭력이나 인종차별적 폭력행위들 역시 열정에서 비롯됩니다. 열정은 그 자체로서는 기준이 될 수 없습니다. 반드시 그 내용을 분석하고 비판해야 합니다. 그 내용은 진보적일 수도 있고 반동적일 수도 있으니까요.

수필가 알베르 자카르Albert Jacquard는 그의 저서 『게임은 이제 그만Halte aux jeux』[1]에서 시상식 단상에 네 번째 단을 만들자고 제안합니다. 그 제안에 대해 어떻게 생각하십니까?

대학 교수들의 상당수가 그렇듯이 알베르 자카르 역시 스포츠 논리는 삼중적이라는 사실을 간파하지 못했습니다.

1. 너는 너 자신을 상대로 싸운다. 너는 너 자신을 넘어서려고 한다. 이 경우 우리는 어떻게 결말이 날지 잘 알고 있습니다. 예를 들어 산악인들의 경우, 계속 "자신을 넘어서려다" 결국 추락하고 말죠.

2. 너는 스톱워치를 들고서 어떤 적을 상대로 싸운다. 이 경우 자본주의 논리, 즉 측정과 상품화의 논리가 적용됩니다. 가장 뛰어난 기량을 보여준 자가 챔피언이 되는 거죠.

3. 마지막으로 너는 피겨 스케이팅이나 체조처럼 심사위원단의 판단이나 평가를 통해서 적들과 싸운다. 이 경우 등급

이 정해지게 됩니다. 사실 선수들에게 등급을 매기고, 사르트르가 말했듯이 이들을 순서대로 줄 세우는 것이야말로 모든 스포츠의 목표죠. 이건 신체적 차별에 토대를 둔 구역질나는 사회의 모델이 아닙니까. 여자들은 남자들보다 "열등하므로" 탈락시키고, 장애인들은 정상인들에 비해 "열등하므로" 탈락시키고, 어린이들이나 노인들 역시 성인들에 비해 "열등하므로" 탈락시킵니다.

그런 관점에서 보자면 익스트림 스포츠의 출현은 사회의 진화와 밀접하게 연결되어 있겠군요.

1980년대 초, 익스트림 스카이다이빙, 익스트림 스키, 익스트림 등산 등이 속속 등장하면서 인기를 끌었습니다. 자연적 한계를 극복하자는 취지에서 생겨난 활동들이었죠. 그래서 사람들은 한겨울에 산소통 없이 북벽을 통해 히말라야 최고봉들에 기어올랐고, 베이스점프base jump라고 해서 지면에서 최대한 가까운 곳에서 낙하산을 펴는 곡예가 유행하면서 다수의 부상자와 사망자를 양산했습니다. 끊임없이 한계를 넘어서겠다, 점점 더 독해지겠다. 이건 결국 자살 시도나 다름없습니다. 그런데 이러한 활동들이 동계 올림픽 경기에도 등장하기 시작했죠. 스키를 신은 채 곡예를 벌이는 경쟁 종목들이 도입되었습니다. 이로 인해서 골절사고를 비롯하여 각종 외상이 잇달았죠. 오늘날에는 모든 스포츠 종목이 폭력성에서나 대결

양상에서나 전부 극단적이라고 보아도 무방합니다. 올림픽 경기는 "더 빨리, 더 높이, 더 세게Citius, altius, fortius"를 표어로 내겁니다. 기록장부라는 이데올로기는 극단적인 실행을 낳을 수밖에 없습니다. 궁극적으로 자기 자신의 죽음과 대면하게 되는 거죠. 가장 극단적인 한계는 결국 죽음일 테니까요. 우리는 이러한 현상을 현재 사회와 연결시켜볼 수 있습니다. 현대사회는 치명적인 위험을 가치 있다고 평가하니까요. 기업들이 람보에 버금가는 연수 프로그램을 운영하는 것도 이런 맥락에서 이해할 수 있습니다. 지하철-일터-잠자기로 상징되던 사회에 맞서서 이제는 모험가들, 투지에 넘치는 전사들, 승자들이 지배하는 사회가 기선을 잡은 거죠.

스포츠 비평이라는 것은 언제부터 존재해왔나요?

나는 프랑스에서 1968년에 처음 등장한 스포츠 비평 운동의 선구자들 가운데 한 사람입니다. 독일에서는 극좌파 지지자들이 나서서 스포츠가 일종의 극단적인 상품화 형태임을 알렸습니다. 프랑크푸르트학파 철학자들은 자본주의가 경쟁적인 행동방식을 생산해내며, 스포츠는 그 행동방식의 패러다임 모델이라고 주장했습니다. 1968년 9월 《파르티장Partisan》(1961년부터 1972년까지 간행된 잡지—옮긴이)은 "스포츠, 문화, 그리고 억압"이라는 제목의 특별호를 발행했습니다. 거기 수록된 글들에 따르면 스포츠는 대중, 특히 청년층을 지도하기 위한 정치구조이고, 사회적 통제를 위한 수단입니다. 이와 같은 스포츠의 용도는 파시즘 체제하에서 그 절정을 이루었습니다. 우리는 이른바 사회주의적 스포츠를 옹호하던 공산당과 챔피언을 양산하고자 했던 드골 지지 부르주아, 양측으로부터 동시에 지탄을 받았습니다. 우리가 보기에 학교는 챔피언을 길러내는 것이 아니라 체력 향상에 힘을 써야 했습니다. 비주류 비평 또는 '부차적 전선'으로 여겨졌던 스포츠 비평은 전방위적으로 모든 분야를 섭렵했습니다. 그렇기 때문에 스포츠 비평은 언제나 자본주의 문명 비평과 궤를 같이해왔죠.

오늘날 자본은 친스포츠적이고 스포츠는 자본주의적이죠. 광고며 기업, 미디어 등 모든 층위에서 스포츠는 일종의 이상적인 모델로 작용하며 줄곧 우리에게 명령합니다. "스포츠를 즐겨라!"라고 말입니다. 이제 스포츠는 스포츠계에만 맡겨두기에는 너무도 중요한 것이 되어버렸습니다. 스포츠는 마르크스식으로 말하자면 이념적 상부구조입니다. 생산구조를 재현하고 사람들을 모두 대 모두의 경쟁 상태, 예속 상태, 소외, 영웅 환호로 이끌어가는 역할을 전담한다는 말이죠. 교역의 세계화라는 틀 안에서 아프리카 국가들은 젊은 운동선수들의 상당수를 공급하고 있습니다. 이들 가운데 한 명이 성공하면 100명이 들러리를 서는 구조입니다. 스포츠계에 적용되는 인간에 의한 인간의 착취라고 할 수 있겠죠.

하지만 스포츠가 민주화에 도움이 된다는 견해도 무시할 수 없지 않을까요?

언젠가 프랑스 공산당 당 서기였던 조르지 마르쉐는 1980
년 모스크바 올림픽 경기에 참가하는 것은 소련에 가는 것이
아니라 올림픽 경기에 가는 거라고 말한 적이 있습니다! 올림
픽 경기는 치외법권 지대라는 의미로 한 말이겠죠. 늘 똑같은
후렴이 판을 칩니다. 스포츠는 정치가 아니라는 거죠. 하지만
모스크바에서 모든 기자들은 삼엄한 감시를 받았고, 재야인사
들은 정신병원에 강제입원되었으며, 매춘부들은 시골로 강제
이주되었다는 사실을 우리 모두 잘 알고 있습니다. 사람들은
기꺼이 수용소군도의 수도인 모스크바로 갔습니다. 1978년
아르헨티나에서 열린 월드컵 경기도 마찬가지였죠. 이 대회를
유치한 파시스트 정권은 철조망과 경찰견, 기관총을 동원한
가운데 경기를 진행했습니다.

대수롭지 않고, 어린아이들 놀이 같으며, 서민들의 환호를
받는 스포츠의 이면에는 다분히 반동적인 정치 기능이 숨어
있습니다. 지역적 차원에서 열리는 경기라 할지라도 스포츠는
좌우 가릴 것 없이 정치인들이 장악한 단체들의 자금으로 운
영됩니다. 자크 시라크(전 프랑스 대통령—옮긴이)가 챔피언들
을 만나면, 메달을 중심으로 뭉치는 국민의 단결심이 강화됩
니다. 국제적인 대규모 경기들은 당연히 정치 행사입니다. 스
포츠로 인해서 멍청해지지 않았다면 정치투사들은 이 점을 명
심해야 합니다. 국제적인 대규모 운동경기들은 다국적 자본이

펼치는 전략의 일환이라는 점을 말입니다. 스포츠는 텔레비전, 광고, 정치 연설 등을 통한 대중 조종 현상입니다. 스포츠는 해당 시점의 지배 이데올로기입니다. 안 그런 척하기 때문에 더욱 위험한 이데올로기라고 해야겠죠.

2012년 하계 올림픽 경기를 유치하겠다고 도전장을 낸 파리도 그 같은 전략을 추구한다고 봐야 합니까?

명성 높은 행사를 유치하자는 의도가 작용했겠죠. 사회당 소속 들라노에가 이끄는 파리 시와 우파 정부는 유치위원회를 통해서 다국적기업들과 일치단결하기로 합의를 보았습니다. 이는 파리에서 자본 개발을 도모하기 위한 자본주의적 이해관계가 대동단결한 것이라고 할 수 있습니다. 스포츠 발전이라는 명분하에 일부 엘리트들을 위한 설비가 건설되는 겁니다. 50여 명 정도에 불과한 프로 선수들을 위해 자전거 전용 경기장도 세울 거라더군요. 뱅센에 위치한 국립 스포츠 체육교육 연구소 내 올림픽 규격 수영장을 예로 들자면, 그 지역 어린이들이 아닌 하루 종일 물속에서 개구리헤엄을 치는 50여 명의 전문 수영선수들용이라는 거죠. 바꿔 말하면, 특혜를 누리는 몇몇 챔피언들을 위해 납세자들이 막대한 세금을 바치는 형국이다, 이런 말입니다. 그러니 그런 건 아무 의미도 없습니다. 아니, 그런 챔피언들을 길러내는 게 우리에게 무슨 득이 된단 말입니까?

그리고 매번 두 가지 사실이 반복되는 것도 우리는 잘 압니다. 첫 번째는 스포츠를 둘러싼 국민적 합의입니다. 여기에는 극우파에서 극좌파에 이르기까지 예외가 있을 수 없습니다. 국회 내 4개 집단이 공동성명을 발표했을 정도니까요. 두 번째로는 국가에서 나서서 가히 전체주의적이라고 할 만한 선전을 도맡는 점입니다. 공기업, 미디어, 행정기관, 후원자들이 하나가 되어 전례를 찾아보기 힘들 정도로 대대적인 선전을 벌이지 않았습니까. 유럽헌법 제정을 위한 국민투표에서 '찬성'을 찍으라고 연일 윤전기 롤러를 돌려대던 일이 생각나더군요.

대담: 질다Gildas, 로랑Laurent
정리: 질다

스포츠의 기원에 대하여

스포츠는 비단 신체활동일 뿐 아니라 복합적인 사회제도이기도 하다.
바로 그 점에서 스포츠는 과거의 대중적인 놀이들과 구별된다.

* * *

스포츠 비평. 이것은 스포츠가 과거부터 이어져 내려온 여타 신
체활동들, 이를테면 고대 그리스의 올림픽 경기 같은 것과 대비되
는 특별한 점이 무엇인지 질문하고 탐구하는 것이다. 부르디외에
따르면, 신체활동은 "경쟁의 장이 형성되어 그 안에서 그것이 단순
한 제례의식이나 축제의 여흥으로 환원되지 않는 특별한 실천으로
정의될 수 있을 때에 비로소 스포츠가 된다."[1]

스포츠는 19세기에 벌써[2] 내적인 도전 요소의 구축, 직업적 커
리어의 성립(따라서 엄밀한 의미에서의 스포츠 자본 구성), 사회적 구
조 및 제도, 특별한 행사 정비 등, 장場의 형성에 필요한 제반 요소
들을 갖춤으로써 하나의 개별적인 장으로서 자율성을 확보했다. 이

는 곧 오늘날의 스포츠는 공과 그 공을 따라 달리는 사람들만으로 이루어진 것이 아니라 체육교육을 위한 강의와 '스포츠-학습'이라는 학교교육 과정의 정립, 각종 클럽과 협회 창설, 시합 개최, 국제규정 채택 등으로 말미암아 가능해졌다는 말이다.

스포츠가 명실공히 사회적 장이 되었다고 해서 그 기원을 잊어서는 안 될 것이다. "놀이가 엄밀한 의미에서 스포츠로 이행된 것은 부르주아 사회 엘리트들의 전유물이었던 명문학교, 즉 귀족가문이나 상류 부르주아 가문의 자제들이 학교에서 몇몇 대중 놀이를 하기 시작하면서였다. 그러자 특수한 규칙과 지도자들이 자연스럽게 형성되었다."[3] 이 대목에서 우리는 19세기에 들어와 불기 시작한 추세가 스포츠를 통해서 엄청난 지지 세력을 만났음을 알 수 있다. 그 추세란 신체와 정신을 적절하게 구획하고 거기에 규율을 부여하려는 것이다. 스포츠와 군사적 덕목들 사이의 밀접한 연관성이 이를 입증한다. 뿐만 아니라 신체 관리 및 행동 연구의 의료화 또는 과학화가 스포츠에 접목되는 과정도 알 수 있다.

사실 마을에서 놀이삼아 즐기던 신체활동들과 초창기 스포츠를 비교해보면, 그 차이가 미미하다. 하지만 이 두 가지는 머지않아 완전히 딴판으로 변한다. 해당 놀이에 뛰어난 재능을 보이는 자들이 보유한 '비법들'이 행동기술에 자리를 내어준 것이다. 그러므로 스포츠 단계에서는 마을 놀이 단계에서 볼 수 있었던 특정 선수의 '신비한 재능'은 더 이상 볼 수 없게 되고, 그 대신 선수들이 해야 할 몸짓을 작은 단위로 분할하여 측정하고 여기에 규율을 부여하여 절도 있게 행함으로써, 동일한 노력으로 최대의 효과를 내는 데 성공하는 선수들을 보게 된다.

경제학자 앙리 조르다Henri Jorda는 "상업자본주의는 그 효율성 덕분에 인정받은 경제 형태다. 뿐만 아니라 (상업적 시간과 공간의) 안전이 사람과 사물에 대해 특수한 권력을 행사하여 그것이 사업 성공의 조건이 될 경우 하나의 정치 형태가 될 수도 있다. 이 점은 매우 주목할 만하다"고 지적한다.[4] 현재의 과학과 기술이 우리 시대 자본주의를 원활하게 유지하는 것과 밀접하게 연결되어 있다면, 스포츠 또한 규율을 지키며 지배자들의 가치에 완벽하게 조응하는 사회를 조성하는 데 있어 비중 있는 연합세력이 될 수 있다. "생산성과 최적화는 학자들의 연구가 이끄는 대로 기업과 국가, 운동 지도자들이 함께 이루어나가는 목표가 된다."[5] 자본주의적 규율을 통해 우리의 가장 깊숙한 곳까지 스며드는 가치와 스포츠가 추구하는 가치가 서로 다르지 않기 때문이다. "자신의 신체를 제어하고 인식하는 능력은 권력에 의해 신체를 투자할 때에만 얻을 수 있다. 기본 동작, 훈련, 체력단련, 벗은 몸, 아름다운 육체 만들기 등."[6]

스포츠가 흔히 취미나 여가로 인식되는 현실 때문에 판단을 그르쳐서는 안 된다. 우선 여가라는 개념 자체가 임금제가 노동 착취의 전통적 형태로 자리 잡기 시작하면서 생겨났다는 점에 주목해야 한다. "자본주의 사회에서는 노동에 의한 신체의 소외가 여가로 한정되는 시공간까지 연장된다."[7] 하지만 무엇보다도 극소수 선수들이 일상에서 스포츠 관련 위업을 이어가는 상황 때문에 주민 전체가 경쟁과 능력숭배, 신체단련 등을 추구하는 스포츠 이데올로기에 빠져든다는 데에 문제가 있다. 쿠베르탱 남작은 이와 같은 현실을 명쾌하게 설명했다. "100명이 체력 향상을 도모하기 위해서는 50명이 스포츠에 전력투구해야 한다. 50명이 스포츠에 전력투구하기 위해서는 20명이 전문가가 되어야 한다. 20명이 전문가가 되기 위해서는 5명이 깜짝 놀랄 만한 기량을 발휘해야 한다."[8] 우리를 울타리 안에 가두고 규율을 부여하며 일상적으로 교화시키는 것이 스포츠의 역할이다.

기욤 카르니노

기량이 최우선,
경쟁 이데올로기를 어떻게 부추기는가

흔히 스포츠가 사회를 결속시킨다고 간주하나, 사실상 스포츠는 경쟁 이데올로기를 강화한다. 그러므로 스포츠는 자유주의적 정책이 금과 옥조로 여기는 개인주의를 부추긴다.

* * *

"다니엘 콘스탄티니Daniel Constantini(전 프랑스 국가대표 핸드볼팀 코치)는 상인도, 제조업자도, 기업인도 아니다. 그렇지만 각양각색의 인물들을 모아 프랑스 팀을 구성한 뒤 이 팀에 영혼을 불어넣음으로써 최고의 영예로 이끌었다. 하지만 팀과 더불어 힘든 시기도 보내야 했던 그는 말하자면 기업의 수장이 겪는 일들을 고스란히 경험했고 이를 통해서 견고한 기업 경영 원리를 터득하게 되었다."[1]

기업 경영과 스포츠는 밀접한 연관이 있다. 스포츠 또는 기업을 위한 코치 육성은 이제 스포츠 전공 학도들이 필수적으로 받아야 하는 교육의 일부가 되었다. 이 학생들은 스포츠 경영과 마케팅 강의도 듣는다.

각 개인들을 서로 대결시키는 경쟁이야말로 스포츠의 근간을 이루는 원리다. 스포츠 선수들은 다른 모든 상품들과 마찬가지로 사고팔며 교환도 가능하다. 그들은 맥도날드 임금노동자들과 마찬가지로 매순간 평가의 대상이 된다. "어느 누구도 자리를 보장받지 못한다"고 코치들은 귀에 못이 박히게 말한다. 개인들을 대상으로 끊임없이 선별작업이 이루어지는 것이다. 일요 축구선수에서 올림픽 경기 출전을 목표로 하는 운동선수들에 이르기까지, 코치들은 선발에 선발을 거듭한다. 요컨대 기업 총수들이 직원들에게 말하듯 "가장 강한 자만이 살아남는" 다윈주의가 판을 친다.

기량 최우선 이데올로기

단체 스포츠는 '함께한다'는 생각을 옹호하는 것처럼 여겨진다. 하지만 그건 말짱 헛소리! 단체라는 것도 어디까지나 개개인의 이득의 총합이라고 이해해야 한다. 팀에 속하는 개개인은 회사에서 이 달의 최우수 사원이 되듯, 그해의 선수가 되기 위해 팀에서 돋보여야 한다. 모든 단체 스포츠는 개별적인 상을 수여한다. 미디어는 지단을 프랑스팀의 구세주인 양 집중 조명함으로써 영웅주의 신화를 유지한다.

요컨대 개인이 스포츠 이데올로기의 중심을 차지하고 있다. 반대로 저조한 기량은 철저하게 금기시되며, 부상은 나약함을 고백하는 것으로 치부된다. 그러므로 항상 정상의 자리를 유지해야 한다. 수익을 내지 못하거나 생산성이 낮아진 운동선수는 내쳐진다. 운동선수라는 상품은 즉시 다른 상품으로 대체된다. 노동법이 지나치게 고리타분하다고 여기는 기업인들에게 그처럼 손쉬운 해고는 꿈같은 이야기가 아닐 수 없다.

이렇듯 사람들은 전폭적으로 자유주의적 가치를 학습한다. 우리는 자신들이 가진 재능과 노력을 밑천으로 성공하는 챔피언들에게 찬사를 보낸다. 기자들은 듣기 싫을 정도로 같은 말을 반복한다. "이들은 승리하기 위하여 피땀 흘렸다"고. 하긴 이런 비판은 (선도적 입장에 있는) 프로 스포츠에만 국한되지 않고 모든 스포츠 전반에 고루 적용된다. 스포츠는 학교에서 정식 과목으로 채택되고, 선수 등록증 소지자만 해도 수백만 명이 넘는 가운데 나날이 기업들이 숭배하는 가치를 전파한다. 굳이 월드컵 쟁탈 럭비 대회까지 기다리지 않아도 팬들 사이의 싸움은 하루가 멀다 하고 도처에서 일어난다. 증오의 몸짓은 경기장마다 차고 넘친다. 승리를 쟁취하기 위해서라면 무슨 짓이든 할 준비가 되어 있다. 목적이 수단을 정당화하는 것이다.

어린이들은 아주 어릴 때부터 코치들의 욕설을 들으며 훈련을 받는다. 코치들이 그렇게 쉴 새 없이 욕설을 퍼붓는 것은 그 아이들이 지시한 대로 따르지 않는다는 이유에서다! 즐거움, 신나는 놀이를 지향하던 아이들은 효율과 결과, 합리적 동작들을 위해 조련된다. 승리만이 가장 중요한 키워드다. 이럴진대 '승자가 된다'는 것은 스포츠에서 통용되는 표현인가, 기업이 내세우는 표어인가?

스트레스를 견디기 위한 약물복용

그러니 이러한 요구에 부응하기 위해서 운동선수들은 필연적으로 약물의 도움을 청하게 된다. 그러므로 약물복용은 과잉 반응이 아니라 스포츠와 불가분의 관계에 있다고 봐야 할 것이다. 노동계에서도 이러한 현상이 확산되고 있다. 스포츠계와 달리 노동계에서는 "역량을 강화하기 위해서라면 마약류를 제외하고는 복용약물에 관해서 특별한 제한을 두지 않는다."[2] 때문에 어떻게 해서든지 기량을 강화시키기 위해 온갖 약들을 한 움큼씩 삼킨다. 의사들은 스포츠계에 없어서는 안 될 소중한 존재들이다.

스포츠가 모범적인 임금노동자를 길러내기 위해 발명된 것이 아님은 분명하다. 그렇지만 스포츠는 자본주의와 불가분의 관계에 놓여 있다. 19세기 영국이라는 동일한 시공간에서 이 두 가지가 부상했다는 사실이 이를 증명한다. 자본주의를 무찌르기 위해서는 스포츠를 무찔러야 한다. 그 역도 물론 성립하는데, 이 두 가지 이데올로기가 놀라울 정도로 서로의 자양분이 되기 때문이다. 스포츠, 그중에서도 특히 축구는 세계적인 규모 덕분에, 전 세계 곳곳에 스포츠 이데올로기, 그러니까 자유주의 이데올로기를 전파함으로써 훌륭하게 세계화의 매개 역할을 수행한다. 점점 더 커져만 가는 스포츠의 위상과 점점 더 노골적이 되어가는 자유주의 체제를 결합시킬 경우, 임금노동자들이 더 이상 어깨를 맞대지 않고, 더 이상 함께 힘을 모아 착취에 대항하지 않으며, 그 대신 경기장에서처럼 서로를 상대로 대결을 벌이는 세상이 도래할 것이다.

질다

열정과 기쁨? 스포츠야말로 정치적이다

사람들은 흔히 스포츠란 정치와 무관하다는 믿음을 주려 하는데, 실상을 들여다보면 스포츠는 개인과 사회적 갈등을 부정한다.

* * *

"1998년과 2000년에 챔피언에 등극함으로써 블루팀(프랑스 축구 대표팀을 일컫는 말로 선수들이 파란색 유니폼을 입어서 붙여진 애칭—옮긴이)은 사람들에게 행복을 선사했다."[1] 이런 발언은 그 누구도 예외 없이 모두를 바보로 만든다. '놀이', '축제', '행복' 등은 더 이상 혁명적 변화와는 아무 상관없는 단어가 되었고 오히려 소외와 밀접하게 연결되는 경향을 보인다. 소외를 타파하려 한다면, 스포츠도 엄격하게 검토해 거를 것은 걸러내야 한다. '민중의 스포츠'니 '대중 스포츠'니 하는 말들을 내세워가면서 이러한 활동을 금기시하는 사람들에게는 불쾌감을 안겨줄지라도 말이다.

개인의 부정

군대에서와 마찬가지로 개인은 유니폼을 입고서 우두머리의 명령에 발맞추어 행진해야 한다. 규정을 위반할 위험이 있는 모든 개인적 표현은 '일탈' 또는 이단으로 간주된다. 그러다가 급기야는 상벌 차원에서 팀에서 배제되기에 이른다. 일단 스포츠를 통해 '함께 살기' 속으로 들어가면 우두머리 없이는 아무런 발언도, 아무런 행동도 불가능하다(기회주의적 정치꾼들은 그들이 대표하는 지역 또한 이를 닮아가기를 원한다). 권위 유지라는 원칙이 지배한다. 주장 없는 팀, 회장 없는 클럽, 코치를 동반하지 않은 선수는 흡사 '무정부 상태'에 버금가는 취급을 받는다.

현재 상태의 스포츠는 구경거리의 지배를 확고한 것으로 못 박는다. 아무도 그 같은 원칙에서 벗어날 수 없다. 운동선수가 아니더라도 예외가 될 수 없다. 그렇기 때문에 스포츠는 본질적으로 운동선수라는 집단 속에 녹아든 개인을 획일화하는 데 기여한다. 이 집단은 행동하는 것이 아니라 동요한다. 이들이 정치와 무관하다면 그것은 이들이 수동적이기 때문이다. 그리고 그것이야말로 스포츠의 가장 중요한 기능이다. 20세기에 출현한 모든 전체주의 체제는 스포츠를 정치를 위한 무기로 정립했다. 오직 '엘리트'만이 발언권을 갖는 것이다. 성공이 보장된 이러한 국가 차원의 계획은 공식적으로 인가한 열정이므로 대중과 밀접하고도 항구적으로 접촉할 수 있다는 이점을 지닌다. 이렇듯 스포츠를 통한 통제는 우리가 모두 같은 처지에 있다고 믿게 하는 역할을 수행한다.

스포츠는 중립적이지 않다

　페미니스트가 되었건 인종차별반대자, 노동조합에 가입한 노동자들이 되었건, 일부 사람들은 스포츠가 해방의 수단이라고 생각하면서 행동한다. 노동자 계급 옹호자들은 스포츠를 비판하는 것은 지식인들의 방식이라는 구실을 들며 그것을 금기시한다. 이 경우, 그토록 숭배해마지 않는 '민중적 스포츠'는 병영 냄새가 나는 붉은 실로 기운 누더기에 지나지 않는다고 봐야 한다. 올림픽 경기의 마법에 취해 있는 인종차별반대자들의 입장에서 보자면, 축구 경기장은 서로 다른 문화가 정정당당한 대결을 통해 평화와 즐거운 분위기를 만들어가는 만남이 이루어지는 형제애 넘치는 안식처일 것이다. 페미니스트들로 말하자면, 이들은 남자들과 동등한 입장에서 스포츠라는 구경거리에 참가할 수만 있다면 벌써 자유를 획득한 것이라고 생각하기 쉽다. 이 경우 남자들과 같은 경기장에서 스포츠 시합에 나선다는 것이 평등으로 간주되기 때문이다. 하지만 도구란 절대 중립적이지 않다.

　스포츠는 다른 어떤 제도보다도 더 '사회 내의 협동'을 중요시한다. '금융시장'이 '스포츠적 가치'를 내걸기를 좋아하는 건 절대 우연이 아니다. 올림픽 경기라는 휴전은 가장 고약한 위선에 지나지 않는다. 사회적 갈등은 축제, 행복, 오락이라는 환상에도 불구하고 여전히 진행형이기 때문이다. 구경거리는 어린아이들에게 그럴듯한 이야기를 들려주기를 좋아한다. 어린아이들은 온갖 기록과 영웅들, 경기장의 신들이 벌이는 '거인들의 전쟁'이며 길이 기억

될 '명품 골들'이 풍성하게 등장하는 황홀한 이야기를 즐긴다. 스포츠 이데올로기는 사회적 갈등의 현실을 국가에 유리한 방식으로 재현하는 언어에서도 드러난다. 가령 사회적 갈등에 관해 언급할 때 '파트너'나 '시합', '승리하다', '심판', '팀', '경쟁', '결과', '규칙' 같은 스포츠 용어들을 자주 사용하는 것이 좋은 예다. 스포츠는 정치성을 배제하지 않는다. 오히려 그 반대다. 경기장에서 고함을 지르거나 파시스트를 상대로 주먹다짐을 한다고 해도 교리는 타파할 수 없다. 이러한 전략은 실패할 염려도 없는데, 교리와 딱 붙어 있기 때문이다. 스포츠는 의식화 되는 것을 방해하고, 현대사회를 좀먹는 실재적인 분열을 부정한다. 스포츠 논리를 받아들인다는 것은 이러한 반동적인 정체성을 중심으로 뭉쳐 '모두 함께' 살자는 것과 다르지 않다.

여전히 세상을 바꿔보려는 사람들을 위해서라도, 스포츠를 통해 신체가 표준화되는 것을 성찰력 있게 거부하는 것은 어떠한 경우에도 우선이 되어야 한다. 기회주의적인 어떠한 금기도 민중 영합적인 토템도 거기에 제동을 걸어서는 안 된다. 그러므로 문제는 스포츠가 사회적 비판에서 열외가 되어야 하는지 여부가 아니다. 오히려 스포츠가 절대적 자유를 얻는 데 장애가 되며, 따라서 자본주의적 제도로서의 스포츠를 파괴해야 한다는 결론을 도출해내야 할 것이다.

엘루아Éloi

파시스트가 스포츠를 이용하는 방법

스포츠는 민족과 국가를 비롯하여 그것들의 통일을 추구하는 신화들을 강화하는 데 기여했다. 무솔리니 치하의 이탈리아는 스포츠 이데올로기를 매우 중요하게 다루었다.

* * *

이탈리아 북동부 프리울리 출신 권투 선수 프리모 카르네라Primo Carnera가 1933년 6월 23일 매디슨 스퀘어 가든에서 열린 시합에서 잭 샤키Jack Sharkey를 때려눕히자 이탈리아 전체가, 본토의 주민들부터 미국으로 이민 간 이탈리아인들에 이르기까지, 무솔리니 정권이 낳은 챔피언과 하나가 되는 듯했다. 적어도 시합을 참관한 미국 기자의 눈에는 그렇게 보였다.[1] 파시스트 스포츠는 1920년대와 1930년대 내내 줄기차게 일정 수준 이상의 활력을 보여왔으므로 이러한 인식은 그다지 놀라울 것도 없다. 1932년 로스앤젤레스에서 열린 올림픽 경기에서 이탈리아가 딴 37개의 메달, 자전거 선수 알

프레도 빈다Alfredo Binda와 레아르코 구에라Learco Guerra가 투르 드 프랑스에서 거둔 눈부신 성공, 1930년대 이후 꾸준히 상승곡선을 그리는 이탈리아 축구대표팀의 인기 등은 진정한 '스포츠 강국' 신화 창조에 기여한 혁혁한 무훈 가운데 몇 가지 예에 불과하다. 동시에 이러한 공적들은 이탈리아 대중 미디어 분야에서 구경거리로서의 스포츠가 시작됨을 알리는 신호탄 역할을 했다. 해외에서 파시스트 민족의 위상을 높이는 모델로 기능한 이러한 업적들은 이탈리아 내부에서는 효율적으로 사회통합을 이루고 민족정체성을 함양하는 수단으로 기능했다. 스포츠가 높은 수준으로 발전하는 데 관심이 쏠리자 계층을 막론하고 모든 대중들 사이에 자발적인 스포츠 붐이 일었다. 파시스트 이론가들의 고백에 따르면, 스포츠는 "사회적 활동으로서 파시스트 교리의 당당한 구성요소이며, 과학이나 예술, 의학, 위생 등과 마찬가지로 체제가 지향하는 사회 정책의 당당한 한 분야로 간주되어야 마땅하다"는 것이었다.[2] 국가가 이 분야에 쏟아 부은 노력은 다수의 경기장 건립을 비롯하여 볼로냐, 피사, 토리노, 팔레르모 등지에 기타 스포츠를 위한 하부구조를 정비하는 것으로 나타났다. 그중에서도 특히 젊은 층을 중심으로 하는 복합적 스포츠 활동 조직을 정립했다는 점을 꼽을 만하다. 파시스트 정권은 사회주의 또는 가톨릭 계통의 주요 스포츠 연합들을 점차 금지하는 동시에, 1928년 스포츠 헌장을 제정함으로써 청년층, 그리고 그들보다 더 나이가 어린 층의 신체활동을 조직화했다. 이에 따라 이탈리아인은 누구나 여섯 살 때부터 오페라 나치오날레 발릴라 Opera Nazionale Balilla(무솔리니가 1926년에 창립한 파시스트 청소년 단체

—옮긴이)에 들어가는 것과 더불어 의무적으로 체조를 익히며, 줄다리기, 탐부렐로(16세기에 이탈리아에서 시작된 운동으로 탬버린처럼 생긴 라켓으로 테니스 공만한 크기의 고무공을 상대방에게 넘긴다. 공을 받지 못하거나 정해진 규격을 벗어난 공을 던지면 점수를 잃는다—옮긴이), 배구처럼 '대중적인' 스포츠 활동 촉진을 임무로 하는 도폴라보로 Dopolavoro(1925년 창립된 파시스트 레저 및 여가 조직—옮긴이)를 통해 성인이 된 후에도 내내 운동을 계속하는 피라미드 체제를 구축했다.[3] 해외에 나가서 치르는 경기에서는 속도와 남성성, 경쟁심 등을 숭배하는 반면 두려움은 거부하는 경향이 육상이나 자동차 경주(이는 한창 도약 중이던 이탈리아 자동차 산업의 발전을 촉진하는 효과를 가져왔다) 같은 스포츠 분야를 통해서 두드러지게 나타났다. 반면 대중을 대상으로 하는 활동들은 이와는 달리 이데올로기가 훨씬 덜 노골적으로 드러났다. 하지만 그럼에도 그 목적은 파시스트적 가치를 온전하게 보존하는 조직을 통해 그러한 체제에 일상적으로 참여하도록 독려하는 것이었다.

자유주의적 스포츠에서 파시스트적 스포츠로

스포츠에 부여된 이와 같은 역할이 전체주의 체제를 통해 비교적 뚜렷하게 드러났다고는 하나, 그럼에도 세기의 전환점에서 통용되던 일반적인 스포츠의 개념에 비교해볼 때 이는 부분적 단절에 불과했다. 파시스트 체제는 수사적 차원에서나 실천적 차원에서

리소르지멘토Risorgimento(19세기 후반 이탈리아의 통일이 달성된 시기)에 정립된 스포츠 이데올로기 초석에 기초하고 있다. 즉 그 당시까지만 해도 엘리트의 전유물로 인식되던 관습을 민주화하려는 의지, 이제 막 태동하기 시작하는 여가 산업의 활성화, 그리고 무엇보다도 최근에 통일을 이룬 이탈리아의 민족적 결속력을 다지는 수단으로서 스포츠를 활용하겠다는 의지를 담고 있다. 무솔리니는 스포츠 교육, 그중에서도 특히 체조는 미래의 군인들을 육성하는 데 적극적으로 참여해야 하며, 민족적 시민의식을 고취시켜야 한다는 생각을 자유주의자들로부터 이어받았다. 파시스트 정권은 또한 19세기 말 경제적 목표를 위해 주도적인 정신을 키워간다는 취지로 결성된 최초의 스포츠 연합 네트워크도 계승해서 이를 극도로 중앙집권화된 국가체제에 맞도록 현대화시켰다. 그러므로 파시스트 스포츠는 이탈리아 올림픽 조직위원회(CONI)와 기존의 주요 스포츠 협회들에게 전례 없는 거액을 쏟아 부으면서도, 무솔리니의 전임자들이 고안한 위생학적이고 군사적이며 애국심을 중요하게 여기는 자유주의적 흔적을 상당 부분 간직하고 있다. 물론 이러한 고전적 개념에 신체제가 지향하는 강력한 신비주의적 요소들, 가령 평범한 인물들을 경멸하고 전사들을 영예롭게 떠받들며, 낡아빠진 공화주의적 참여의식을 거부하면서 대중들의 비이성적 참여를 추구하는 따위의 경향이 더해졌다. 무솔리니 총통은 기술지향적이며 미래지향적인 전사의 지고한 상징으로서 경기장에서 퍼레이드를 벌이고, 기자들이 호의적인 눈길로 지켜보는 가운데 몸소 수영을 하거나 스키를 타면서 자신을 이상적인 정치가의 위치에 올려놓았다. 파시즘은 이렇듯 부르주아식 개념(신체관리, 노동자들의 생산역량 제고, 자유시간 통제, 젊은이들의 사회화, 가장 강한 자 선발 등)을 승화시킴으로써 그 개념들을 그때까지는 볼 수 없었던 대중화, 동질화 수준으로 끌어올려 이탈리아 스포츠의 화려한 피날레로 비쳤다.[4] 스포츠를 비롯해 영화나 라디오 같은 산업은 신인류의 신체와 정신을 연마하는 치열한 격전지로 부상했다. 이들 신인류는 이탈리아 민족을 만들겠다는 정치계급의 오랜 욕망과 새로운 독재 사이에서 둘을 화해시키는 역할을 맡았다.

란도 페레티와 스포츠 강국

이처럼 스포츠는 제국주의적인 이탈리아, 영토확장의 투지를 불태우며 전쟁도 불사하는 이탈리아를 건설하기 위해 꿈꿔오던 수단이었다. 또한 오합지졸 군중을 동일한 애국적, 인종적 열망으로 고양시키고 독재의 톱니바퀴와 완벽하게 일체를 이루는 하나의 단단한 집단으로 결속시키는 도구로 여겨졌다. 이제 민중의 아편으로 여겨지던 스포츠는 파시스트들을 위하여 주민들을 경기장으로 끌어들임으로써, 그들의 관심을 정치와 사회 문제에서 떼어놓는 오락을 제공하는 입장이 되었다. 무엇보다도 스포츠는 군중들을 꾸준히 동원하여 이들을 동일한 정신적 틀 안에 붙잡아두는 가능성으로 작용했다. 스포츠는 평화 시에 군중을 동원한다는 점에서 전시에 발동하는 군사 동원령의 역할을 한다고도 할 수 있었다. 요컨대 스포츠는 공통적 가치를 축으로 하여 아직은 허약하기 짝이 없는 단일성을 강화한다는 명분으로 각기 다른 지방과 각기 다른 계급을 하나로 묶어주는 요인으로 작용한다. 스포츠의 토대가 되는 이러한 정치적 기능에 대해 프랑스의 경우 쿠베르탱 남작과 쥘 리메Jules Rimet(1873~1956. 월드컵의 창시자로 제3대 세계축구 연맹 회장—옮긴이)가 공감했으며, 무솔리니는 이 분야에서 그의 최측근 보좌역으로 일하던 란도 페레티Lando Ferretti 덕분에 이를 접했다. 《로 스포트 파시스타Lo Sport Fascista》의 창립자이자 편집 책임자이며 한때 이탈리아 올림픽 조직위원회의 책임자, 정부의 선전 책임자로도 일한 페레티는 스포츠 강국 건설론의 주요 이론적 지주로서 신인류라는 개념을 고안하기도 했다. 그가 정립한 이론들에서는 스포츠가 사회계층의 조화를 위한 수단이라는 개념이 두드러진다. 파시스트 스포츠(그중에서도 특히 팀 종목)는 전통적으로 사회 질서를 유지하는 데 방해된다고 여겨지는 사안들로부터 주민들의 관심을 돌리기 위해 권장되었다. 그리하여 모든 사회계층들이 공유할 수 있는 전범이 되고, 그렇게 함으로써 모든 정치투쟁이나 노동쟁의를 예방하며, 그와 동시에 노동자들의 여가 시간을 효율적으로 통제할 수 있어야 했다. 체제에 의해 세심하게 실행에 옮겨진 이러한 이론은 《코리에레 델라 세라Corriere della Sera》의 한 기자가 1934년에 기록했듯이 나름대로 결실을 거둔다. "스포츠는 마침내 사회 내부에 존재하는 차이를 줄이고 사회에 평화를 가져왔다. 그 결과 오늘날 가난한 자들과 부자들, 노동자들과 지식인들은 같은 열정을 갖고 같은 체육관을 드나든다."[5] 이와 같은 열정에 제조업자들도 호의적인 관심을 기울였다. 무솔리니가 정권을 장악하는 데 크게 기여한 이탈리아 경영자들은 이제 민족적 애국심을 이어받아 기업 애국심을 발휘함으로써 파시스트 스포츠의 발전에도 적극적으로 참여한다. 이들 이탈리아 경영자들은 특별히 축구와 자동차 산업 분야(가령 자동차 제조업체 피아트의 소유주인 아녤리 가문은 이미 1923년부터 유벤투스 축구 클럽의 소유주이기도 하다)에서 눈에 띄는 활약상을 보였으며, 매번 굵직한 스포츠 행사가 치러질 때마다 이를 이탈리아 노동자들의 기술, 그들의 기업가정신과 연결 지었다. 그 결과 카레이서 주세페 캄파리의 알파로메오가 1925년 프랑스 리옹에서 거둔 승리, 그리고 역시 캄파리와 아스카리가 1925년 벨기에에서 거둔 승리에 대해 《아반티l'Avanti!》, 《우니타l'Unità》 등을 포함한 언론에서는 이탈리아 민족의 '노동자 기질'을 내세웠다. 승리를 이끈 두 자동차 경주 선수는 두말할 것도 없이 이러한 노동자 기질의 표본이었다.[6]

　파시스트 스포츠는 1930년대 내내 국내라는 울타리를 훌쩍 뛰어넘어 다른 나라의 찬사와 질투를 한 몸에 받으며 수많은 상을 휩쓴다. 나치 독일뿐만 아니라 인민전선 치하의 프랑스 역시 이론면에서나 실천면에서 이탈리아로부터 크게 영향을 받는다. 파시즘은 인류사에서 일시적인 현상, 스포츠 본연의 기능에서 잠시 탈선한 예외였다기보다 현대적인 대중 관리에서 스포츠가 갖는 아주 특수한 역할을 가장 잘 드러내 보인 체제 가운데 하나다.

오렐리

스포츠에 숨겨진 여성혐오

스포츠가 남녀평등을 실현할 수 있는 수단이라고 믿는다면, 그건 환상에 불과하다. 스포츠의 세계는 성별에 따른 불평등을 지지하고 이를 유지시켜 나가려는 속성을 보이기 때문이다.

* * *

스포츠가 대중들의 정신을 잠재우고 그들의 지갑을 홀쭉하게 만드는 동시에 얼마나 억압적인 가치를 전파하며 적극적으로 지배자들의 피지배자에 대한 지배를 공고히 하는지를 보여주는 사례는 너무도 많다. 제일 먼저, 언론의 집중 조명을 받는 상업적 스포츠는 성차별을 부추긴다. 이러한 스포츠는 가부장적이고 이성애異性愛적인 억압을 공공연하게 드러내기 때문이다. 좌우 구별할 것도 없이 여성해방에 반대하는 신보수주의, 지나치게 서두른 나머지 성불평등의 종식을 선언한 포스트페미니즘이 판을 치는 맥락에서 스포츠에 가해지는 일부 상투적 표현들은 아예 떡잎부터 잘라내야 할 판이다. 많은 사람들이 스포츠는 본질적으로 평등과 상호존중의 발현이라고 여기는데, 사실상 성차별이 가장 노골적으로 드러나는 분야가 있다면 바로 스포츠 분야다.

불평등을 자연적 현상으로 치부하는 스포츠

스포츠가 지닌 가장 비열한 특성 가운데 하나가 바로 이른바 여성의 자연적 역량에 대한 담론을 생산한다는 점이다. 때문에 여성들은 신체구조적 이유 때문에 남성들에 비해 지구력, 체력, 피부의 넓은 면적을 옷으로 덮었을 때 견디는 능력(이 때문에 여자 선수들의 운동복은 항상 남자 선수들의 옷에 비해 훨씬 길이가 짧고 몸에 더 달라붙는다) 등이 열등한 것으로 소개된다. 이처럼 스포츠는 남자와 여자가 동일한 종목의 경기를 하지 않으며, 혹시 동일 종목의 경기가 진행된다고 하더라도 경기장을 비롯해 규칙도 같지 않다는 점에서 성의 서열화가 이루어지는 특수한 공간이 된다. 예를 들어 여자와 남자가 테니스를 칠 경우, 눈에 띄는 차이점이 있다. 가령 남자 선수들은 3세트를 이겨야 승리를 거두는 반면 여자 선수들은 2세트만 이기면 승리가 확정된다. 여자 선수들은 치마를 입고 남자 선수들은 반바지를 입는다. 남자 선수들은 롤랑가로스처럼 권위 있는 테니스 선수권 대회에서 승리할 경우 여자 선수들보다 훨씬 많은 상금을 기대할 수 있다. 스포츠 분야뿐 아니라 노동현장에서도 똑같이 접할 수 있는 여성의 타고난 열등함에 관한 담론은 페미니스트

이자 민속학자인 콜레트 기요맹Colette Guillaumin이 '자연담론discours de la Nature'이라고 이름 붙인 것에서 비롯된다. 그녀에 따르면, "인간 개인에 대한 물질의 지배는 전유 대상의 물신화를 초래한다."[1] 그러므로 "신체적으로 전유된 자들의 신체적 특성은 그들이 감내해야 하는 지배의 원인이 된다."[2] 콜레트 기요맹은 여성 계급이 되었건 특정 인종집단(가령 흑인 또는 아랍인)이 되었건, "사람들은 자신이 행사하는 권력을 정당화하기 위해서 자연을 외친다"고 주장한다. 그러므로 지배자의 입장에서는 일부 집단(여성, 원주민 또는 서민계급)은 자연적으로, 태생적으로 그들에 비해 열등하므로 이들의 노예상태, 이들에 대한 착취와 지배는 얼마든지 정당화될 수 있다는 것이다. 해부학적 차이에 의한 성별이나 피부색과 같은 임의적 특성들에 기초한 일부 분리 현상을 자연 속에 용해시킴으로써 계층을 서열화하고, 불평등을 자연적 현상으로 치부함으로써 이를 강화하는 것이다. 요컨대 차이가 자연적이라면 그것은 첫째, 명백하고, 둘째, 돌이킬 수 없다는 것이다. 그런데 키나 기대수명 또는 체력처럼 '자연적'이라고 추정되었던 차이들이 사실은 사회적인 것임이 이미 널리 알려졌다. 여성들도 제대로 양육되고 길러진다면, 요컨대 남성들과 마찬가지로 사회화된다면[3] 남성들에 버금갈 만큼 근육을 키울 수 있는 확률이 늘어날 것이며, 실제로 이러한 믿음을 가질 만한 근거는 충분하다. 따라서 스포츠는 여성들의 신체적 열등성을 사회적으로 구축하는 역할을 하는 특별한 공간이라고 할 수 있다. 이러한 개념의 발단은 많은 사람들이 빅토리아 시대 영국 공립학교에서 시작되었다고 보는 스포츠 제도화의 발아 시점으로 거슬러 올라간다. 이들 학교에서 실시되던 조직화된 놀이들이 "경쟁과 야성, 신체적 지배를 높이 평가하는 남성성의 개념에 젖어 있었는데,"[4] 이런 가치들이란 모든 점에서 약한 존재이고 격렬한 신체적 활동에는 적합하지 않다고 여겨지던 여성들의 특성과는 배치되는 것이었다. 오늘날에도 당시와 마찬가지로 여성의 신체적 열등성에 대한 담론은 스포츠와 이를 보도하는 언론의 행태에 의해 지속되고 있다.

스포츠, 성차별의 파발마

스포츠가 지닌 또 하나의 특성은 기준을 생산해내는 역량에서 비롯된다. 스포츠는 특히 유형에 따른 기준(반드시 남녀 성별 유형에만 국한되지 않는다)을 끊임없이 주지시킨다. 운동선수들의 복장이나 태도가 기준을 제공할 수도 있고, 스포츠 중계자의 눈 밝은 해설을 통해서,[5] 또는 학교나 스포츠 애호가 클럽, 스포츠 교육자들의 태도를 통해서일 수도 있다. 예를 들어 체력이 강한 여자 선수에 대해 흔히들 '여성성'이 부족하다고 말하지만, 특정 화장품의 모델로 활약함으로써 자신들의 신체를 상품화하는 여성 테니스 선수들에게는 너그러운 태도를 보이는 식이다. 오늘날 여성은 얼마든지 적극적으로 스포츠를 즐길 수 있다. 단 여성이라는 유형의 전형에서 벗어나지 않는다는 조건하에서 그렇다. 이 기준에서 조금이라도 이탈할 경우, 그 여성은 공공장소에서 창피를 당하거나 무시당하는 수모를 겪을 위험이 상당히 높다. 때문에 대부분 여성 스포츠

선수들은 자신들이 확실히 여성(사회적 의미에서의 여성)임을 입증하기 위한 노력을 게을리 하지 않으며, 시합에 출전할 때도 보석을 착용한다거나 인조 손톱을 붙인다거나 화장을 함으로써 극단적인 여성성을 보여주려 애쓴다.[6] 성구별이라는 기준에 부합할 것을 종용하는 이러한 압력은 남성이나 여성이 스포츠 종목을 선택할 때에도 가해진다. 예를 들어 여자아이에게 럭비클럽에 가입하라는 권유는 거의 하지 않는다. 반대로 고전무용을 선택하는 남자아이는 동성애 성향을 '의심받을' 확률이 매우 높다. 바로 그 점이 제일 큰 문제라고 지적하는 평자들도 더러 있다. 이성애를 중심으로 하는 체제에서 이성애 중심적인 기준이 지배한다는 것이다. 따라서 스포츠는 이성애가 사회적으로 구축되도록 조장하는 특수한 공간(혹은 그 이상)이자, 페미니스트 이론가 모니크 휘티그Monique Wittig를 비롯한 일부 비평가들에 의하면 가부장적 지배를 보장해주는 공간이다. 스포츠 분야에서 나타나는 동성애 혐오는 남성성과 여성성 숭배를 통해서 "패권적인 남성성"의 구축, 다시 말해서 "지배적인 남성 집단의 이익을 위해 봉사하고 이를 유지하는 이데올로기를 공고히 함으로써 발현된다."[7] 이렇게 되면 다른 부류의 남성성(가령 동성애적이고, 백인이 아니며 가난한 남성성)은 주변으로 밀려나게 된다. 여자 동성애자들은, 언제나 그렇듯이, 눈에 보이지 않거나 성생활을 하지 않는 것으로 간주되며, 그들에게 이성애의 장점을 성공적으로 설득해줄 남성이 나타나기를 기다리는 사람들로 치부된다. 공식적으로 자신이 동성애자임을 밝힌 여성 테니스 선수 아멜리 모레스모는 이런 종류의 기사에 목말라하는 언론을 떠들썩하게 했으나, 그녀로서는 천만다행으로 마르티나 나브라틸로바의 전철을 밟지는 않았다. 나브라틸로바는 동성애 커밍아웃 이후 선수 생활 기간 동안 줄곧 심한 비난과 차별에 시달려야 했다.

스포츠는 과연 여성해방을 위한 도구인가?

임금노동이 여성을 해방시켰을 것이라고 보는 견해와 마찬가지로 스포츠 또한 여성을 이롭게 하는 해방과 사회적 변화의 도구가 될 수 있을 것이라는 주장을 심심치 않게 들을 수 있다. 우리는 과거 같았으면 남자아이들에게나 허용되던 스포츠를 선택하는 여자아이들이 점점 늘어난다거나 일부 여성 스포츠 선수들이 광고 활동 등을 통해서 거의 남성 선수들이 버는 액수에 버금갈 만한 천문학적 수입을 올린다는 사실 등에 박수를 보내곤 한다. 그런데 그러한 상황 인식이 내포한 함정을 경계해야 한다. 우선 여성들이 스포츠를 하게 되고 그로 인하여 과거에 남성들의 전유물로 여겨졌던 활동들에까지 점차적으로 활동영역을 넓혔다고는 하나, 그에 따른 결과로 엄격한 성별 구분이라는 기준이 바뀌었다거나 성별에 따른 사회적 관계, 성별에 고유한 서열 등에 대한 문제의식이 확산되었다는 증거는 아무것도 없다. 오히려 그와 반대로 일부 여성 스포츠 선수들이 보여주는 극단적인 여성성, 스포츠계에서 끈질기게 명맥을 이어가는 동성애 혐오 현상 등은 성별에 따른 사회적 관계가 다른 어느 때보다도 더욱 극명하게 나타났음을 입증한다. 뿐만 아니라 언제라도 페미니스트들의 투쟁이 빈틈을 보이기만을 엿보는 위험도 도사리고 있다. 사회학 교수 로버트 골드만Robert Goldman[8]이 "시장 페미니즘commodity feminism"이라고 명명한 이 위험은 상품화를 목적으로 페미니스트들의 요구 가운데 일부를 회유하는(물론 그 요구들을 탈정치화하고 모든 위험요소는 사전에 세심하게 제거한다) 것을 가리킨다. 그러므로 "여성들을 향한 광고 메시지들은 반대를 일삼는 페미니즘 운동을 미학적으로 탈정치화한 버전이라고 할 수 있다. 이는 말하자면 시장의 요구에 화답하기 위한 맞춤식 페미니즘인 것이다."[9] 스포츠 시장은 여성 스포츠 선수들을 공략함으로써 새 시장을 개척했으나 이는 여성해방과는 상당히 거리가 멀다. 여성들은 여전히 세계 자본주의와 여성 선수들을 후원하는 브랜드들에 의해 한층 더 알뜰하게 착취당하고 있다. 스포츠 세계 전체(스포츠 팀에서부터 이들을 응원하는 팬들과 광고주, 미디어에 이르기까지)가 시합 사이사이, 맥주잔을 주거니 받거니 하는 사이사이에 여성들이 수입되어 몸을 파는 것에 대해 침묵으로 일관했음을 상기해보라.[10] 스포츠를 마치 상대방에 대한 존중심을 가르치는 좋은 학교인 양 이야기하려면 어느 정도 뻔뻔함이 필요한 모양이다.

레티시아 드샤푸르Laetitia Dechaufour

스포츠는 당신을 복종하게 만든다

스포츠를 통해 젊은 층의 사회통합을 꾀한다는 것은 신화에 가깝다. 체육교육을 담당하는 세드릭은 사람들이 입만 열면 언급하는 존중의 이면에 복종이 도사리고 있다고 설명한다.

* * *

스포츠 활동은 게임 규칙과 시합 기구, 상대 선수 또는 상대 팀 소속 선수들 혹은 자기 팀 소속 선수들(집단 스포츠 종목일 경우)을 존중하는 가운데 승리를 위해 하는 훈련에서 시작된다. 물론 이와 같은 것들을 준수하지 않을 경우에는 피할 수 없는 결과가 따른다. '처벌'을 받게 되는 것이다. 이는 단순히 스포츠 논리이기도 하지만 일반적으로 우리 사회가 기능하는 방식이기도 하다. 일하고 성공하며, 법에 복종해야 하는 것이다. 그렇지 않을 경우 '교도소'행이다. 이러한 모든 가치들은 아주 어린 나이 때부터 스포츠를 통해 학습된다.

훈련은 아주 일찍 시작된다. 네 살만 되면 벌써 어린아이들은 일주일에 한 번 정도 훈련을 받고, 청소년기에 이르면 가장 뛰어난 사람들의 경우 하루에 두 번도 받는다. 훈련 시간 동안에는 기술, 체력, 전략, 심리(정신무장) 같은 스포츠의 아주 다양한 양상을 다룬다. 정확성, 성실성, 규칙성 같은 원칙도 배운다. 훈련의 목적은 목표치에 도달하기 위해 신체에 외력을 가하는 법을 익히고 이를 정당화하는 것이다. 이러한 훈련에서 벌써 우리는 노동의 세계에 발을 들여놓았다고 느끼게 된다. 그만큼 가치며 목표치, 체력적 강도, 성공에 이르는 정신상태 등 그야말로 모든 것이 고루 갖추어져 있기 때문이다.

어린이들은 어쩌면 자기들이 좋아하는 운동 종목을 스스로 선택하겠지만, 그럴 경우에조차 규칙은 마음대로 선택할 수 없다. 그 규칙이란 위에서부터 내려오는 것, 전통과 그 전통을 시대에 맞게 고친 것이기 때문이다. 우리가 선택하지 않았더라도, 또 때로는 정상적인 발달 상태의 어린이에게 적합하지 않다고 하더라도 규칙은 반드시 지켜야 한다고 우리 모두는 인정한다.[1] 중요한 건 어린이들이 이러한 자세를 스포츠라는 울타리를 벗어나 사회 전반에 투영하는 것이다. 우리는 이를 가리켜 스포츠를 통한 사회통합 또는 법에 대한 복종이라고 부른다.

존중이라는 단어는 스포츠에서 매우 중요하다. 스포츠의 모든 분야에서 아주 다양한 의미로 사용되기 때문이다. 규칙 존중, 설비 존중, 상대 존중, 같은 팀 선수 존중, 심판 존중, 코치 존중, 제도 존중 등. 때문에 존중이라는 단어가 복종과 동일하다는 생각이 들 정도다. 이러한 체제를 문제시한다는 것은, 비록 민주적 방식을 사용한다고 해도 상상조차 할 수 없을 지경이다. 모두가 (몇몇 예외는 있지만) 이 체제가 경직되어 있음을 인정한다. 그렇다고 이를 무시한다는 것은 더더욱 어불성설이다. 그랬다가는 곧 처벌이 돌아올 것이기 때문이다.

여기서 처벌이란 스포츠의 구조적인 면 전체와 관련이 있다. 집단 스포츠의 경우, 가령 선수 한 명이 훈련에 참가하지 않았다면 그 선수는 팀에서 제외된다. 스포츠 전반을 놓고 보자면, 선수 한 명이 스포츠 규칙을 어겼을 경우 스포츠와 관련된 벌이 떨어지고 그것으로 모든 것은 이치에 합당해진다. 조금이라도 정도에서 벗어나면 합당한 벌이 따르며, 이는 아무에게도 문제가 되지 않는다. 물론 스포츠에서 어떤 위치에 있느냐에 따라 몇몇 사람들은 슬그머니 규칙에서 벗어나기도 한다. 그런데 규칙에서 벗어났음이 확인되어도 당사자들이 벌을 받지 않을 때가 있다. 이 경우 누가 누구에게 영향을 받아서 그런 일이 가능한지 묻게 된다. 스포츠계에서 영감을 얻었을까? 아니면 사회로부터 아이디어를 얻은 것일까?

스포츠는 성인 시민을 길러내기 위한 수단이다. 학교를 비롯해 다른 많은 기관들과 마찬가지로 스포츠는 대중의 통제, 즉 이들에게 규칙에 복종하는 것을 가르치기 위한 초석이 된다. 스포츠는 또한 우리 사회에서 처벌, 곧 '철창행'을 정당화하는 아주 중요한 기능을 수행한다. 스포츠 한 번 해보지 않은 사람이 어디 있겠는가? 실수 때문에 벌을 받아보지 않은 사람이 어디 있겠는가? 이 같은 규칙과 그 규칙에 따른 처벌을 문제 삼는 사람은 매우 드물다. 스포츠는 젊은이들에게 그들이 선택하지 않은 규칙에 복종하는 법을 가르친다. 그 규칙들이 좋은지 나쁜지, 그런 것은 중요하지 않다. 스포츠를 통한 교육이란 "복종하라, 그렇지 않으면 처벌 받거나 배제될 것이다"로 요약할 수 있다.

이러한 체제에서 교육자의 역할은 매우 중요하다. 교육자야말로 스포츠의 이러한 기능을 재생산하고 이것이 지속되게끔 이끄는 역군들이기 때문이다. 사람들은 스포츠를 통합수단, 방향잡이가 되어주거나 벗어나서는 안 되는 한계를 지어주는 수단인 동시에 이 사회에서 살아남을 수 있는 조건들을 제공하는 수단으로 간주한다. 하지만 그건 잘못이다. 스포츠는 우리에게 사회의 모든 제약에 긍정적으로 응답하라고 가르칠 뿐이다. 이 사회에서 살아남을 수 있는 조건이란 단 한 가지, 복종뿐이다.

세드릭

우리에게 필요한 체육 교육이란

로랑Laurent은 파리 교외의 한 중학교에서 체육 및 스포츠를 가르친다.
그는 스스로를 스포츠교사라기보다 체육교사라고 간주한다.

* * *

당신은 학교 체육교육의 위상을 어떻게 보십니까?

로랑: 나는 학교에서 체육교육의 역할은 학교라는 울타리
안에서 신체를 단련하는 데 있다고 봅니다. 그런데 여기서 한
가지 분명히 해야 할 점은 학교라는 제도의 목표는 스포츠라
는 제도의 목표와는 구별해서 생각해야 한다는 점입니다. 나
는 학교 체육을 스포츠적 관점이 아닌 교육적 측면에서 접근
하려 합니다. 특정한 어떤 활동에 맞춰 (전문화) 신체를 단련한
다기보다, 모든 가능성을 염두에 둔 채 체력을 신장시켜가는

것이죠. 모든 가능성에 관해서는 상상에 맡깁니다! 요컨대 학생 각각을 전문화하기보다 타인과의 관계에서 자신의 신체를 인식하도록 이끄는 것이라고 할 수 있겠죠.

그런 철학이 강의 현장에서는 어떻게 구체화되는지 궁금합니다.

가령 두 가지 방식으로 강의를 구상할 수 있죠. 우선 스포츠의 모든 이미지(끝없는 노력, 순위 매기기, 절제 등)를 파괴하는 부정적 방식. 두 번째로는 긍정적 방식이 되겠죠. 다양한 여러 경험들을 통해서 가능합니다. 말하자면 스포츠에 대한 대안들을 제시하는 겁니다. 하지만 이 방법의 경우 학생들이 별로 좋아하지 않는다는 문제가 있습니다. 학생들에게 엄밀한 의미에서 스포츠 형태가 아닌 다른 형태로 자신의 신체를 사용할 수 있음을 가르치려면 엄청난 에너지가 필요합니다. 가령 나는 스트레칭이나 댄스, '전통놀이' 등을 가르치는데, 특히 이런 놀이들은 방과후학교나 방학 기간 중에 진행되는 캠핑 프로그램에서 많이 접할 수 있죠. 놀이를 통한 즐거움을 느끼게 하고, 사회화 과정에서 경쟁 위주의 스포츠와 다른 점들을 발견하게 합니다. 가령 중도에 탈락하는 자가 없고, 상대를 적이 아닌 친구로 간주한다는 점들이 대표적인 차이점이겠죠. 내 관점에서 보자면 스포츠의 경우, 시합 상대와 메달이 있는 한 나 아닌 타인은 적이 될 수밖에 없어요. 하지만 전통놀이의 잦은 스포츠화(규칙의 도입, 랭킹 결정 등)와 더불어 대안마저도 스포츠에 의해 회유되는 것 같은 느낌을 지울 수 없습니다. 부정적 방식을 통한 교육은 교수법적 환상 따위는 걱정할 필요 없이 진행됩니다. 전적으로 상상력에 의존하니까요!

놀이의 개념은 과연 중요한가요?

예를 들어 나는 전통놀이들을 제안합니다. 전통놀이는 같은 편이냐 적이냐의 논리에 토대를 둔 스포츠와 달리 매우 역설적입니다. 가령 전통놀이에서는 속임수가 난무하고, 상대방과의 관계도 일대일 대응관계라기보다는 삼각관계일 경우가 많지요. 내가 정한 타겟에 도달하기 위해서 이따금씩 '적'과 연합할 필요가 있습니다. 이런 식의 교육적 상황은 스포츠 논리를 심각하게 상대화하죠. 요컨대 이런 상황들은 교육적으로 훨씬 풍부한 내용을 담고 있다고 할 수 있습니다. 사회적 관계에서 훨씬 복잡하니까요. 전통놀이에서 규칙은 고정불변이 아니라 놀이가 진행됨에 따라 진화합니다. 스포츠와는 달리 속임수도 놀이의 일부분이고요. 스포츠에서야 속임수는 배제해야 할 것으로 간주되지 않습니까. 그런데 전통놀이에서는 속임수가 스포츠 논리에서처럼 폭력적이거나 놀이의 흐름을 왜곡시킨다는 의미로 작용하지 않습니다. 놀이를 전개하기 위해 사용되는 전략적 역할을 하는 거죠. 말하자면 창의적이라고 할 수 있습니다. 그렇기 때문에 이것이 교육적일 수 있는 거죠. 놀이에 참여하는 사람이 타인과 관계 속에서 존재하도록 해주고, 자신의 잠재력을 활용하도록 도와주니까요.

다른 교사들은 어떤 반응을 보입니까?

더러는 재미있지만 전혀 진지하지 않다고 합니다. 그런 교사들은 놀이보다는 노력을 해야 한다고 생각하는 거죠. 그들이 보기에 유일하게 진지한 것이란 스포츠뿐입니다. 그런 태도도 충분히 이해할 만한 것이, 체육교사들은 대부분 스포츠라는 단 한 가지 대상만으로 교육을 받았거든요. 남자들에게 댄스를 가르친다고 해도, 특정한 평가 형태에 집착하다 보면 어느새 스포츠 논리와 맞닥뜨리게 됩니다. 목표치 대비 효율, 실력, 생산성 등의 기준으로 평가가 진행된다는 말입니다. 교사들은 정신분열적 증세를 보일 때가 많아요. 머리로는 자신들이 가르치는 내용을 스포츠와 분리시키겠다고 하면서 실제로는 스포츠 외에 다른 것은 가르치지 않으니까요. 나 역시 이러한 모순을 일상적으로 겪습니다만, 다른 교사들과 달리 그래도 그 모순을 넘어서려고 노력하는 편입니다. 그런데 이런 태도는 흔히 이단으로 간주되어 손가락질 받기 일쑤입니다. 제일 신랄한 사람들은 비판을 전혀 받아들이지 못할 뿐 아니라 심지어 나 같은 사람들을 가리켜 "궤변가, 빈둥거리기만 하는 변태, 똥을 쌀 놈" 같은 막말도 서슴지 않습니다. 체육교사의 상당수가 회원으로 가입한 Snep(Syndicat national de l'éducation physique, 전국체육교육노동조합)이 스포츠 편향적인 자세를 고수한다는 점도 문제죠. 대규모 스포츠 행사가 열릴 때면, Snep에서는 집중되는 언론의 파도에 올라타고서 회원 모집에 열을 올립니다. 상부단체인 전국학교스포츠연합에 가입한다거나 스포츠에 대한 열광적인 관심에 편승하는 거죠. 한마디로 스포츠에 대해 비판적 입장을 견지하는 교사들은 힘의 논리에서 전적으로 열세에 몰려 있습니다. 그리고 대안을 찾아보자고 아무리 외쳐도 그 같은 물리적 요소는 절대 무시할 수도, 배제할 수도 없을 겁니다.

4

즐거운 여행?
관광이 문제되는 이유

2008년 9월에 발행된 오팡시브 14호 기획 특집

관광은 하나의 문명 현상이다. 관광은 세계가 산업화되고 도시화되면서 발전하기 시작했다. 관광은 교통수단의 비약적 발전, 서양 생활방식의 확산과 호흡을 같이한다.

오염되고 공격적인 사회에서 규격화된 작업 때문에 스트레스에 시달리며 억압받는 개인들은 치유라는 보상을 추구한다. 여행업계가 홍보하는 이상적인 세계, 산업화 사회의 폐해에서 비켜서 있는 세계가 그들을 잡아끈다. 개인들은 이국적인 것, 낯선 것에 대해 갈증을 느낀다. 그들은 환상 속에서 그려보던 원초적 순수함을 향유하고 싶어 한다. 하지만 관광산업이 파는 상품들이란 따지고 보면 결국 자신이 파괴하는 데 일조한 공간들이다. "관광객은 자기가 가고 싶었던 곳에 있을 수 없다." 바야흐로 세계가 상품으로 제조되기 시작하고, 도시는 박물관으로 변모하며, 농촌은 거대한 테마파크로 탈바꿈하는 중이니까. 자연이건 사람이건 모든 것은 소비된다. 신체와 공간을 취급하는 세계화된 시장이 확산되면서 더 이상 이러한 추세로부터 완전히 보호받는 지대란 존재하지 않는다. 오히려 어느 한 지역이 보호의 대상으로 여겨질수록 그 지역은 집중적 관심을 받으면서 사람들을 끌어들인다. 진정성이야말로 관광산업의 강력한 화두가 되었기 때문이다. 그렇기 때문에 원시부족들은 그들로 하여금 문화적 동질성을 상실하게 하고, 그들 사회에 돌이킬 수 없는 사회적 혼란과 무질서를 안겨준(막대한 자본 투입, 전통적 생산양식의 파괴, 탈농촌 현상 등) 장본인들에 의해 다시금 겉치레뿐인 민속의 허울을 쓰게 된다.

이처럼 관광산업이 야기하는 혐오스러운 폐해는 남반구에만 국한되지 않는다. 전 세계에서 이러한 폐해가 관찰되며, 그 흐름 또한 다양화되고 있다. 공간들이 벌이는 경쟁은 이미 세계화되고 있다. 각 대륙, 각국, 각 지방이 나서서 저마다 자기 영토 안으로 최대한 관광객을 끌어들이고자 각축전을 벌인다. 더러는 멋진 바다 같은 매력적인 자연을, 더러는 풍부한 문화유산을 파는가 하면, 더러는 관광객들을 혹하게 만들 만한 인공물들을 대거 신축하기도 한다. 이러한 '관광화' 현상은 영토의 전문화, 일종의 '단일경작문화'를 전개하며 이는 곧 사회의 파괴로 이어진다.

한편 이러한 상황의 부분적인 책임자이기도 한 관광객 자신도 교환 가능한 상품, 자신이 1년 내내 열심히 번 돈을 소비해야 하는 상품으로 전락한다. 관광객은 가장 싼 가격을 찾아다니며, 이렇게 함으로써 그는 돈을 절약하는 것이 아니라 더 많은 여행을 하게 되고, 따라서 관광객은 자신이 보고자 했던 것을 조금씩 더 파괴하는 데 동참하는 결과를 초래한다. 관광은 의심할 여지없이 포식자 사회와 밀접하게 연결된 현상이다.

관광산업의 실태

WTO(World Tourism Organization, 세계관광기구)는 관광을 "자신의 거주지가 아닌 곳으로 이동하여 최소한 사흘 이상 체류하는 것"이라고 정의한다. 그런가 하면 로베르 사전은 관광에 대해 다음과 같이 정의한다. "기쁨을 얻기 위해 자신이 거주하는 곳과는 다른 곳을 여행하고 주파하는 것." 이러한 정의는 확실히 대단히 광범위하면서 중립적이라고 할 수 있다. 관광이라는 단어가 존재하기 시작한 이래로 그 단어는 부정적인 뉘앙스를 풍겨 온 것이 사실이다. 관광객touriste이라는 단어가 프랑스어에 처음 출현한 때는 1816년이고, 관광tourisme이라는 단어는 1841년이 되어서야 등장했다. 우리는 휴가객과 관광객을 구분한다. 그러니까 관광객이 아니면서 휴가객일 수 있다는 말이다. 사회학자 장-디디에 위르뱅Jean-Didier Urbain은 "관광은 이동성과 불가분의 관계에 있는 활동"이라고 말한다.[1]

관광객으로 대접받기를 원하는 사람은 없다. 관광객이란 내가 아닌 타인이며, 나는 어디까지나 여행객voyageur, 무전 여행자routard,

방문객visiteur이다. 그만큼 여행자와 관광객은 뚜렷하게 구분된다. 이러한 이분법적 구분이 유효하다고 할 때, 관광이라는 표현을 가능하게 하려면 적어도 네 가지 조건이 결합되어야 한다. 첫째, 이국적 취향, 다른 문화에 대한 발견, 둘째, 본질적이지 않은 활동을 위해 지출할 수 있는 여윳돈, 셋째, 자유시간, 넷째, 안전이 보장되는 가운데 여행과 체류를 용이하게 해주는 커뮤니케이션, 교통수단 같은 인프라.

하지만 실제 현장에서는 사정이 이보다 훨씬 복잡하기 마련이므로 우리는 여행객과 관광객의 차이는 본질적이라기보다 정도의 문제가 아닐지 의심하게 된다. 관광이란 결국 여행의 민주화가 아닐까? 오늘날 관광객은 여행자와 크게 다르지 않다. 여행자는 말하자면 관광객에게 길을 열어주고 새로운 방식으로 여행하는 법을 발명해내는 사람이다. 그가 그렇게 길을 닦아놓으면 머지않아 관광객이 그 길을 따라 여행에 나서는 것이다. 그렇다면 여행자는 최초의 관광 촉진자라고 해야 하지 않을까? 여행자가 그토록 자신의 특권에 집착하는 것은 오로지 사회적으로 돋보이고자 하는 의지의 표명이 아닐까? 더구나 '여행사업가들'은 관광객에게 자신은 관광객이 아니라고 철석같이 믿게 해야 한다는 사실을 누구보다도 잘 간파하고 있다.

점점 산업이 된 관광

18세기에 영국의 젊은 부자들은 유럽 일주를 하곤 했다. 그들은 프랑스, 스페인, 이탈리아 등지를 방문했다. 이보다 덜 엘리트적인 관광은 19세기에 들어와서 서서히 발전한다. 관광의 산업화는 1841년 최초의 여행사 토마스 쿡Thomas Cook의 탄생과 더불어 시작된다. 관광산업의 발전은 사회의 산업화, 도시화, 그리고 교통수단의 비약적 발전과 궤를 같이한다. 초창기에는 철도가 중심 역할을 했다. 1919년 파리-런던 노선이 운항을 개시함으로써 비행기와 항공노선 또한 중요한 영향력을 행사하게 된다. 고속도로는 1924년 이탈리아에서 최초로 개통되었다.

프랑스에서는 1936년에 시작된 유급휴가를 통해 처음으로 노동자들이 바다를 발견하는 호사를 누렸다. 하지만 대중관광산업은 영광의 30년 시기에 들어와서야 비약적 발전을 거듭한다. 진정한 의미에서 도약은 1950년대에 들어와 부상한 사회적 관광이 관광 민주화에 일조하기 시작하면서 이루어졌다고 볼 수 있다. 처음에는 프랑스 국내 여행이 중심이다가 1960년대부터 스페인처럼 국경을 접한 나라들로 차츰 범위가 넓어졌다. 1970년대와 1980년대에 이르러서는 행선지까지 거리가 점점 길어졌고 항공교통의 이용도 늘어났다. 따라서 관광산업도 구조화되었다. 안내인이나 여행사의 수가 대대적으로 늘어났으며, 다양한 형태의 클럽이 생겨났고, 호텔, 공항 같은 인프라도 속속 건설되었다. 관광은 이렇듯 다른 것들과 다를 바 없는 소비재가 되었다.

확장가도를 달리는 관광의 현재 추세

관광은 석유산업이나 자동차산업을 제치고 세계 제1위의 경제
활동으로 부상했다. 전 세계를 통틀어 관광산업 종사자는 2억 명 정
도로 추산되는데, 이는 세계 일자리의 8퍼센트에 해당한다. 게다
가 관광 분야는 지금도 끊임없이 팽창하고 있다. 2006년 세계 관광
객 수는 8억 4,200만 명으로 이전에 비해 4, 5퍼센트 성장했으며,
WTO에 따르면 곧 새로운 기록이 나올 것이라고 한다.

2005년 7,600만 명의 관광객을 맞이한 프랑스는 세계에서 가장
많은 관광객을 끌어 모으는 나라로 등극했다. 스페인(5,600만 명),
미국(4,940만 명), 중국(4,650만 명), 이탈리아(3,650만 명) 등이 그
뒤를 바짝 좇는다. 2005년의 경우, 독일인들이 여행 중에 가장 많은
돈(7,270만 유로)을 쓰는 것으로 나타났으며, 2위는 미국인(6,920만
유로), 3위는 영국인(5,960만 유로)이다. 일본인이 3,750만 유로로 4
위를 차지했고, 프랑스인(3,120만 유로)은 5위에 머물렀다. 최근 몇
년 동안 방문한 관광객 수로 볼 때, 아프리카 대륙은 가장 높은 증
가율을 보였으며(2005년에 성장률 8.1퍼센트), 아시아-태평양 지역은
7.6퍼센트의 성장률로 2위에 올랐다.

관광은 확장 가도를 달리는 산업이다. WTO는 2020년에는 세
계 관광객 수가 16억 명(현재의 2배)에 육박할 것으로 추산하는데,
이 중 12억 명은 자신의 출신 대륙 안에서 움직인다. 가장 많은 관
광객을 유치할 것으로 보이는 세 지역은 유럽(7억 1,700만 명), 동아
시아-태평양(3억 9,700만 명), 아메리카(2억 8,200만 명)다. 아프리카

와 중동, 남아시아가 그 뒤를 따른다.

서양식 생활방식이 확산됨에 따라 관광 또한 성장을 거듭하고 있다. 가령 중국의 경우, 국내 관광객 수는 폭발적으로 늘어나는 중이며, 수많은 중국인들이 세계 곳곳을 방문하고 있다. 관광의 물결은 남반구에서 남반구로, 심지어 남반구에서 북반구로 거침없이 이어진다.

전체적으로 볼 때 굵직한 몇 가지 추세가 드러나는데, 휴가기간의 분산, 성수기의 분할, 한 곳에 머물지 않고 여러 곳을 돌아다니기 등이 대표적이다. 또한 몇몇 특정 형태가 유독 발전 양상을 보이기도 한다. 예를 들어 출장과 연계된 관광이나 의료관광(특히 성형수술 관련), 독특한 체험을 위한 관광(익스트림 스포츠, '뜨는' 곳으로의 여행), 섹스관광 등이 여기에 해당한다. 관광객은 크게 두 부류로 나누어볼 수 있는데, 먼저 저가 애호가, 즉 가격에 민감한 관광객들로 이들에게는 인터넷이 낙원이나 다름없다. 그리고 비용이 더 많이 들더라도 고급스러운 서비스를 요구하는 부류. 점점 더 많은 노인들(76퍼센트가 정기적으로 여행을 한다)이 관광을 즐기는 것도 빼놓을 수 없는 요즘의 추세 가운데 하나다. 따라서 노인인구가 관광산업에서 차지하는 비중은 그야말로 막강하다.

관광 분야 종사자들은 관광객에 대해서 "만족할 줄 모르는 일벌, 즉 모든 것에 호기심을 보이며 다른 어느 때보다도 지식수준이 높고 새로운 감성을 갈구하는 2006년의 고객은 여행하는 동안 그저 단순한 통과객으로 취급받기를 거부한다. 조급증에 걸린 박식한 자이건 어슬렁거리기 좋아하는 초심자이건, 좋은 게 좋은 거라는 식의 기분파이건, 스포츠나 극한 모험을 즐기는 자이건 모두가 예외없이 자신의 꿈을 최대한 실현시키기를 원하며, 따라서 자신만을 위한 맞춤 여행을 구상하고 이를 구현한다. 창의력으로 충만하고, 선택을 함에 있어서 지극히 까다로우며, 극단적으로 독립적인 오늘날의 관광객은 새로운 소비방식을 맛깔스럽게 음미한다. 새로운 지식 앞에서 탐욕스러우며, 가격과 안전 조건에 민감한 오늘날의 관광객은 웹을 통해 수 메가바이트에 해당되는 정보를 얻고도 만족할 줄 모른다. 그는 자신의 휴가를 망칠 가능성이 있는 사소한 불의의 사고를 무엇보다 증오하며, 윤리나 환경 문제에도 관심을 보이고, 스스로에게 즐거움을 선사할 권리, 스트레스와 오염으로 포화 상태에 이른 일상과 과감하게 결별할 권리를 당당하게 요구한다.[2]

세드릭 비아지니

순수함을 팝니다

사람들의 손을 타지 않은 비경, 외부에 잘 알려지지 않은 풍습을 지닌 원시부족, 온전하게 보존된 야생동물류, 진정성을 지닌 사람들과의 만남 등, 여행사에서는 우리에게 산업사회의 재앙이 아직 미치지 않은 청정한 세상을 판다. 관광은 어떻게 보면 이 세계에 대한 위생학자적인 비전을 제시한다.

*   *   *

휴가철 체류지에 대한 광고는 주로 일상을 탈피하는 데에서 오는 감미로움에 초점을 맞춘다. 관광상품은 우리에게 기분전환과 아울러 적당한 이국적 정취와 행복감, 태양과 여유로움, 일상이 배제된 웰빙을 제공하는 것을 주요 기능으로 삼는다. 요즘 들어 여행시장에서 새로운 논리가 부상하는데, 이는 주로 평균적인 서양인, 즉 오염된 도시 환경 속에서 시간에 쫓기며 사는, 공격적이고 스트레스에 시달리며, 좌절감으로 뭉친(그러면서 물질적으로는 여유가 있는)

사람들을 공략 대상으로 삼는다. 이들을 매혹시킬 무기 가운데 절대 빠지지 않는 것이 있다. 바로 순수한 자연(그리고 인간)을 향유하러 오라는 초대다. 그러기 위해서 "투명한 물", "XXL사이즈라할 만한 광대한 풍경", "멈춰버린 시간", "날것 그대로의 자연과 접촉", "현대사회로부터 멀리 떨어져 있는 지역이 지닌 매력", "자연과 조화를 이루는 기쁨"[1] 같은 표현이 난무한다. 이러한 미사여구들은 어떤 한 장소가 지닌 장점을 피력해야 한다는 상업적 필요성을 넘어 잃어버린 낙원에 대한 환상을 팔려 하는 인상을 준다. 장-마르크 망도시오Jean-Marc Mandosio(1963~. 프랑스의 수필가이자 논객—옮긴이)는 그의 저서 『생태학의 모호성Ambiguïté de l'écologie』에서 이처럼 천사 같은 비전을 서양에서 통용되는 자연관, 즉 자연은 우리와 분리된 전체라는 식의 개념과 연결 짓는다. "그가 자연을 이중으로, 즉 그의 안과 밖에서 모두 부정한다 하더라도, (인간은) 자연과 분리되지 않았던 시절, 인간으로서 자신의 위치를 확인하기 위해 자연과 맞서지 않아도 되었던 시절에 대한 향수를 간직하고 있다. 그 시절에는 모든 것이 순수했다."[2]

스스로를 뛰어넘어 공감하기

유럽 대도시에 사는 사람들에게 사막이란 정교하게 다듬어지지 않은 날것 그대로를 느끼게 하고, 기분전환을 할 수 있게 광대한 '처녀지'를 제공하는 상징적인 행선지다. 사하라 사막에서 일주일

동안 트레킹을 즐기는 상품은 극단적인 풍경을 접할 수 있는 시간
으로 판매될 뿐 아니라 거의 신비에 가까운 순간으로 포장되어 판
매된다. 순수성은 유일무이하며, 그 순수성과 맞닥뜨리는 사람들을
정화시키는 거의 마법에 가까운 힘을 지닌다. 그러므로 시들고 주
눅 든 서양인들은 '순수한' 환경 속에서 "세상으로부터 분리되어"
"스스로를 재충전하고" "새롭게 태어나며" "스스로를 뛰어넘어"
"자아를 활짝 꽃피운다." 이미 18세기에 여행길에 오르던 선구자적
관광객들 역시 건강 증진을 주요 동기로 내세우면서 온천도시나 해
양기후 또는 산 공기 등을 찾았다. 오늘날 유행하는 "민속전통에 따
른 각종 마사지"나 "조상 대대로 이어져 내려온 아름다움의 비법",
"트레킹-해양수 스파", "요가-돌고래와의 수영" 같은 프로그램은
건강 유지에 머물지 않고 그 이상의 무엇을 제공한다고 주장한다.
이러한 특별기획 상품들은 "자신의 발견", "내 몸과의 화해" 등이
앞으로 나아가야 할 방향임을 확인시켜준다. "순수한 자연"과의 접
촉은 우리 안에서 "진정한" 자연을 발견하고 싶다는 열망을 키우
며, 그 자체로 소비의 제단 앞에서 행해지는 해묵은 종교의식을 유
지한다.

　햇빛을 팔아먹고 사는 장사꾼들이 우리에게 제공한다고 주장하
는 순수성은 도덕의 분야에서도 유효하다. 이들은 고객들을 상대로
훈훈한 정이 오가는 원주민과의 우정 관계까지 들먹거린다. 그러한
관계는 돈을 매개로 하는 관계와 달리 왜곡되지 않았다는 것이다.
가끔 현지인들과의 목가적 관계가 여행사들의 패키지여행 프로그
램에 등장하곤 하는데, 이러한 프로그램들은 "특별한 기회", "강렬

한 인상을 남길 만한 순간들", 심지어 "방문지 원주민들과의 교감"
이라는 말로 소개된다! 우수아이아 여행사(프랑스 TF1 방송사의 자회
사)의 경우, 부탄의 매력을 다음과 같은 언어로 묘사한다. "1999년
에야 세계에서 가장 늦게 텔레비전을 도입한 나라", "전체 인구의
80퍼센트 이상이 농촌에 거주하며, 독실한 종교심을 지니고 있고",
"온화하고 호의적인 국민성을 지녔다." 이처럼 진정성을 지닌 "선
량한 미개인들" 앞에서 관광객은 여러 세기 전 만국박람회에 등장
한 인간 동물원 앞에 선 파리 시민 같은 흥분을 맛봐야 하는 걸까?

순진무구하며 관능적인 육체에 대한 환상

우리 시대의 관광객은 또한 식민시대적 상상력에 따라 극도로
성적인 측면이 부각된 '원주민'의 육체에도 눈길을 주라는 권유를
받는다. 여행지에 사는 현지인들, 그중에서도 특히 여성들은 신비
스러운 관능의 세계로 가는 문을 열어주는 환상의 대상으로 인식되
는 경향이 짙다. 우리는 순수성 담론이 인간에게 적용될 때 우생론
을 거쳐 파시즘에 이른다는 사실을 잘 알고 있다. 그러나 일부 섹스
관광객들은 '순수한' 육체, 즉 남반구 국가 여성들의 육체를 '소비
할' 선택권을 언급하면서 자신들의 행태를 정당화하기도 한다. 그
런 자들에게는 서양 국가 여성들의 "외모나 피부, 비만 문제"는 "타
락"을 의미한다. 북반구 출신 여성혐오자들도 빈곤한 국가 출신 여
성들의 도덕적 '순수성'은 높이 평가한다. 소비지상주의와 페미니

246

즘에 의해 타락한 서양 여자들의 결함에 비하면 남반구 여성들은 훨씬 순수하다는 것이 이들의 주장이다.

관광산업은 그것이 자양분으로 삼는 자본주의 이데올로기를 본 따 자신이 파괴하는 데 일조하는 것을 우리에게 팔고자 고군분투한다. 요컨대 관광산업은 관광의 부작용 따위는 염려할 필요가 없는 관광상품, 즉 뜻하지 않은 놀라움과 모험이 있는 단체여행, '진정성' 있는 인간관계 체험이 보장되는 여행, 안전하게 야생동물을 발견할 수 있는 여행을 판다고 장담한다.

오늘날에는 지극히 보기 드문 '명품'으로 취급되는 '순수성'이 대중적인 상품이 되는 순간, 우리는 "여가의 거품"을 걱정해야 할 것이다. 특정 장소에 "열대 정글"이나 "흰 모래가 깔린 해변", "원시 그대로의 강", "수백 년 묵은 원시림" 등을 만들어 놓는 인위적인 세계에서는 모든 것이 예속되고 통제된다. 공원 내 "물의 절대적인 청결함과 투명함을 유지하기 위해 매우 엄격한 위생관리를 하고 있음에 자부심을 느낀다"는 센터파크 측의 말처럼, 심지어 모래 알갱이 하나까지도 통제의 대상이다.

내일의 관광은 순수하지 못한 실재적인 것의 체험이 아닌 "질서정연하게 재구성되고 통제되는" 순수성 체험이 될 것인가? 그럴 경우, "삶의 질"에 집착하고 안전에 편집증적인 반응을 보이는 소비자들은 실존의 생동감이라는 차원을 단념해야 할 것이다.

레일라

조작된 모험을 여행하다

관광이란 지구를 경영하는 것이다. 말하자면 여행과는 완전히 반대되는 것이다. 구체적인 세계가 기호로 바뀌며, 가상적인 것이 실재적인 것을 대체하는 현실에 직면하여 아직 하나의 출구가 남아 있으니, 다름 아닌 정신이 야생상태로 회귀하는 것이다.

* * *

우리가 원하건 원하지 않건 길을 떠난다는 것은 일어날 법하지 않은 도피다. 이러한 인간의 충동은 이제 시대를 특징짓는 시류로 여겨져 진지하게 다루어진다. 그런데 여기에 다분히 장삿속이 끼어들다보니 정처 없는 방랑이라는 황금이 관광이라는 납덩어리로 변해 한없이 묵직해진다. 그러니 거두절미하고 우선 관광에 대한 정의부터 확실히 하자. 관광이란 직업적으로 제공되는 서비스, 접대가 되어버린 여행을 가리킨다.

가령 일주일 정도 사하라 사막을 걷고 싶은 사람이 있다면, 미리 짜인 일정을 구매하면 된다. 그런 다음 정해진 교통수단을 이용해서 행선지로 출발한 뒤, 여행사가 마련한 일정에 따라 산책을 즐기면 된다. 이론적으로는 여행사에서 구매한 상품에 모든 것이 미리 다 계산되어 있다. 다른 예를 들어보자. 이번에는 약간 더 복잡한 경우가 되겠다. 말을 무척 좋아하지만 가진 돈이 별로 없는 사람이 있다고 하자. 그는 산악지대 게르에 살면서 최저임금 정도로 생활한다. 이 사람은 평균적인 관광객(합성섬유로 만든 원색 재킷, 지나치게 많은 장비, 트레킹용 또는 왁스를 잘 먹인 장화 종류의 신발)과는 다른 모습을 하고 있다. 이 사람은 찢어진 청바지에 늘어진 털스웨터, 시선을 가릴 정도로 넓은 챙이 달린 모자, 밑창이 거의 닳아버린 군화 차림이다. 어느 날 이 사람은 짐 끄는 말 한 마리와 기마용 말 한 마리를 끌고 두 번째 프랑스 일주에 나선다. 첫 번째 일주는 그보다 몇 년 전에 마쳤다. 두 번째 일주를 위해 그는 건조한 날씨가 이어지는 여름에 출발한다. 도중에 그는 물을 구하느라 애를 먹는다. 저마다 자기 쓸 물을 확보하느라 골몰하기 때문이다. 하룻밤 묵을 곳을 찾는 일도 쉽지 않다. 울타리가 쳐지지 않은 장소는 드문데, 어느 누구도 하룻밤 묵어가라고 자기 집 풀밭 한구석이나 헛간 건초 더미를 선뜻 내어주려 하지 않는다. 그러면서 모두들 조금 더 가면 민박집이 나올 거라고, "거기 가면 필요한 걸 모두 구할 수 있을" 거라고 말한다. 이 사람은 두 번의 여행을 거치면서 바로 거기에 차이점이 있음을 깨닫는다. 무료숙소 제공이 아닌 상업적인 서비스 제공, 즉 주민들의 호의가 아닌 유료숙박이 대세로 자리 잡았음을 인정하게 된 것이다. 이제 여정은 유료 서비스로 촘촘하게 엮여 있을 것임을 염두에 두어야 하는 것이다.

대대적인 예속화

방랑을 즐기려면 그럴 만한 여유가 있어야 한다. 그게 아니라면 적을 만들거나 사유재산을 침해하는 것을 두려워하지 않아야 한다. 이렇듯 우리가 주의하지 않는 동안 세상은 폐쇄적으로 변해버렸다. 세상살이 체험은 거의 불가능해졌다. 방랑과 만남이 길을 가면서 물 흐르듯 자연스럽게 이루어지던 예전과 달리 이제는 누구나 거의 의무적으로 같은 행로, 다시 말해서 획일화된 경로를 밟고 (재)구성된 풍경 속을 거닐며, 모든 것을 돈으로 환산하는 것이 정석이 되어버렸다. 물론 막연히 예전이 좋았다는 식의 말을 하려는 게 아니다. 다만 현재 진행되는 변화를 분석해 그것이 우리의 실존에서 빼앗아간 것이 무엇인지는 알아봐야 할 필요가 있다고 생각한다. 우리는 세계를 생산하는 분위기 속에서 살고 있다. 다시 말해서 공간이며 만남, 발견과 체험 등, 모든 것을 모델화해 돈으로 만들기 위해 온갖 상상력을 동원하는 시대가 되었다는 말이다. 요컨대 이제는 삶이라는 것이 미끄럼 타듯 이 창구에서 저 창구로 옮겨 다니는 것이 되어버렸다. 관광 또한 이러한 추세에서 한 치도 벗어나지 않는다. 아니, 입으로는 답답한 일상으로부터의 도피니 원초적인 삶이 고스란히 보존된 곳의 발견이니 하는 감언이설을 늘어놓으면서 실제로는 이와 같은 상업화 추세를 그대로 따르고 있으므로 어떤 의미에서는 한층 고약하다고 할 수 있다. 관광은 우리의 꺾을 수 없는 욕망 위에 기만의 닻을 내린다. 체험이 현실적으로 어렵고 심지어 불가능해졌음에도 불구하고, 우리의 욕망은 그대로 남아 갈 곳을 찾아 방황한다. 그런데 욕망이 갈 곳은 점점 줄어든다. 수익성 모델이 발을 붙이지 않은 곳은 점점 사라져간다. 우리 시대의 이러한 특성은 여행자 정신을 정면으로 강타한다. 여행이라는 모험은 이제 촘촘하게 짜인 세계 속에서 끼어들 자리를 찾지 못하고 자취를 감출 위험에 놓였다. 이러한 대대적인 예속화 현상을 나는 '세계경영'이라고 부른다. 세계경영 추종자들은 자연산 연어보다 양식 연어를 선호하며, 효율적인 경영의 이름으로, 아니 자발적으로 삶이 펄떡거리던 곳에서 삶을 말살시킨 후에 그 삶을 보존하겠다고, 그 삶을 안전하게 수호하겠다는 명목으로 인위적인 삶을 '턴키방식'(키 하나만 돌리면 모든 설비가 작동한다는 뜻으로, 공급자가 일괄적으로 모든 서비스를 소비자에게 제공하는 것—옮긴이)으로 생산하고자 한다. 세계경영은 실존적 체험을 돈으로, 삶을 단계별로 거쳐가는 과정으로 바꿔놓기 위해 적용되는 경영의 전지전능함에 찬사를 보낸다. 이러한 경영은 우리 안에 남아 있는 욕망의 찌꺼기, 이론의 여지없이 인간 내부에 깊이 뿌리내린 모험과 일탈을 향한 욕망을 재배해 이를 완전히 반대되는 것으로 향하도록 조종한다. 이것이 경영이 지닌 묘미이기도 하다. 사전에 철저하게 조직된 모험을 파는 행위는 모험과는 정반대되는 것이지만, 그럼에도 환상은 여전히 유지된다. 환상이 현실을 대체하는 상황은 기발한 각종 조작이 성행하고 가상 세계가 무한대로 확장하는 우리 시대에는 아무도 문제라고 생각하지 않는다. 그런데 바로 이 점이 문제다. 개방되었다고 간주되는 세계가 사실은 모두의 무관심 속에서 금고만큼이나 확실하게 닫히고 있다. 반면 가상의 세계, 대체물로 가득 채워진 공간은 확대일로에 있으며, 이에 비례해서 우리의 체험 또한 점점 획일화되어간다.

가식이 판을 치는 세계

존재한다는 것이 하나의 사실이라면 산다는 것은 하나의 예술이다. 진정한 삶이 그래야 마땅하듯이, 관광으로 탈바꿈한 여행 역시 자기주도적이고 영적인 것이 아닌 노동과 하나됨으로써 의미를 건져 올리는 물질적 삶의 경제로 전락한다. 몇몇 외양과는 달리 관광이라는 여가에는 그 어떤 전복적인 스캔들도 숨어 있지 않다. 놀라운 것과 즉흥적인 것은 운이 아주 좋을 때에나 끼어들 여지가 있기 때문이다. 관광이라는 여가는 노동을 부추기며, 그것을 보장하고, 충분히 휴식을 취하고 응어리진 것을 풀어낸 후 더욱 편한 마음으로 다시 노동하러 돌아가도록 돕는다. 우리는 다시금 생산적 활동을 위해 우리 자신의 노동력을 팔 태세를 갖추는 것이다. 그래야만 우리가 누릴 수 있는 여가 선택의 폭이 넓어지기 때문이다. 관광은 노동자들에게 다른 어느 때보다도 훨씬 심각하게 오염된 물과 공기, 대지 안에서 적당한 거리를 유지해가면서도 삶의 질이라는 신기루에 조금은 다가서도록 도와주는 치유, 일종의 보상책이라고 할 수 있다. 삶의 질이라면? 내가 있는 곳에서 아주 멀리 떨어진 곳 또는 과거의 모습이 온전히 보존된 곳. 스트레스에 시달리는 도시화된 서양인들, 모든 것을 소비하며, 고유한 절망을 생산해내는 서구인들의 균형을 위해서는 이런 곳들이 필수적인 것으로 다가온다. 이는 바꿔 말하면 그만큼 서양인들이 뼈저리게 결핍을 느꼈다는 말이 된다. 물론 우리는 지금 여기가 아닌 다른 곳에서 우리에게 결핍된 것을 발견할 수 있는 능력이 있는 한, 그것을 견뎌낼 수 있을 것이다. 그런데 주민이 빈곤해지고, 체험이 황폐화되며, 화석연료가 부족해지는 현상이 거의 확실하게 현실이 되어가는 시점에서 그 능력이 문제가 된다. 우리는 앞으로도 오래도록 우리 식의 관광이 지닌 장점을 누릴 수 있을까? 우리는 앞으로도 오래도록 그런 식으로 주어지는 보상의 혜택을 누릴 수 있을까? 아마도 그럴 수 없을 것이다. 하지만 그것을 대체할 만한 새로운 형태가 곧 나타나서 우리의 꿈을 책임져줄 것이다. 그러니 안심하시라, 세계경영은 해결책을 찾아내고야 말 것이므로. 세계경영은 현실을 대신할 기호를 제시할 것이다. 장 보드리야르Jean Baudrillard는 그의 저서 『소비사회La Société de consommation』[1]에서 이미 택지 조성을 위해 마을 경계의 숲이 사라져버리는 현상을 어떻게 해결하는지, 가히 마법에 가까운 속임수 전략을 제시한 바 있다. 조성된 택지에 '푸른 숲' 또는 '아름다운 숲' 따위의 이름을 붙여주면 그것으로 간단하게 해결된다는 것이다. 하지만 이러한 환상이 어느 정도까지 먹혀들어갈 것인가? 어찌되었든, 보드리야르가 제시하는 사례는 다른 여러 다양한 상황을 상징적으로 함축한다는 점에서 의미심장하다. 실재적인 것을 대체하기 위해 사람들은 우리에게 가상적인 것, 곧 첨단기술을 자유자

재로 활용하는 우리의 엔지니어들이 구상한 완벽한 합성공간을 팔게 된다는 것이다.

경영 상상력은 개발 상상력과 어깨를 나란히 맞대고서 앞으로 진격한다. 하나가 틀을 만들면 나머지 하나가 이를 실제로 적용하는 식이다. 그 둘은 서로 힘을 합치면 못할 것이 없다고 믿는다. 심지어 우리가 사는 세계를 조직하고, 필요하다면 새로운 세계, 보이지 않으나 거스를 수 없는 기준에 의해 항상 더 새롭고, 완벽하게 관료주의적인 세계도 얼마든지 생산할 수 있다고 생각한다. 이렇게 해서 생산된 세계는 안전과 능력 중심, 상투적인 행복, 진보의 옷으로 치장한다. 그 정도가 지나치다 보니 그 안에서 참모습을 찾아내기란 쉽지 않다. 진정성을 지닌 것과 인위적인 것, 실재적인 것과 가상적인 것 사이에서 나타나는 기만이 기준을 흐려놓을 뿐 아니라 명백한 것을 지워버리고 그 대신 가식적인 것을 들이밀기 때문이다. 가식적인 것들은 점차적으로 원래 풍경과 원래 기억들을 잠식해 들어간다.

그리고 이것은 심지어 우리의 강력하면서 동시에 겸손한 원초적인 벌거숭이 상태, 이제 막 세상에 태어난 갓난아기가 갖고 있는 새로움, 모든 여행자가 간직해야 할 그 새로움마저 망각하게 만든다. 그런데 그 새로움이란 신중하면서도 대담한 체험을 통해서만 우러나오는 고유한 것이다.

태초의 상태를 유지하기 위하여

관광 일정은 모험심을 부추기기보다는 현실 순응적이기 마련이므로 화끈한 것보다는 미지근한 것을 선호한다. 이처럼 따분한 상황에서 탈피하려면 무엇보다도 의식에 빗장을 채워버리는 암묵적 조건에 저항할 수 있는 야성적 정신이 필요하다. 우리는 경이로운 곳으로 안내한다는 명분을 들먹이며 이 세상이 우리에게 장담하는 보편적인 지루함에서 결연히 멀어져야 한다(우리에게 아직 냉소주의와 빈정거림을 야기하지 않을 거라고 기대할 권리가 남아 있을까?). 그 경이로운 곳이란 결국 전 세계라는 차원에서 마련된 일종의 거대한 놀이공원 같은 곳에 불과하므로. 그것은 비닐 포장된 하찮은 것들, 엄청난 기술적 보철장치로 무장하지 않고서는 한 발짝도 내딛지 못하는 자들을 위한 인공물에 지나지 않으므로.

이 같은 미적지근한 상태와 결별하기 위해서는 어떻게 해야 하는가? 사람들이 우리에게 제공하는 놀이공원들을 벗어나 태양과 비에 대한 사랑과 그로 인한 불안을 뼛속 깊이 느껴보기 위해, 육체의 떨림, 맥없이 녹아버리지 않는 탄탄한 기쁨을 맛보기 위해서는 아마도 갓난아기와 같은 의식을 되찾아야 할 것이다. 그래야만 우리는 비로소 지극히 단순한 것들이 지닌 깊이를 함께할 수 있는 원초적 의식의 공간을 향해 나아갈 수 있다. 하지만 현 상황처럼 각종 보철이나 신기한 장치 같은 인위적인 것을 움켜쥔 자들만이 목소리를 높이는 혼돈의 소용돌이 속에서는, 이러한 정신의 야성화와 일시적으로 몸을 부르르 터는 개의 몸짓을 혼동해서는 안 된다. 여행이란 우리를 뒤흔들고 관통하며 우리 자신으로부터 뛰쳐나오게 만들어 이전보다 더 나은 모습, 한층 보편화된 모습으로 다시금 돌아가게 하는 위대함과 만나는 것이다. 이러한 여행은 인간이건 인간이 아니건 다양한 생명체의 종種이 소비자들의 비위나 맞추도록 조직한 상품 선전원이나 슈퍼마켓 수준으로 전락하는 것을 거부한다. 여행의 기술이 궁극적으로 삶을 한층 밀도 있게 살도록 도와주는 것이라면, 다양성을 지향하는 문화보다 오락숭배에만 몰두하는 이 시대는 그 같은 여행에 적합하지 않다. 그러니 우리에게 경박함이라는 옷을 입히고 우리에게 장삿속의 그물을 던지는 시류에 저항해야 한다. 이 세상이 끝나는 날까지.

로돌프 크리스틴Rodolphe Christin

해변의 바빌론

명망 높은 기술과학 비평가인 베르나르 샤르보노는 1969년에 출간된
『바빌론 정원Le Jardin de Babylone』[1]에서 산업사회가 어떻게 자연을 제
멋대로 유린한 후 그것을 조직화한다는 명분으로 아예 파괴해버리는
지 보여주었다. 그의 책에서 발췌한 아래 글은 관광이 자연을 예속화
하고 문화를 파괴하는 과정을 놀랄 만큼 통찰력 있게 분석하고 설명
한다.

* * *

현대사회의 구성원인 개개인은 순결을 좋아하므로, 어디든 발길 닿지
않은 곳이 남아 있다면 그 즉시 그곳을 범하려고 덤빈다. 게다가 민
주주의는 대중 모두가 그렇게 할 수 있어야 한다고 요구한다. 이러
한 추세 때문에 제일 먼저 피해를 입는 건 자연적으로 생성되어 명
맥을 이어오는 사회들이다. 전통에 따라 신성화된 민속의상과 춤이
이제는 토마스 쿡 여행사에서 제공하는 장식품으로 전락해버린다

는 말이다. 진정한 교외, 항상 가장 철저하게 붕괴되면서 때로는 가장 흥하기까지 한 대도시 외곽 교외는 드랑시(파리 근교에 위치한 주택도시—옮긴이)보다는 생트로페(프랑스 남동부 바르 주 동부에 있는 휴양지—옮긴이)에서 만날 수 있다. 왜냐하면 그곳에서는 거짓말이 아예 지역산업의 반열에 올라있기 때문이다. 비행기 덕분에 파페에테(프랑스령 폴리네시아의 수도—옮긴이)는 제2의 니스(프랑스 남부의 항만 도시로 유럽의 대표적인 휴양지—옮긴이), 아니 제2의 뇌유(프랑스 파리 외곽의 대표적인 부촌—옮긴이)가 되어버렸다. 아니, 그렇다면 왜 그곳에 가야 한단 말인가? 여행을 너무 쉽게 만드는 요소들 덕분에 여행 자체가 아예 무의미해질 지경이다. 기계와 대중을 피하기 위해서라면 차라리 맨해튼이나 루르 지방(독일 노르트라인베스트팔렌 주에 있는 도시—옮긴이)에서 휴가를 보내는 편이 낫다고 생각할 시대가 머지않았다.

오늘날 각종 명소들과 기념물들은 무심하게 흘러가는 시간은 물론 밀려드는 대중들에 의해서도 위협받는 처지에 놓였다. 가장 유명한 곳들은 방문 금지령이 내려짐으로써 자신들의 지명도를 인정받는 역설적인 현상이 나타난다. 너무 많은 방문객이 몰리는 바람에 라스코 동굴이 훼손될 뻔한 아찔한 경험을 하지 않았던가. 자연에 대한 동경은 자연이 점점 사라져감에 따라, 또는 그러한 동경이 자연의 소멸에 일조함에 따라 확산된다. 따라서 점점 더 많은 사람들이 점점 더 줄어드는 장소에 모이게 된다. 그러므로 우리는 정유·화학산업뿐만 아니라 관광산업으로부터도 자연을 보호해야 한다. 캠핑 활동이나 야생화 채집 등에 대해서 점점 더 엄격한 규정을 적용해야 한다. 그런데 캠핑활동이나 야생화 채집 등은 자연에 자유롭게 접촉하고자 하는 수요 때문에 생겨난 일종의 회귀 현상인데, 여기에 엄한 규제가 가해진다면 더 이상 존재할 이유가 없을 것이다. 기껏 여행을 왔는데 또다시 경비원이 감시하는 가운데 울타리 쳐진 구역에서만 맴돌아야 한다면 도대체 무엇 때문에 힘들게 도시를 피해 도피 행각을 벌인단 말인가?

산업사회는 본능적으로 이처럼 강력한 위협으로부터 자신을 보호한다. 선수를 치고 나가는 것이다. 그리고 이러한 포섭 계획에서 개인들의 협조를 얻는다. 일반적으로 자연에 열광하는 사람들이 자연의 파괴에 앞장서게 되어 있다. 이들의 탐사 여정은 그대로 고속도로의 밑그림이 된다. 그렇게 되면 자연을 구해야 한다면서 이들은 조직화된다. 이들은 독자적으로 위험을 무릅쓰며 길을 연다. 하지만 어차피 모든 개개인은 잠재적 주동자이므로 이들은 자연과 접촉하여 기분전환을 하고자 하는 대중들에게 자신들이 발견한 것을 알린다. 책을 쓰거나 기자 회견 같은 것을 열어 자신들의 고독한 취미를 공유하려 든다는 말이다. 고독한 항해자가 대중을 한자리에 모으는 데에는 그보다 더 나은 방법이 없기 때문이다. 자, 그렇다면 누가 기만한다고 봐야 하는가? 대중인가? 아니면 대중을 피한답시고 대기업 또는 나라의 자금을 지원 받아 산과 들을 누비고 다닌 인간 혐오자들인가? 안 가본 곳을 좋아한다면, 자선을 베출기 위해서라도 왜 그곳을 모두에게 알리지 않겠는가? 돈을 지불해가면서라도 알려야 한다. 먹고 살아야 하니까. 자연을 사랑한다면, 왜 그것을 업으로 삼아서는 안 된단 말인가? 예술을 사랑하는 사람들이 예술 행위로 먹고 살 듯이 말이다.

그런데 기업은 자기가 부리는 하인들에게 이유 없이 그냥 돈을 주는 것이 아니다. 사막을 사랑하는 사람은 사하라 사막의 몸값을 올릴 수 있는 회사를 만든다. 캠핑에 꽂힌 사람은 나이가 들어감에 따라 얌전해지면 자신이 예전에 찾아낸 적막한 해변들에 대한 남다른 취향을 이용해서 돈을 벌 궁리를 한다. 로스차일드 그룹과 손잡고 바닷가 마을을 건설하는 것이다. 아프리카 동물들의 매력에 흠뻑 빠진 사람은 2,000달러짜리 사파리 여행을 조직한다. 바쁜 경영자들이 숙소에서 직접 사자 사냥에 나설 수 있는 프로그램을 제안하는 것이다. 그가 급류의 굽이진 향방을 손바닥 들여다보듯 익히는 데 여러 해가 걸렸다면, 이제는 지침서를 펴내거나 안내원을 고용해서 처음 아프리카 대륙에 발을 딛는 사람조차도 그 열정의 과실을 따먹을 수 있도록 도와준다. 하지만 정작 그런 날이 오면 그 과실은 이미 자취를 감출 수도 있다. [⋯]

이렇듯 도시와 산업이 탄생시킨 것들은 산업과 도시에 의해 다시금 그 안에 편입된다. 현대사회의 적이 되는 것이다. 그렇다면 최초의 설립자는? 반동주의자란 말인가? 그렇다면 어떤 사람을 가리켜서 진보주의자라고 할 수 있는가? 자신이 섬기는 은밀한 그리스도교에 반기를 들고 스스로 이교도가 되려 하는 청교도라고나 해야 할까? 근대가 낳은 낭만주의자의 전형인 장자크 루소야말로 자연의 이론가이면서 혁명주의자로서 우리가 지금 말하는 모든 모순을 온몸으로 실현한 대표적인 인물이다. 그는 자연을 파괴하는 엔지니어이면서 그 자연을 찬미하는 고독한 산책자가 아니었던가? 이 두

가지 측면은 모두 인간, 게다가 동일한 한 명의 특정인에게서 표출되었다. 예를 들어 프랑스 전기회사의 최고 경영자가 자신이 타고 다니던 DS 승용차(프랑스의 시트로앵 자동차 회사에서 1955년부터 20년 동안 생산해낸 일련의 자동차 모델—옮긴이)를 세워 놓고서 레스쿤 폭포가 사라졌음을 진심으로 애도하는 장면을 상상해보라. 그는 이곳에 시찰 나온 것이 아니라 휴가 중임을 명시할 필요가 있다.

이렇듯 조직화에 대한 반작용이었던 자연을 향한 호감은 결국 조직화로 귀착된다. 자발적 열정이 학문으로, 기술로 변하고, 놀이는 이익 또는 권력의 추구로 변질된다. 같은 이치로 여가는 노동이 된다. 이렇게 되면 자연은 중공업으로 변신하며, 친구들끼리의 모임은 서열이 엄격한 기업 이사회로 탈바꿈한다. 그런 기업의 대표이사는 다른 대표이사들이 연미복을 갖춰 입듯 원주민처럼 간단히 아랫도리만 가리거나 수영복 차림으로 회사를 지휘한다. 마지막 남은 해변이나 숲의 공터마저도 도시로 변해버린다. 자연은 반反자연으로, 사회로 귀착한다.

인공낙원

사회는 옴치고 뛰지도 못할 정도로 빡빡하게 합리화된 노동현장과, 행복 그리고 인간의 육체와 정신의 자유에 대한 모든 갈망이 잔뜩 억압된 여가 장소 사이의 이분법에 토대를 둔다. 그런 사회가 안고 있는 폐해를 적나라하게 드러내는 것이 바닷가나 산이다. 일상적인 노동의 시간과 휴가의 시간을 명확하게 구분하는 이러한 이분법은 휴가가 이루어지는 곳에서조차 확실하게 드러난다. 노동자계급과 여름휴가를 보내는 부르주아 계급이 벽 하나 사이로 갈라지는 것이다. 휴가지의 원주민은 휴가객들이 그들의 노동현장에서 어떤 한 해를 보내는지 알지 못하기 때문에 그만큼 더 철저하게 이들로부터 이득을 취하려고 한다. 다시 말해서 휴가지 원주민 자신은 가난한 자이며 그곳에서 휴가를 보내는 외지인은, 비록 그가 르노 자동차 공장에서 일하는 단순 노동자라고 할지라도 돈을 물 쓰듯 쓰는 백만장자라는 이분법이 성립한다는 말이다. 휴가지 원주민은 건방진 외지인의 부패와 낭비벽을 경멸하며, 따라서 휴가객들이 등을 돌리자마자 이들의 순진함을 비웃는다. 원주민들이 외지인들에게 보여주는 예의바른 태도 뒤에는 그 장소의 진정한 주인으로서의 동질감이 빚어내는 보이지 않는 벽이 세워진다. 해수욕을 즐기는 휴가객은 원주민의 탐욕스러운 장삿속을 경멸하면서도 외지인이 하는 일 없이 빈둥거리며 휴가를 즐긴다는 죄의식 때문에 동네 어부들만 보면 괜스레 미소를 짓고, 원주민들이 주로 찾는 술집에도 자주 출입한다. 하지만 뱃사람들의 술집에 해수욕객들의 출입이 지나치게 잦아지면 뱃사람들은 다른 곳으로 옮겨간다. 그러면 해수욕객들 덕분에 돈을 많이 번 술집 주인들은 그 술집을 클럽이나 카페로 바꾼다. 휴가철이 끝나갈 무렵이 되면 원주민들은 원래 자기들의 장소였던 곳을 떠나가는 외지인들을 후회와 안도감이 교차하는 복잡한 심경이 되어 바라본다. 10월은 휴가지 주민들이 머릿수와 돈으로 그들의 영역을 침범해 들어왔던 외지인들에게 복수를 하는 달이다.

원주민과 외지인의 대립 문제는 해변 휴양지를 식민지 사회와 유사하게 만든다. 식민지 사회에서도 역시 산업사회의 영향력이 전통사회를 파괴했기 때문이다. 침략자들은 우선 해변에 교두보를 마련한다. 그들은 원주민들에게 원래 헥타르 단위로 거래되던 농지들을 평방미터 단위로 사들임으로써 주민들을 다른 지역으로 내몬다. 그런 다음에 그들은 해안으로 난 길들을 따라 점점 내륙으로 들어가면서 그 길들에 아스팔트를 깔아 자동차들이 손쉽게 다닐 수 있도록 정비한다. 도중에 숙식을 겸하는 시골 주막이라도 발견하면 즉시 그곳을 접수한다. 숙박만 가능할 뿐 식사는 불가능한 곳이라면 거기서 멈추지 않고 좀 더 멀리 나아간다. 이런 작업은 처음에는 자연을 열정적으로 좋아하는 자들, 진정한 자연 애호가들에 의해 게릴라식으로 이루어진다. 그러다가 배우나 예술가, 기자 같은 유명인사들이 무리를 이끌고 등장한다. 그러면 이제 정복은 완전히 끝난 것이다. 이렇게 되면 생트로페를 발견한 척후병들은 팡플론 해변에서 라갸르드-프레네(프랑스 바르 주 내륙에 있는 지역—옮긴이)로 옮겨가는 수밖에 없다.

이들이 점령한 지역은 겉보기에는 모든 것이 더할 나위 없이 유유자적해 보인다. 그렇다고 해서 피폐해지지 않은 것은 아니다. 풍경은 해체되고 철조망으로 조각나며 머지않아 벽이 세워진다. 전통적인 주거지는 자취를 감추고, 그곳 주민들, 그들의 풍습과 미덕은 제철공업단지가 들어설 때보다도 더 확실하게 사라져버린다. 도시 교외의 관광단지는 사회적으로 완전히 황폐한 지대다. 말하자면 꽃으로 치장한 해골이라고나 할까. 그러한 지역은 인파가 들끓거나 텅 비거나 둘 중 하나다. 겨울이 되면 바람소리만 을씨년스럽게 들리는 죽은 곳이다. 그런 곳에 유일하게 생명을 불어넣는 것은 돈이다. 지옥이란 거짓으로 가득 찬 에덴동산, 그러니까 1년 중 한 달 동안만 현대 인류가 진정한 삶이니 뭐니 하는 코미디를 연출하는 인공낙원과 다르지 않다. 페인트로 그린 하늘에 전기장치를 통해 빛을 뿜는 태양, 악마들이 콧등에 핑크빛 종이 가면을 얹고 쇳덩어리로 만든 날개에 흰 종이로 만든 깃털을 달고 다니는 곳. 모델들이 하느님 대접 받는 가짜 에덴동산.

거짓과 절망으로 가득 찬 곳. 온갖 소음과 인파들 때문에 정신을 차릴 수 없을 정도라면, 차라리 공장이나 사무실에 있는 편이 낫지 않을까? 꽃이 만발한들 그것이 무슨 소용이겠는가? 어차피 플라스틱으로 만들어진 데다 낱개로 파는 꽃인데 말이다. 미소를 지은들 무슨 소용이겠는가? 내가 돈을 지불했기 때문에 의무적으로 지어보이는 미소에 불과하니 말이다. 이 악몽 같은 곳에서 나는 무얼 하려는 걸까? 나에게는 마르지 않는 샘물과 내 다리에 타박상을 입히는 바위가 필요하다. 나는 내가 증오하거나 사랑할 수 있는 사람들 사이에서 아등바등 살고 싶다. 나는 매일 그렇게 살고 싶다. 놀이에 대한 나의 갈망은 너무도 크기 때문에 그까짓 기만적인 여가로는 도저히 충족될 수 없다. 나에게 필요한 놀이라면 노동하는 가운데에서 찾아야 한다. 나는 무기력하지 않다. 나는 분명 살아 있으며, 구경꾼이나 배우가 아니라 내 삶의 주인이다. 나는 무대장치를 허물어뜨려야 한다. 그래야 만들어진 형태나 색채들이 주는 환상을 뚫고 그림으로는 그려지지 않는 것, 어설픈 대사로는 말해지지 않는 것, 진실, 현실 …… 자연이라는 외침에 합당한 것에 다다를 수 있다!

베르나르 샤르보노

관광하러 오지 마!
고향에서 살고 싶은 사람들

관광이 사회조직이나 사유 부동산, 지역주민들의 가치관 등에 초래하는 결과는 거의 재앙에 가깝다고 할 수 있다. 농부들의 농업활동이 붕괴되고 있는 바스크 지방의 경우가 대표적이다. 쉴Soule 지역 투기 반대 모임의 회원인 피에르 비슬레르Pierre Vissler가 1990년대 상황을 분석했다.[1]

* * *

무슨 수를 써서라도 지역을 개발해야 한다는 논리는 산업화와 도시화로 인한 심각한 사회변동에서 기인한다. 빈곤화와 주민들의 이주로 인한 공동화空洞化를 막기 위해 지역 엘리트들은 다른 지역과 경쟁을 선언하고 자신들이 사는 지역을 매력적으로 만들려고 한다. 이는 물론 주민들의 뜻과는 배치된다. "이 지역에서 새로이 주택이나 토지를 구입하고자 하는 자들은 어느 면에서 보아도 이전부터 줄곧 그곳에 사는 주민들과 운명을 공유하지 않는다." 피에르 비슬 레르는 바스크 지방 술 도道의 사례를 통해서 관광개발이 어떤 식으로 그 지역이 지녔던 농촌으로서의 정체성과 지역 단위 생활을 파괴했는지 보여준다. 요컨대 이곳에서는 진정한 의미에서 계층 갈등 현상이 나타났다. 가장 부유한 자들이 별장을 사들여 부동산 가격 폭등을 주도함으로써 가난한 자들은 대대로 자신들의 삶의 터전이었던 곳에서 그대로 눌러 살 수 없게 된 것이다.

* * *

현재로서는 인구 증가가 아니라 별장에 대한 수요가 술 도의 주택가격 상승을 유도하는 주요 요인이다. 해안가 지역과는 달리 이 지역은 인구가 줄어드는 상태인데, 적정보수를 받을 수 있는 일자리가 부족한 것이 그 이유로 지목된다. 그럼에도 엄청난 집값 상승 압박이 계속되는 것은 타지인들이 지불하려는 가격이 원주민들의 경제력에 비해서 턱없이 높기 때문이다. 타지인들이 기가 찰 정도로 높은 가격을 제시함에 따라 손쉽게 큰돈을 벌 수 있다는 분위기가 형성되고, 그렇게 되자 재산 양도 과정에서 암묵적으로 지켜져오던 관습이 뿌리째 흔들리면서 세입자들이 거리로 내몰리게 되는 것이다. 자신들이 잠재적으로 100만~200만 프랑 혹은 그 이상의 가치가 있는 부동산을 소유하고 있음을 인식하게 되면, 부동산 소유주들은 자신들이 처한 사회적 환경을 소홀히 한 채 오로지 더 많은 돈을 벌 궁리에만 골몰하게 된다. 이처럼 예전에는 볼 수 없었던 새로운 맥락에서라면, 농부의 자식은 농사일을 물려받기가 쉽지 않다. 지가 상승으로 인한 차액까지 요구할 것이 분명한 토지 권리 소유자에게 지불해야 할 비용을 생각한다면 말이다. 자기 토지를 마련하여 그 땅에서 농사를 짓겠다는 계획을 가진 이라면 그 꿈을 이루기가 거의 불가능하다고 봐야 한다. 그러므로 서둘러서 이와 같은 악순환의 고리를 끊지 않는다면, 다른 곳에서 이미 현실이 되었듯이 술 도에서도 농부들은 자취를 감추게 될 것이다.

절망과 관광, 관광과 절망

이제 많은 농부들은 그들이 경작을 계속할 수 있다거나 그것으로 가족의 행복한 삶이 보장되리라고는 생각하지 않는 듯하다. 그와 같은 체념이 만연해진 중요한 원인으로는 확실히 젊은 세대들이 농사와 농촌식 생활양식을 기피하는 경향이 있다는 점을 꼽을 수 있을 것이며, 이는 유구한 세월을 이어오던 농업의 종말을 예고한다. 오랜 세월 대대손손 계승되어오던 활동의 종말. 과거에는 다양한 임무를 함께 수행하던 공동체적 활동이면서 동시에 식량 자급까지 보장해주던 농업이 이제는 고독하고 단조로운데, 기계화되었음에도 이전에 비해 더 고단한 작업이 되어버렸다. 그 정도는 아닐지라도 최소한 지속적으로 부단히 노동력을 투자해야 하는 데다, 은행, 상인들과의 연관성이 높아진 관계로 과거에 비해 훨씬 독립성이 떨어지는 활동이 된 것이 사실이다. 그러므로 농촌에서 자라나는 아이들 앞에는 예전에 비해 훨씬 덜 매력적인 미래 청사진이 놓여 있는 셈이다. 이 아이들은 어린 시절에 공동체적인 화기애애함보다는 공장 작업에 가까운 노동 리듬 때문에 스트레스에 시달리는 부모, 심신의 여유라고는 없고 자신들이 하는 일을 자손들에게 물려주려는 열정도 보여주지 못하는 부모를 보며 자라났다. 따라서 이 아이들은 매우 역설적이게도 기꺼이 임금노동자가 되는 길을 택한다. 이러한 추세는 권력과 권위를 상징하는 인물들에 의해 구축되고 명맥을 이어가는 복고적이고 상투적인 농업 이미지, 거의 모든 미디어가 그대로 답습하여 전파하는 그 이미지 때문에 한층 더 악화된다.[2] 이러한 부정적인 이미지 때문에 농업은 집단 상상력 속에 끼어들 여지가 거의 없다. 프랑스, 나아가서 유럽 차원, 아니 세계 차원에서 보자면 오직 기업화된 농업agrimanagement만이 수출품을 생산해낼 수 있고, 따라서 강력한 경제 파워로 작용할 수 있기 때문에 관심의 대상이 된다. 이에 따라 정책결정권을 가진 자들은 원하는 것을 얻는다. 이를테면 경작지의 수를 줄이는 대신 경작지당 면적과 생산량은 늘리는 식이다. 지역 차원에서 볼 때, 해당 지역의 정치인들 역시 농부들의 미래를 그들보다 밝게 본다고는 할 수 없다(물론 선거철에는 여전히 농부들을 위한 푸짐한 공약 보따리를 내놓는다). 그 이유는 그들이 농업의 영속화를 보장할 수 있는 정책에 대해 전혀 성찰하지 않으며, 밑바닥부터 사다리를 밟아 올라가면서 차츰 권력에 맛을 들이다보니 자신들의 뿌리마저 망각하는 처지가 되었기 때문이다.[3] 농촌을 대표하는 국회의원들이란 높은 곳에서 내려오는 지시를 현장에 적용하는 다리 역할만 할 뿐이다. 그러므로 농부들은 서서히 막을 내리는 세상에서 살고 있다는 고통스러운 감정을 떨쳐버리기 힘들다. 쓸데없는 것, 아무런 효용가치가 없어 보이는 것을 자본(교환가치)으로 변모시키는 것은 금방이라도 금으로 변할 화금석을 발견하는 것이나 마찬가지다! 값으로 환산할수 없을 이 돌덩어리를 갖고 무엇을 할지 잘 모를지라도 일단 모든 것을 가능하게 해주는 것, 즉 돈을 양 손에 움켜쥐고 있다는 뿌듯함 만은 만끽할 수 있다. 농부들이 농사를 지어온 기나긴 세월 동안 줄곧 농지를 넓히기 위해 분투했음을 고려할 때, 이들이 현역에서 은퇴하는 시점에 그 농지를 그곳에서 아직도 계속 농사를 지으며 앞으로도 그렇게 해야 할 이웃 사람들에게 넘기는 것은 지극히 당연하면서도 정당한 것으로 보인다. 집과 농지의 분리는 그만큼의 생활 터전을 사라지게 만든다. 농사를 짓겠다는 지원자들, 농업이라는 운명을 선택하여 행정적으로 "가족 형태를 벗어난 부류"로 분류되는 자들 앞에서 농업으로 가는 문이 닫혀버리는 것은 다 이런 이유 때문이다. 예전에 농장이었던 곳에 들어선 주거지, 따라서 반드시 그런 것은 아니지만 대체로 농지와는 분리되어 있는 공간들이 주로 높은 매매 가격을 기록하는 곳들이다. 최근에 대두된 이러한 현상이 우리 지방을 심각하게 불안하게 만들고 치명적인 위험에 처하게 한다.

술 도는 면적이 760평방킬로미터이며, 현재 그곳에 거주하는 도민의 수는 1만 4,000명을 밑도는 까닭에 모든 정보는 순식간에도 전체로 퍼진다. 몇 해 전 매우 높은 가격대에서 한두 건의 주택 매매가 성사되면서, 그 후 이루어진 모든 거래에서는 그 가격이 기준이 되었다. 좀 더 구체적으로 말하자면, 4, 5년 전만 하더라도 30만에서 50만 프랑 정도면 집을 한 채 구입할 수 있었으나 요즘 들어서는 그런 가격은 거의 찾아볼 수 없다.[4] 그저 아주 규모가 작은 농지나 헛간, 열악한 상태의 주택 정도만 그런 가격대에서 협상이 진행된다. 월세가 비싸지 않은 주택들은 매매로 돌아섰고, 따라서 그곳에 살던 세입자들은 쫓겨났다. 주거용 주택과 헛간, 경사지 몇 헥타르 정도 등을 포함하는 농장의 경우 150만에서 250만 프랑 정도에 매물로 나온다.[5] 이 정도면 농부들은 감히 넘보기도 어려운 액수다. 그 정도 규모의 농장이 벌어들일 수 있는 수입과의 격차가 그만큼 크다는 말이다. 반면 그 정도 액수는 진정한 삶을 열망하는 부르주아 또는 그처럼 돈이 많은 사람들을 대상으로 관광사업을 계획하는 사람들이 투자하기에는 무리 없는 액수다. 이렇듯 모더니즘이 항상 경멸해온 것, 모더니즘이 늘 파괴하지 못해 안달한 것은 일단 제압당하고 나자 모더니즘의 열렬한 추종자들이 선호하는 장소로 둔갑했다. 농장과 거기에 딸린 창고, 또는 낚시꾼들을 위한 항구와 자그마한 어촌 주택들은 전통적으로 그곳에 살던 세입자들을 내보낸 다음 '트렌디한' 휴양공간으로 탈바꿈한다.

그런데 풍부한 자금력을 가진 이들 새로운 구매자들은 도대체 마술사의 어떤 모자 속에서 튀어나왔을까? 그리고 또 왜 하필이면 지금 나타나는 것일까?

일자리 감소와 주민 이탈로 인한 동요에 맞서서 해당 지역 국회의원들은 자기들이 실제로 뭔가 한다는 걸 보여주어야 한다. 바스크 지역이 안고 있는 고질적 병폐는 제국주의적 정책이 그 지역만의 고유한 역사를 이어가는 것을 방해해서 나온 결과다. 그럼에도 정책결정자들은 개발이 모든 문제를 해결해줄 것이라는 철없는 분석을 내놓는다. 그들이 제안하는 개발이란 모든 수단을 동원해서 농촌을 도시의 주요 교통 요지와 연결시켜 도시 접근성을 높이는 것, 농촌을 도시 주변 경제 흐름 속으로 편입시키는 것이다. 이와 동시에, 이 또한 동일한 논리에 따른 귀결이 되겠지만, 공장이 계속 폐쇄되는 것에 대한 대응책으로 관광을 꼽는다. 관광이야말로 새로운 황금알을 낳는 닭, 다시 말해서 새로 발전시켜야 할 경제 분야라는 것이다.[6]

지금까지는 해안을 따라가며 늘어선 기라성 같은 도시들과 그 도시들의 그림자 속에 가려서 프랑스 남서부와 남부 바스크 지역을 제외하고는 그다지 알려지지 않았던 술 도는 앞으로 관광객들과 산업시설 유치를 위해 많은 비용과 노력을 투자해야 할 것이다. 이러한 노력에는 우선 돈이 많이 들며 환경을 황폐하게 만드는 도로 건설, 타당성 조사 등을 비롯하여 이에 못지않게 비용이 많이 드는 각종 용역 임무, 대대적인 광고 캠페인(관광 안내 유인물 제작, 인터넷을 통한 홍보 등) 등이 포함된다. 노골적으로 상업적인 이러한 사업의 목표는 다음과 같은 광고문구로 요약될 수 있다. "당신이 원한다면 술 도는 당신의 것!" 만사 제쳐놓고 당신을 맞이할 준비가 되어 있는 곳, 신비한 언어를 사용하는 신화적인 부족의 선량한 유령이 배회하는 고장이 두 팔을 벌리고 그곳에 돈을 떨어뜨려줄 사람들을 기다린다. 술 도는 그 대가로 그들에게 자신이 지닌 모든 매력을 제공할 것이고, 이 계획은 순조롭게 진행될 것이다. 적어도 십여 년

전에 합리화 작업을 진행한 관광 분야에서는 낙관할 수 있다. 그리고 산업 분야에서는 부분적인 성공을 기대할 수 있다. 어려움을 겪는 기업을 일시적으로 사들이거나 청산하려는 자들이 줄을 설 것이기 때문이다. 처음에는 서서히, 그러다가 점점 더 빨리 우리 지방은 생산품으로 변하면서 매력 있는 대상으로 부상할 것이다. 특히 지방 곳곳, 적당히 고립된 기가 막힌 위치에 자리 잡고 있으면서 아름다움을 뽐내는 대저택들은 군침 도는 휴양지로 각광받을 것이다.

이러한 모든 동향은 일자리에 관해서는 그저 막연하게 증가할 것이라는 추측만 하는 반면, 부동산 가격만큼은 확실하게 끌어올렸다. 부동산 가격이 급등할 조짐은 최근 6년 동안 줄기차게 감지되었고, 특히 2002년 이후 심각하게 악화되었다. 하지만 이 상황이 부동산 개발업자들에게는 실패라고 할 수 없는데, 상거래가 늘어났다면 성장이 동반되기 때문이다. 반면 이러한 재앙적 상황과 관련하여 지역 국회의원들의 책임은 막중하다. 이들은 자연자원이나 활력, 부동산 자산과 농지 등, 한 지역이 지닌 부를 마구잡이식으로 탕진하는 것 말고는 다른 정책을 제시하지 못했기 때문이다.

1982년에서 1999년 사이에 술 도의 주택에서 별장이 차지하는 비율은 10.7퍼센트에서 13.2퍼센트로 증가했다. 1999년 인구조사에서 드러난 정확한 결과는 아직 손에 넣기 어렵지만, 적어도 이러한 경향이 가속화되는 것은 분명하다. 7년 전, 몰레옹에서 최초의 부동산 중개업소가 문을 열었다. 그런데 지금은 두 개의 업소가 경쟁을 벌이고 있으며, 머지않아 세 개로 늘어날 것이 확실시된다. 술 도와 인근 베아르네 계곡을 포함하는 이 지역은 일단의 거간꾼들에 의해서 샅샅이 조사되고 평가되었다. 그런 다음 이들은 아무 생각도 없던 사람들에게 깜짝 놀랄 만큼 거액을 제시하면서 집이나 차고, 헛간 또는 폐허만 남은 나대지 등을 팔라고 부추겼다. 실제로 그들이 제시하는 액수는 텔레비전 속 부유층의 화려한 삶을 동경하면서도 자신들은 더할 나위 없이 검소하게 살아온 이들에게는 상당히 군침이 돌 만한 액수였다. 더구나 위에서도 설명했듯이 이들은 전혀 꿈도 꾸지 않았던 돈이기 때문에 더욱 귀가 솔깃해지는 제안이었다. 말하자면 하늘에서 돈벼락이 떨어지는 식이었다! 중개업자들이 그처럼 큰 액수를 제안할 수 있는 것은 그들이 상당히 광범위한 시장, 거의 무제한적인 시장에서 매매를 추진하기 때문이다. 프랑스라는 나라의 국경을 넘어서도 판매망이 형성되어 있으며 점점 확대되는 중이라는 말이다. 부동산 중개업자들과 공증인들이 금과옥조처럼 여기는 유일한 원칙이라면 '가장 큰 손을 고객으로 잡아라' 정도가 되지 않을까. 그 고객이 어디에 있건, 그의 의도가 어떻든 일단 그와 거래를 터야 한다. 거기에 직접적으로 이들 중개업자들의 이해가 걸려 있음은 두말할 필요도 없다. 중개업자들은 유럽연합과 세계시장의 경제 건설을 위해 일하는 지역 첨병들이다. 아주 작은 시골구석까지 파고들면서 이들은 뉴욕이나 제네바, 파리 등지에 거주하는 이러 저러한 고객의 구미에 맞을 만한 '상품'을 찾아내는 것이다. 〔…〕

공간과 인간의 도구화

이 지역 출신들을 포함하여 개발 책임자들과 부동산 사업가들의 말을 들어보면, 아직 투기세력이 바스크 지방 북부 내륙까지 침투하지는 않았다고 한다. 아닌 게 아니라 이 지역 평방미터당 가격은 라부르만큼 비싸지 않다. 하지만 그건 순전히 경제 전문가적인 사고방식일 뿐이다. 우선 이런 종류의 정보란 사실상 일종의 광고이자, 도심이나 도심 외곽 지역에 자가 소유 부동산을 마련하는 데 다소 어려움을 겪는 이들을 겨냥하여 매매를 부추기는 권유가 아닌가? 이러한 판단은 비교 자료를 분석한 결과라는 사실에 주목하자. 술 도 내부에 사는 주민들 입장에서는 다른 곳으로 가면 사정이 더 고약하리라는 것을 알지만, 그렇다고 그곳에 계속 살 경우 자신들의 생활이 더 나아지지도 않는다. 그들은 그저 이곳에서 얻는 수입으로 이곳에서 살 뿐이다.

상대적인 입장에서 생각한다는 것은 언제나 자신들의 삶의 터전에서 살아온 사람들의 일상적인 현실을 완전히 부정하는 것이나 다를 바 없다. 이곳이 그들의 고향이고 집이라는 사실을 부정하는 것이라는 말이다. 시장의 논리를 따르는 경영 관리는 각각의 영역이 고유하다는 사실을 고려하지 않으며, 각각의 영역이 앞으로도 내내 고유하게 남아 있어야 한다는 사실은 더더구나 인정하려 들지 않는다. 지도자들은 주민 각자에게 자신의 삶의 터전이 세심한 관리의 대상이며, 보호되고 지속적으로 유지될 것이라는 인상을 주도록, 그러면서도 어느 특정 지역과 관련이 있는지 명시하지 않아도 좋도록 '국토개발'이라는 개념을 만들어냈다. 이들 지도자들에게 어떤 영역이 지닌 농촌성이라는 특성은 일시적인 상태에 불과할 뿐이다. 글로벌 경제의 기준에 따라 사전에 미리 정해진 개발의 필요성에 의해 그러한 특성은 얼마든지 재검토의 대상이 될 수 있다. 다시 말해서 시대착오적이고 부적절한 것으로 간주될 수도 있다는 말이다. 연필과 자, 콤파스의 움직임에 따라 작은 계곡이 가스관이나 고속도로가 들어설 이상적인 장소로 결판날 수도 있고, 아니면 이웃 도시 생활권의 초과인구를 수용할 주거단지가 될 수도 있다. [···]

현실적으로, 그리고 논리의 일관성을 위해서도 계층 분석을 피하기란 불가능하며, 어쩔 수 없이 어느 쪽의 이익을 보호해야 하는지 선택해야 한다. 개발자의 이익을 보호하기로 한다면 공적 자금을 투자해 산업지대를 조성하고, 거기서 너무 멀지 않은 곳에 노동자들을 차곡차곡 쌓아올려야 할 것이다. 이때 이들 노동자들의 생활조건이나 환경, 산업지대 주변에서 생존을 위해 이루어지는 모든 독립적인 활동 따위는 고려할 필요가 없다. 반대로 개발자들에게 착취를 당하는 이들의 이익을 옹호하려 한다면, 삶의 질은 물론 공동체의 자율성을 향상시키는 방향에 우선권이 주어져야 할 것이다.

바스크 지역 차원이건 프랑스 전체, 또는 유럽, 아니 세계 차원이건 항상 지리경제적 특수성, 문화적 정체성, 계층 간의 불평등 같은 요소들을 부정하는 총체적이고 몰개성적인 정책이 득세한다. 주민들의 이주 현상은 자연적인 것, 아니 적어도 피할 수 없는 것으로 치부되며, 우리는 언짢은 마음 없이 이를 받아들여야 한다. 자본주의 체제는 체제의 발전에 필요한 것을 삶의 기술 또는 상식이 원하는 것, 심지어 연대의식이 요구하는 것으로 포장하는 데 너무도 능하다는 점에서 천재적이라 할 만하다. 그런 와중에도 엘리트들은 항상 체제가 만들어내는 폐해로부터 멀찌감치 떨어진 곳에 자기들만의 평온한 공간을 마련할 줄 안다.

피에르 비슬레르

관광도 자본주의적으로

휴가기간 중에도 시간과의 경주는 피할 수 없다. 휴가에서 최대한의 수익을 올려야 하니까. 체류비용을 줄이려면 점점 더 빨리 이동해야 한다. 그 때문에 생태학적으로 아무리 큰 대가를 치른다 하더라도.

* * *

여행에서 얻는 기쁨, 낯선 곳을 발견하기 위해 멀리 길을 떠나는 기쁨은 사실 새로운 것이 아니다. 그 기쁨은 새로운 사람들과 새로운 문화를 만나는 기쁨인 동시에 다른 기후와 풍경을 접하는 기쁨이기도 하며 일상에서 벗어나 자기 자신과 만나는 기쁨이기도 하다. 그 기쁨은 여행의 목적지에서도 찾을 수 있지만 목적지에 이르는 과정 자체에서도 찾을 수 있는데, 그러기 위해서는 자기만의 리듬으로 자유롭게 다닐 수 있어야 한다.

자본주의 논리는 상당히 오래전에 벌써 낯선 것을 추구하는 여행을 낚아채서 단체여행이라는 표준화된 상품을 제조하는 관광산업을 탄생시켰다. 이로써 관광상품 소비자가 된 여행객은 절대로 시간 낭비하지 않도록 해드리겠다는 장담과 더불어 끊임없이 더 싼 값에 더 많은 것을 제공하는 상품을 권유받는 입장이 되었다. 노동 현장에서와 마찬가지로 여가 중에도 시간표는 최적화되어야 하며 (경제적 합리성), 이동에 걸리는 시간은 점점 더 아까운 시간으로 간주된다.

점점 더 멀리

그러므로 관광객을 최단 시간에 관광 소비 현장으로 보내야 하는데, 이는 지난 한 세기 반 동안 발전된 기술로 교통수단의 이동속도가 점점 더 빨라지므로 나날이 쉬운 일이 되어간다. 우리는 19세기의 철도와 기관차에서 이제 전 지구를 연결해주는 촘촘한 초고속 철도망과 고속도로, 항공로 등을 보유하게 되었다. 심지어 대기권을 벗어난 공간까지도 관광에 개방되고 있다. 엄청나게 돈이 많은 애호가들은 최근 몇 년 사이에 벌써 우주 크루즈 여행을 다녀왔다 (하지만 이 여행은 아직 억만장자들에게만 허락된 호사다). 덕분에 우리는 공간 자체가 작아진 느낌을 받는다. 어차피 지구 반대편 끝이라고 해도 비행기 몇 시간만 타면 갈 수 있지 않은가. 그렇지만 이건 환상에 불과하다. 물리적으로 우리가 주파해야 할 거리는 예나 지금이나 마찬가지다. 다만 속도가 달라졌을 뿐이다. 그리고 그 달라진 속도를 위해서 우리는 엄청난 양의 에너지 자원을 소비하고, 점점 더 심해지는 환경오염이라는 대가를 지불해야 한다.

교통수단의 속도 증가는 역설적으로 이동시간을 줄이기보다 이동거리를 증가시키는 결과를 낳는다. 왜냐하면 교통수단의 발달은 다양한 인프라 구축을 동반하는데, 이렇게 건설된 인프라란 대도시 한가운데가 되었건 지구의 가장 오지가 되었건 별반 차이 없이 비슷비슷해서—이동과 관광 목적의 체류를 용이하게 하려다 보니 결국 고만고만한 결과물이 나온다—세상을 획일화시키는 경향을 보이므로, 관광업이 발달할수록 이국적 향취를 맛보려면 자꾸만 국경을 뒤로 물려야 한다는 결론에 도달하기 때문이다. 그러니 무언가 고유하고 진정성을 간직한 것을 맛보기 위해서는 멀리, 더 멀리 가는 수밖에 없다.

하지만 이렇게 고객을 관광기계의 리듬에 맞춰 지구를 관통시켜주는 빠른 교통수단들이 실제로 관광객에게 자유시간을 늘려주지는 않는다. 그도 그럴 것이 이들은 장시간을 역이나 공항에서 기다려야 하며, 일단 탑승한 후에도 기껏 좌석들 사이나 누비고 다닐 수 있는 협소한 비행기, 기차의 좁은 공간에 갇혀서 또다시 긴 시간을 보내야 하기 때문이다. 관광객은 목적지에 도착한 다음에야 비로소 자기 시간의 주인이 되어 자기 페이스대로 움직일 수 있다. 이론적으로는 그렇지만 이것도 그가 선택한 체류기간에 따라 달라지며, 그 체류기간이란 것은 관광객이 사전에 정한 휴가기간, 귀국 날짜 및 항공 스케줄에 달려 있다. 그나마도 이것은 여정이 미리 다 짜여 있는 패키지여행을 선택하지 않았을 경우에만 해당된다. 패키지여행에서는 노동과 여가의 현장에서와 마찬가지로 남이 정해준

리듬에 맞춰야 하니까. 유일한 차이점이라면 (아마도) 이국적 풍경 속에서 그 리듬을 따른다는 정도가 될 것이다.

항공수단을 통한 이동의 폭발적 증가

교통수단의 발달 덕분에 이동 속도와 거리가 대폭 증가했을 뿐 아니라 빈도 또한 눈에 띄게 상승했다. 이에 따라 관광이 생태계에 미치는 영향 역시 폭발적으로 증가했다. 실제로 경제적 측면에서 경쟁을 고려할 때, 관광산업의 다양한 주역들(여행사, 교통수단 제공 자 등)은 일 년 내내 점점 더 값싼 여행 상품을 내놓는 데 혈안이 된 다(이 때문에 직원들은 죽을 맛이고, 이동의 안전성도 불안해진다). 이 문제에서는 특히 이따금씩 말도 안 되는 가격을 제시하는 저가 항 공 덕분에 항공 분야가 가장 선도적인 입장에 있다고 할 수 있는데, 중거리 정도 여행의 경우 대체로 비행기를 이용하는 편이 가장 비 용이 적게 들기 때문이다. 그렇기 때문에 항공교통의 양은 꾸준히 증가 추세를 보이고 있다. 항공기는 온실효과를 야기하는 가스 배 출의 양으로 보나 그 가스가 직접적으로 높은 대기층으로 방출됨으 로써 온실효과의 직접적인 원인이 된다는 사실로 보나 가장 유해한 교통수단임을 새삼 상기할 필요가 있을까. 물론 전기를 이용하는 (전기를 생산하려면 화석연료 또는 원자력이 필요하다) 초고속철도, 고 속도로나 바닷길을 이용하는 '연료 먹는 하마'(탄화수소나 바이오연 료) 같은 교통수단들도 환경 문제와 무관하다고 할 수 없다.

관광 소비자들이나 관광산업 노동자들(관광업계에서 일하는 직원들)에게 가히 제조업 수준의 리듬을 부과함으로써, 지리적 거리를 줄이고 자유시간을 늘렸다는 환상을 제공하는 관광산업은 첫째, 소비지상주의에 따른 소외, 둘째, 산업자본주의의 과소비 논리를 확산시키고 있다. 이 두 가지는 사실 기름으로 오염된 검은 파도나 핵연료로 인한 재앙 외에도 전 지구적 차원의 기후 이상을 야기한다. 그런데도 관광산업은 생명이 만개하거나 지구가 생존하는 것보다 눈앞의 이익에만 신경을 곤두세우는 나머지 기온상승이나 극지방 해빙 등의 현상을 새롭게 큰돈을 벌 수 있는 노다지로만 간주하는 경향을 보인다. 최근에만 해도 우리는 여행사들이 관광객들을 헬리콥터에 태워 남극 대륙에서 떨어져 나와 태평양으로 흘러든 거대한 얼음조각을 구경시켜주는 장면을 목도했다. 전도양양한 블루오션.

카다발리Khadavali

인류의 전염병, 섹스관광

여행에 관한 여러 권의 저서를 낸 인류학자 프랑크 미셸Frank Michel은 그의 책『섹스왕국Planète sexe』에서 섹스관광을 다룬다. 그는 대중현상이 되어가는 이 전염병의 비극적 실태를 우리에게 보여준다. 프랑크 미셸에 따르면 섹스관광은 몸을 팔고 사는 시장의 세계화, 이 땅이 지닌 모든 것, 그중에서도 특히 인간을 소비하려는 경향이라는 맥락 속에 위치한다.

＊＊＊

당신은 섹스관광을 어떻게 정의합니까? 섹스관광이란 어떤 형태로 나타나죠?

프랑크 미셸: 섹스관광이란 불평등, 신체적 또는 상징적 지배관계에 토대를 둔 관광으로 첫째 목적은 상업적 틀 안에서

의 성관계 추구가 되겠지요. 내가 보기에는 일단 "어린이들과 연관 있는 섹스관광객"과 "섹스관광객"은 확실하게 구분해야 합니다. 전자는 형사재판에 회부될 수 있는 범죄행위를 자행하는 자로서 범행을 저지른 나라 또는 출신국가의 법정에 서야 합니다. 반면 후자는 성관계를 갖기 위해 여행하는 성인 관광객으로 이들은 일반적으로 그의 요구에 동의하는 매춘 여성을 비롯한 성인들과 거래(금전 또는 그 외의 물질)의 대가로 그 같은 관계를 갖습니다. 오늘날 성매매를 둘러싼 논쟁은 섹스관광이라는 제한적 차원을 훌쩍 뛰어넘습니다. 그러므로 남성을 대상으로 하건 여성을 대상으로 하건 자발적인 성매매는 섹스관광의 테두리에 포함될 수 있겠죠. 반면 강요된 성매매는 어린이들이 연관된 섹스관광으로 분류되어야 합니다. 요컨대 자발적 성매매는 수용할 수 있지만, 강요된 성매매는 처벌의 대상이라는 겁니다. 그렇지만 현실은 이렇게 간단하지 않습니다. 예를 들어, 동반구나 남반구의 매춘 여성들 가운데 적잖은 수는 성인이어도 성매매에 동의하지도, 자발적이지도 않습니다. 가장 넓은 의미로 받아들여지는 섹스관광은 법률적 관점에서 정의내리기가 쉽지 않은데, 그 이유는 아주 간단합니다. 그것이 범죄가 아니기 때문이죠. 유일한 범죄는 어떤 형태가 되었건(매춘 또는 강요된 포르노 영화 촬영, 고문, 학대, 소아성애 등) 성적 학대에 해당될 때입니다. 내가 보기에 요즘 들어 전례 없이 급속도로 확산되고 있는 두 가지 현상은 '섹소티즘 sexotisme'(섹스와 이국 취향의 접목)과 섹스관광의 대중화 위험성

(관광산업과 섹스산업의 접목)입니다.

섹스관광이 언제부터 시작되었는지 콕 집어서 말할 수 있을까요?

온갖 종류의 섹스관광이 존재하는 이유는 다양합니다. 우선 제일 먼저 가난을 꼽을 수 있겠죠. 그런데 가난만이 이유는 아닙니다. 일부 사회에서 통용되는 남성우월주의와 성차별도 이유가 되지요. 또한 전쟁(예를 들어 한국전쟁도 있고, 무엇보다 베트남전쟁이 대표적)도 섹스관광을 탄생시키는 데 일조했고, 자유주의적 세계화의 바람에 편승한 여성 신체의 상품화도 이유가 될 수 있습니다. 포르노 영화나 성매매를 근간으로 하는 섹스산업이 국경 없이 번창하게 되었으니까요. 요새는 여가와 유흥 분야라고 이름을 바꿨습니다만……. 하지만 정확하게 어느 시점에서 섹스관광이 시작되었다고 말하기는 어렵습니다. 과거 시대의 모험가들, 특히 식민주의자들 또한 애초부터 이국 취향, 타인의 육체의 상품화에 토대를 두고 육체를 탐하는 등 포식자적 관광을 즐겼으니까요. 유일하게 확실한 점은 섹스관광이 1970년대 중반부터 폭발적으로 팽창했다는 사실입니다. 미군이 철수한 동남아시아, 그중에서도 태국과 필리핀 등지의 사창가로 서양 관광객들, 특히 유럽인들, 그리고 그 뒤를 이어 일본인들이 물밀듯이 몰려간 거죠. 그 이후 통제라고는 모르는 세계화 바람을 등에 업은 무절제한 자본주의 덕분에 이 같은 전염병은 순식간에 확산되고 다양화되었으며,

현재 지구 전체에 퍼지게 된 겁니다.

섹스관광객들은 어떤 사람들입니까?

프로필이 너무 다양해서 이들을 명쾌하게 분류하기란 사실 매우 어렵습니다. 리우나 마닐라로 가는 비행기에 탄 여행객들 중에는 자신이 원하는 것을 명확하게 아는 소아성애자들도 있고, 좋은 기회가 찾아온다면 재미를 볼 수도 있다고 생각하는 휴가객도 있습니다. 이라크에 파병되었다가 휴가를 받은 군인, 흑백 혼혈 여인이나 동양 여인에게 매혹당한 네티즌도 있고, 이혼으로 의기소침하다가 모처럼 여행길에 오른 '방콕' 족, 실직으로 상심하다가 건강을 위해 기분전환이나 해야겠다고 나선 사람도 있을 겁니다. 늘 살던 곳이 아닌 다른 곳, 남반구나 동반구로 가서 그곳은 사정이 훨씬 힘든데도 사람들이 늘 미소를 잃지 않으며 아가씨들은 아름답기 그지없다는 걸 보고 오는 건 언제나 사기진작에 도움이 되죠. 섹스관광객은 무엇보다 '보통 남자'입니다. 혼자(혹은 무리지어) 주머니에 돈을 두둑하게 넣고 자기 집에서 먼 곳을 여행하는 남자는 그가 원하건 원하지 않건 일단 잠재적인 섹스관광객이라고 할 수 있습니다! 여기서 성추행이나 성적 학대에 해당되는 것은 확실하게 구분할 필요가 있습니다. 모든 반동적이고 도덕주의자적인 논란에서 벗어나기 위해 이 점만은 분명하게 짚고 넘어가겠습니다. 스스로에게 쾌락을 선사하는 것은 비난받을 이유가 없습니다. 그 쾌락이 상대방에게 해가 되지 않는 한 그렇습니다. 그런데 실제적으로 보자면, 섹스관광객이 추구하는 것은, 매춘 고객도 다르지 않습니다만, 위반, 즉 규칙에서의 이탈입니다. 상대의 몸을 학대함으로써 상대를 소유하고 지배합니다. 명령을 내리고 가혹하게 다루죠. 요컨대 자기가 우두머리가 되는 겁니다! 짐작했겠지만, 이러한 행위에는 가부장적이며 신식민주의적인 정신이 깃들어 있습니다. 이러한 일탈은 섹스관광객에게 "다시금 중요한 사람이 되게" 해줍니다. 원래 사회에서 천덕꾸러기 대접을 받던 자신에게 수컷 본능을 되찾아 주고, 한마디로 펄떡펄떡 살아 있다는 느낌을 맛보게 해줍니다. 직장 상사와 가족들 혹은 주변 사람들에게 무시당하고, 노동과 개인주의 사회 안에서 느끼는 무명성으로 말미암아 소비만을 유일한 탈출구로 여기는 노예상태에 처해 있던 섹스관광객은 가령 방콕 같은 다른 곳에서 그와는 다른 사람이 되어 새롭게 태어납니다. 그런 곳에서는 100달러 지폐 몇 장이면 이제껏 품었던 모든 성적 환상이 실현될 수 있으니까. 여행은, 안타깝게도 일부 사람들에게는 '책임면제'의 공간입니다. 그 공간에서만큼은 완전히 자발적으로 시민으로서의 기본 가치들을 망각해도 좋다고, 지금까지 쌓인 모든 좌절들을 표출시키고 이를 밖으로 발산하기 위해서 부적절한 행동을 해도 좋다고 생각하는 거죠. 하지만 이런 식의 행동은 본인에게도 상대방에게도 불행을 초래할 뿐입니다.

서양인들만 섹스관광에 나서나요?

섹스관광객을 배출하는 나라는, 적어도 현재로서는 부유한 나라가 대부분입니다. 주로 북반구(북아메리카, 유럽, 오스트레일리아, 일본)에 위치한 나라들이 되겠죠. 하지만 요즘 들어서는 다른 지역(러시아, 중국, 그리고 이들에 앞서서 타이완과 한국 등)에서 오는 신흥 부유층들이 점점 더 매끄럽게 조직화되고 최근의 시장 트렌드에 발 빠르게 적응해가는 국제 매춘 관광의 새로운 고객층을 형성하고 있습니다. 오늘날 우리가 가령 태국에서 몰디브나 우크라이나 출신 매춘 여성들을 보게 되는 것도 다 이런 이유 때문입니다. 한국이나 중국 고객들의 취향에 맞추기 위해서라는 말입니다. 그러니 이게 뭡니까, 행복한 세계화와는 거리가 멀어도 너무 멀지요!

섹스관광객들이 가장 선호하는 행선지는 어디입니까?

최근에는 관광 및 섹스관광이 세계화되면서 섹스관광객들이 좋아하는 장소가 퍽이나 다양해졌습니다. 동남아시아와 카리브 해안 지역이 여전히 포식자들이 가장 많이 방문하는 곳이긴 하나, 브라질, 세네갈, 모로코, 이집트 등도 새롭게 급부상하고 있습니다. 전 세계를 대상으로 섹스관광 지도를 그리는 것도 가능하긴 하겠지만, 워낙 이동인구도 많은 데다 긴장감이 고조되는 지역도 많다보니 정확하게 수량화하기는 쉽지 않습니다. 특히 오늘날에는 아주 교묘한 형태의 섹스관광이 전 지구적으로 확산되는데, 나는 이 새로운 추세를 대중 섹스관광의 도약이라고 부릅니다. 섹스관광의 새로운 고객들은 완전히 또는 거의 우연에 의해 그렇게 되거든요. 미디어나 광고, 영화, 잡지, 인터넷, 여행사, 비공식적 혹은 공식적 정책, 매춘을 합법화하는 새로운 법 제정, 업그레이드되고 소프트해진 포르노 영화의 범람 등을 통해서 관광객들은 여행을 즐기는 동시에 상상가능하며 실제로 "팽창 가도를 달리는 시장"에서 손쉽게 구입할 수 있는 모든 방식으로 섹스도 즐기라는 부추김을 받으니까요.

여성들의 섹스관광도 존재합니까? 존재한다면 어떠한 양상으로 나타나나요?

2006년 〈남쪽으로Vers le Sud〉(다니 라페리에르Dany Laferrière가 쓴 소설 『주인의 살점La Chair du maître』을 각색한 작품)라는 영화가 모든 면에서 대조적인 두 가지 종류의 비참함, 그러니까 가난한 나라의 사회적 비참함과 부자나라의 정서적 비참함을 대비시켰습니다. 영화에는 두 명의 서양 여자가 등장하는데, 둘 다 약간 무심하지만 돈은 충분한 사람들이죠. 두 여자는 아이티 출신 젊은 흑인 남자들과 우정과 섹스를 나누는 관계, 다시 말해서 때로는 연인으로 지내다가 때로는 정해진 대로 요금을 주고받는 관계 속에서 거의 야생상태로 빠져드는 전율을 맛봄니다. 세네갈이나 감비아, 이집트, 케냐 같은 아프리카 지역에서는 근육질의 운동선수들 같은 젊은 현지 남자들이 아예 조직을 만들어서 새로운 요구를 지닌 새로운 고객들을 맞이하고 이들의 기대를 충족시켜줍니다. 일반적으로 타겟이 된 젊은 남자들은 그 후 "나이 든 외로운 백인 여자들"의 보살핌을 받는 관계가 되지요. 더러는 아주 짧은 시간에 큰돈을 벌기도 합니다. 소아성애자들이 매서운 지탄을 받고 남자 섹스관광객들에게 비판이 쏟아져도, 이 새로운 형태의 여성 섹스관광에 대해서는 미디어를 포함하여 모두가 섹슈얼sexual하다기보다는 센슈얼sensual하다고 여겨주고, 서로 합의한 성인들 간의 사랑놀이로 대해주는 경향을 보입니다. 이와 같은 만남에도 신식민주의적 관계가 확고하게 자리잡는 것은 부인할 수 없는 사실이지만, 매춘 남성들 스스로가 그러한 상황에 대해 특별히 불만을 보이지 않는다는 사실에 주목해야 합니다. 물론 이들의 최종 목표는 결혼, 즉 합법적인 비자를 받고 감비아를 떠나 유럽에 정착하는 것이겠지만요. 최근, 한심한 모방주의의 여파인지 잘 모르겠으나, 여성 섹스관광이 확실히 늘어나고 있습니다. 하지만 아직은 그 매출이 전 세계 전체 섹스관광의 5퍼센트에도 못 미치는 상태입니다. 섹스관광은 양적인 면에서 볼 때 누가 뭐라 해도 젊은 여성을 원하는 남성들을 대상으로 하는 사업으로 남아 있으며, 남성 파트너를 찾는 남성은 그보다 훨씬 적습니다.

당신이 생각하기에 세계적으로 관광을 목적으로 하는 매춘이 약진하는
가장 중요한 원인은 뭡니까?

섹스관광은 경제적, 문화적 충격이라는 두 가지 충격이 만
나서 빚어내는 결과물로, 이 중에서도 경제적 충격이 훨씬 비
중이 큽니다. 섹스관광을 야기하는 여러 가지 원인을 분류해
보면 대략 아래와 같은 목록을 만들 수 있습니다.

- 점점 더 악화되는 빈곤화 현상으로 말미암아 가난이 전
염병처럼 확산되고 있다.
- 자유주의적인 경제의 세계화 추세가 섹스 시장의 자유
화를 부추기며, 매춘을 목적으로 하는 인간 거래를 알게 모르
게 활성화시킨다.
- 가부장적이며 성차별적인 사회의 존속 또는 부활. 여기
에 민족주의 또는 집단주의를 토대로 하는 전통의 부활도 무
시할 수 없다.
- 점점 더 성폭행이 보편화되는 현상을 배경으로 남성들
에 의한 여성 이미지의 악화. 뿐만 아니라 여성들 자신에 의한
여성 이미지 악화도 주목할 만하다.
- 국제적 관광이 폭발적으로 증가한 것과 더불어 모든 부
류의 이주자들이 폭증하고 있다.
- 이주자들이 여성 중심으로 바뀌어가는 추세와 불법 이
민자들의 증가.
- 젊은 층을 비롯하여 북반구 주민들의 왕성한 성생활.

- 금전숭배에 토대를 둔 제국주의적 소비사회에 대한 무제한적인 탐닉.

- 남북반구 간의 대립이 복잡하고 다양한 양상으로 전개된다고는 하지만 그럼에도 근본적인 격차는 점점 더 커져가며, 따라서 이미 헐벗은 상태의 주민들이 겪는 어려움은 한층 더 심각해진다.

- 비약적 발전을 통해 한층 규모가 커지고 다양해진 섹스산업은 이제 사회의 모든 계층에 전방위적으로 골고루 파고들고 있다.

섹스관광객들 스스로는 어떤 식으로 자신들의 행태를 정당화합니까?

섹스관광객이건 제3세계를 착취하는 자들이건 일부 서양인들은 자신들의 행태를 인도적 도움의 차원에서 바라봐야 한다고 주장합니다! 이들은 주로 다음과 같은 논리를 폅니다. "나는 아가씨와 그녀의 가족에게 돈을 준다, 나는 여기서는 휴대폰을 사고 저기서는 오토바이를 구입함으로써 그 사람들에게 학업이나 끼니를 제공한다." 대충 이런 식이죠. 이는 예전에 식민지였다가 이제 자유를 되찾은 세계 일부 지역의 의존성을 답습하는 고전적인 논리입니다. 식민주의의 유산이 이곳에서는 아주 중요하게 작용하며, 따라서 북반구 출신 관광객인 남성 고객(대체로 부유하고 나이 든 남성)과 남반구 또는 동반구 출신 여성(가난하고 젊은, 때로는 아주 어린 편) 사이의 관계가 일반적으로 인종차별적 특성을 갖게 되는 것도 이 때문입니다. 이처럼 통탄스러운 남자들의 기만적 논리는 말도 안 되지만 그럼에도 모두에게 잘 알려져 있습니다. "우리는 그들이 생존할 수 있도록 도와준다, 그들을 먹여 살린다, 이곳에서 그건 그저 섹스놀이일 뿐이다. 이곳의 남자 또는 여자는 우리가 사는 곳의 남자 또는 여자들에 비해 훨씬 조숙하다." 하지만 이러한 논리가 자신들의 행태와 그것이 야기하는 폐해를 정당화하려는 섹스관광객들의 죄책감을 없애지는 못합니다.

흔히 섹스관광객들은 상대에 대해 전통적인 매춘 고객들과 동일한 논리를 밀고 나갑니다. 즉 그들의 섹스 상대는 그저 성적인 살덩어리이며 그 자체로 상품에 불과하다는 식의 견해를 포기하지 않는다는 말입니다. 이처럼 상투적 논리는 사실 무척 편리하죠. 그러한 견해를 널리 퍼뜨리면서 그들은 자신들의 행위를 정당화하고 그에 대한 책임을 면할 수 있으니 말입니다. 그들은 매춘이란 "세상에서 제일 오래된 직업", "필요악", "강간을 피하게 해준다", "그 여자들은 그렇게 해주는 걸 좋아한다", "결국 다른 직업과 다를 바 없는 하나의 직업일 뿐"이라고 말합니다. 그러니 이런 식이라면 더 이상 어떠한 토론도 불가능합니다. 아무것도 바뀌지 않는다는 말이죠! 신화와 고정관념이 언제까지고 지속되는 한, 고객들은 죄책감에 시달릴 필요가 없으며 자신들이 하는 행위에 대해 질문을 제기하려는 노력조차 거부하겠죠.

섹스관광은 현대사회가 보여주는 왕성한 이동성에 내재되어 있는 현상인가요? 혹시 섹스관광도 여느 관광과 마찬가지의 관광이 되어가는 중인가요?

그 두 질문에 대한 답은 '그렇습니다'가 되겠군요. 먼저 첫 번째 질문을 보죠. 섹스관광은 현대사회가 보여주는 이동성의 새로운 형태를 얼른 받아들였습니다. 섹스관광은 오늘날 승승장구하는 데다 무엇보다도 자본주의적 논리에 따른 세계화 추세와 완벽하게 궤를 같이하는 두 가지 산업, 즉 섹스산업 및 관광산업과 보조를 맞춥니다. 이 두 산업 부문이 만나서 공동으로 각자에게 득이 되는 것을 추구한다면—이런 일은 자유주의적 분위기 속에서는 피할 수 없죠—상상할 수 있는 가장 끔찍한 것이 나타나게 될 것입니다. 전체적으로 이처럼 불건전한 형태의 관광(이것은 하룻밤 또는 평생의 사랑과는 전혀 다릅니다)은 북반구에 의한 남반구(또는 동반구) 침략으로 받아들여지기 십상입니다. 서양 사람들은 여기저기에서 일어난 식민지 전쟁에서 패배했으나 남의 육체를 점령함으로써 예전(혹은 현재)에 소유했던 것을 되찾습니다. 말하자면 노골적인 신식민주의인 겁니다.

두 번째 질문으로 말하자면, 섹스관광(일부 사람들은 센슈얼, 로맨틱, 에로틱 관광이라고 바꿔 부르기도 하는데, 솔직히 대다수 여행객들의 입장에서 보자면 새로운 이름이 조금 더 정확할 수도 있습니다)은 당연히, 유감스럽게 생각할 수도 있겠으나, 다른 관광과 마찬가지의 관광이 되고 있습니다. 이처럼 냉소적이지만 수익성이 높은 진화를 막을 아무런 방책도 제시하지 못하는 형편이기 때문에 사정은 더 고약합니다. 세계보건기구, 세계관광기구에서 시작하여 일반 시민-여행객들에 이르기까지 모두가 나서서 이 같은 전염병을 공략해야 합니다. 물론 그 과정에서 여행사들과 해당 국가 관계당국의 협조를 얻어내야 할 테죠. 우리가 말할 수 있는 건 최소한 부자나라 사람들의 양심을 강조하는 식상한 담론을 제외하고는 진정으로 이 문제를 해결하기 위해 모이는 사람도, 기관도, 국가도 거의 없다는 사실입니다. 물론 경제적 문제가 제일 중요한 이유입니다. 모두들 조금씩이나마 섹스관광을 통해서 주머니를 채우거든요. 섹스관광은 여행뿐만 아니라 매춘과 포르노 영화 분야와도 긴밀하게 연결되어 있습니다. 궁극적으로 섹스관광은 내가 보기에 여러 가지 면에서 지극히 우려를 자아내는 사회현상입니다. 그중에서도 특히 두 가지 면에 주목할 필요가 있습니다. 첫째, 이 분야는 문명으로 인한 불안감, 경제적 불평등(자유주의 신봉자들은 섹스산업의 확산을 통해서 보듯이 이를 이용하여 이익을 극대화하려 하죠)을 배경으로 하여 문자 그대로 "폭발적으로 팽창"하고 있다는 점, 둘째, 이와 같은 비약적 발전은 섹스관광 및 내일이라도 당장 진정한 의미에서의 '대중 섹스관광'이 전 지구적 차원에서 현실화될 수도 있다는 위협이 보편화되는 점, 이렇게 두 가지인데, 만일 그렇게 되도록 계속 방치한다면 도저히 통제할 수 없는 엄청난 결과에 직면할 것입니다.

그러한 추세에 저항하려면 어떻게 해야 하죠? 해결방법은 없나요?

그에 대한 저항은 일시적이고 제한적이며, 주로 개인적 차원에서 이루어집니다. 때로는 시민단체 차원에서도 전개되며, 얼마 전부터는 미성년자들을 대상으로 하는 성적 학대가 있을 경우 법적(치외법권에 관한 법률 제정 등)으로도 이루어지죠.

캄보디아 같은 몇몇 나라에서는 매춘 분야에 접근하는 것이 매우 위험할 수도 있습니다. 섹스관광에 대항해서 투쟁을 벌이는 건 러시안룰렛과 다르지 않을 수 있거든요. 요즘에는 병폐의 뿌리를 뽑는 방식의 투쟁이 필요해요. 그저 눈에 보이는 결과, 눈에 보이긴 하나 일관성이 결여된 투쟁으로 만족해서는 안 된다는 말이죠. 가령 모두가 하나가 되어 학대를 당하는 사람들이 받기 쉬운 세 가지 차별, 즉 성적(어린 소녀들과 성인 여성들) 차별, 경제 사회적(가난하고 소외당한 사람들이 주로 성적 착취의 대상) 차별, 인종 또는 문화적 차별(흑백 혼혈, 흑인, 동양인)에 대항하는 거라고요. 이 세 가지 차별은 여행 중인 서양인들이 지닌 식민지 시대적 환상을 활성화합니다. 이들은 민족국가의 위대함이라는 신화가 막을 내려 이제는 다 지나간 일이 되어버렸다는 사실을 받아들이지 못합니다. 그러므로 해결책은 무엇보다도 교육입니다. 여행에 대한 교육뿐만 아니라, 현재 지구상 어느 곳에서든 매우 악화된 성생활에 관한 교육이 필요합니다. 에이즈 예방을 위해 더욱 효과적인 교육도 물론 소홀히 해서는 안 되고요. 또한 현재 악화일로에 놓여 있는 남녀관계, 포르노 영화의 범람, 지나치게 자유방임적인 매춘 규제 등을 상대로도 투쟁해야 합니다. 해당 국가들은 대체로 부패한 데다 성착취의 동업자 역할을 하고 있는데, 이들 국가들은 하루빨리 사안의 광범위함을 충분히 인식해야 할 것입니다. 이미 태국에서 수줍게나마 시작한 것처럼 말입니다(예전에 태국을 많이 찾았던 소아성애자 관광객들은 요즘에는 캄보디아로 갑니다. 그곳에서는 처벌 받지 않을 확률이 훨씬 높으니까요). 하지만 무엇보다도 인간 거래와 성착취, 그중에서도 특히 어린아이들을 대상으로 하는 착취에 관해서는 엄정하게 법을 집행해야 합니다.

대담 · 정리: 세드릭 비아지니
(2007)

원시민족에게도 바코드가 붙나요?

'민속학'이나 '자선사업' 차원이라는 형용사를 달고 있어도 관광은 어차피 폐해를 가져온다. 이 새로운 형태의 식민주의는 민속말살에 기여하는데, 이른바 원시종족이라고 불리는 종족들이 제일 먼저 피해를 본다. 그들이 사는 환경, 따라서 그들의 문화가 우선적으로 파괴되기 때문이다.

＊＊＊

희한하고 신비스런 피그미 종족은 예전에도 그들과 가까운 곳 혹은 먼 곳에 자리 잡은 많은 사회를 매혹시켰고, 지금도 계속 매혹시키고 있다. 고대 시대부터 이집트나 그리스 여행객들의 여행담에서 피그미족은 반은 짐승 반은 인간, 혹은 반은 인간 반은 신, 그것도 아니면 반은 인간 반은 악마로 소개되었다. 한마디로 그들의 이미지는 불길한 기운을 가진 존재와 행운을 가져다주는 존재 사이에서 오락가락했던 것이다. 이집트 파라오나 누비아 왕국의 궁정에서 이들이 신들의 '춤꾼'(혹은 광대)으로 고용된 것도 다 이런 연유에서였다. 마찬가지로, 이들과 벌써 수백 년째 예속과 지배 의지가 뒤엉킨 상당히 복잡한 관계를 유지해오는 이웃 반투족도 이들이 숲의 비밀을 제어한다는 사실 때문에 이들을 두려워한다. 피그미족의 이러한 힘은 그들의 조상들 덕에 적도 부근 아프리카 밀림지대 전체에 알려져 있다. 더구나 피그미족은 자신들이 사는 자연생태계와의 교감을 보여주기 위해 아예 "나는 숲이다"라고 대놓고 말한다.

카메룬에는 세 부류의 피그미족이 각각 국토의 중앙부, 남부, 동부에 사는데, 보다 정확하게는 벳장(엠밤과 킴), 바지엘리(남부), 바카(남부와 동부) 지역이 이들의 터전이며, 인구는 5만에서 7만 명 정도로 추산된다.[1] 참고로 카메룬 전체 인구는 2007년 현재 1,600만 명이다. 바카 피그미족의 정체성 문제를 보자. 그들은 누구인가? 그들은 스스로를 어떻게 정의하는가? 그들은 완전히 변하고 있는 세상을 어떤 시선으로 바라보는가? 그들은 자신들을 보기 위하여 그곳을 찾는 관광객들을 어떻게 생각하는가? 바카 피그미족에게 문화관광 또는 생태관광이라는 것은 장래성이 있는가?[2] 우리는 또한 관광객들이 바카 피그미족에게 매혹당하거나 그들을 거부하는 반응, 그리고 관광 분야에서 지속가능한 발전의 전망을 관찰(원주민 보호라는 척도로)했다. 사실 지속가능한 발전[3]이라는 화두는 '원주민'을 대상으로 하는 정책이나 이 문제 전문가들의 가장 큰 관심사이다.

진정한 것에 대한 환상이 낳은 공허한 추구

바카 피그미족에게 숲이란 삶에서 없어서는 안 될 필수적 요소이자, 여러 창조신화가 말해주듯이 즉각적인 상상, 초자연적인 것, 초월적인 것이 발현되는 장소다.[4] 현재 가속화되는 산림 파괴, 즉 이들의 터전이 파괴되는 것은 바카 피그미족 같은 수렵-채집족에게 일상생활의 성스러움에 대한 도전이라고 할 수 있다. 이들에게 숲은 인간과 가깝고, 접근 가능하며, 개인적 삶과 공동체적 삶의 주기를 정해주는 특정 행사가 있을 때 제물을 봉헌하는 장소다. 개발이라는 이름으로 나무들을 대대적으로 뽑아버리는 행위는[5] 서서히 그러나 아주 확실하게 이들 세계의 종말을 가져온다. 우리는 여기서 바카 피그미족이 살아가는 힘 또한 숲에 깃들어 있음에 주목해야 한다. 이러한 활력은 아프리카 흑인들에게 세계의 균형을 유지하기 위해 없어서는 안 될 중요한 요소다. 바카 피그미족에게서는 이 같은 개념이 신이나 인간의 삶을 모방하는 다양한 이야기와 동화 속에서 폭넓게 발견된다. 수렵종족으로서 그들은 숲과 매우 특별하면서 은밀한 관계를 유지한다. 그러나 숲에 서식하는 동물군, 식물군이 파괴되고, 점점 더 탐욕스러운 본성을 드러내는 숲 개간자들이 주거지를 점령하면서, 이들이 유지해온 사회구조는 와해되고 '살아가는 힘'이라는 표현 자체가 무색해진다. 이는 민족학자 로베르 졸랭Robert Jaulin이 말한 의미에서 민족말살을 위한 최종단계에 해당한다. 땅에 대한 압력, 이들이 살아가는 데 필요한 최소한의 공간 축소, 산림 파괴 등은 인간의 숲만을 파괴하는 것이 아니라 보이지 않는 세계, 조상들과의 관계나 실존의 근거 같은 것마저도 파괴하는 것이다. 바카 피그미족에게 일부 나무들은 인간들이 찬미해야 하며, 양식을 제공하고 소중하게 보살펴야 하는 진정한 신이다. 관광객들이 몰려오는 건 이처럼 자연친화적인 삶을 발견 또는 재발견하고 싶고, 그곳에서 퇴폐적이고 지나치게 상업적이 되어버린 자신의 실존에 대해 뭔가 다른 의미를 부여하고 싶기 때문이다. 관광객들은 한 열흘 정도 이곳에서 바카 원주민들과 일상을 같이(관광객들 가운데 가장 용감한 자들의 경우)한다. 사냥과 채집, 춤, 자연과 관계 등 그야말로 모든 것을 공유한다. 때문에 이 모든 활동은 관광객들의 기대에 부응하기 위해 완전히 민속화한다! 그리고 거기에는 언론인 에르베 퐁슐레Hervé Ponchelet가 강조했듯이 항상 "선사시대적 유혹"이 동반된다.[6] 바카 피그미족과의 매혹-거부 관계 속에서 관광객은 마치 역사를 잊어버린 것처럼, 특히 이들 피그미족이 우리와 동시대인들이라는 사실을 망각한 것처럼 행동한다. "이들은 살아 있는 화석이 아니다." 몇몇 인류학자들이나 관광 안내인들의 경고에도 불구하고 관광객들 입에서는 "아니, 이건 내가 상상하던 것과는 딴판이로군요", "이 사람들은 예상했던 것보다 훨씬 몸집이 크군요?", "이들이 정말 피그미족이란 말인가요?", "아니, 이 사람들은 옷을 입고 사는군요?", "어머, 저 사람은 프랑스어를 하네요", "그러니까 이 사람들도 몸을 씻는단 말이죠?", "이제 보니 이 사람들은 아주 심술 사납군요", "이 사람들은 나하고는 말하고 싶지 않은가 봐요" 같은 말들이 쏟아져 나오기 마련이다. 정복자처럼 피그미족의 땅에 첫 발을 내딛는 관광객들의 머리는 『콩고에 간 땡

땅Tintin au Congo』이나 계몽시대에 대유행한 "선한 원시인의 신화"를 퍼뜨리는 데 공헌한 선교사들의 방문기에 등장하는 상투적이고 전형적인 고정관념으로 꽉 차 있다. 숲속 생활 중에 만난 관광객들에게 중요한 건 진짜 바카족, 태곳적부터 늘 한결같이 원래 모습을 유지하는 원시인을 보는 것이다. 그들은 자기들이 피그미족의 관습을 변하게 만드는 장본인이라는 사실을 인식하지 못 한다. 그런 까닭에 2006년 2월, 전 세계에서 생명의 탄생이 어떻게 이루어지는지에 대한 영화를 만들 계획을 가진 한 프랑스 제작회사가 '진정한 종족'을 찾아달라고 내게 의뢰했을 때, 카메룬의 바카 피그미족은 제외되었다. 이들은 옷을 입는 등 전형적인 원주민의 요소를 갖추지 못했다는 이유에서였다. "그들은 원시부족에 대한 사람들의 기대에 부응하지 않는다."

유사 여행객들은 마치 시간이 그들만 쏙 빼놓고 지나가기라도 했다는 듯이 옛날처럼 줄로 간 이빨, 상의를 입지 않아 완전히 드러나는 젖가슴, 오두막 등을 추구한다. 이들은 식민지 점령시대에 벌어진 '평화화' 토벌작전을 잊어버린 것처럼 행동한다. 이들은 19, 20세기와 대면했을 때의 끔찍한 결과를 애써 외면하고 싶어 한다. '문명화된' 서양사회가 스스로에게 부여한 돌이킬 수 없는 문명화 임무를 잊고 싶어 한다는 말이다. 파트리스 드 비어Patrice de Beer(《르몽드》의 전 워싱턴 특파원—옮긴이)의 표현을 빌자면, "18세기가 차이를 인정함으로써 이해하고자 했다면, 정복하여 착취하겠다는 야욕이 훨씬 노골적이 된 19세기는 모든 차이를 열등함, 심지어 결함으로 간주하면서 세상을 자신의 이미지에 맞춰 재단하고자 했다. 아프리카 출신이건 다른 지역 출신이건 '남자 흑인들'에게 진보의 상징인 연미복을 입히고, '여자 흑인들'에게는 흰 레이스가 풍성하게 달린 면직물 옷을 입힌 것이 그 좋은 사례에 해당한다."[7]

21세기의 인도주의와 관광산업은 식민시대의 선교사들과 행정가들이 하던 일을 답습한다. 자, 여기 도로변에 피그미족이 모여 사는 부락이 있다고 하자. 누더기 차림의 남자, 여자, 어린이들, 구걸을 하거나 알코올에 중독된 자들, 마을 한끝에 어김없이 세워진 교회, 낡은 학교 건물, 수십 킬로미터 떨어진 곳에 세워진 보건소, 멀지 않은 곳에 들어선 도시 등이 그 부락의 모습이다. 그런데 과거와 현재가 이 정도로 제멋대로 뒤엉켜 있을 때, 관광객은 슬며시 시선을 돌린다. "우리에게 책임은 있지만, 그렇다고 우리가 죽을죄를 지은 건 아니죠." 나는 진정한 모습을 보고 싶다니까요, 빌어먹을! 하지만 진정한 모습은 픽션과 상상력 속에서만 존재할 뿐이다. 그러므로 계속 꿈을 좇기 위해서는, 다시 말해서 바카 피그미족이 처한 진정한 비참함을 보지 않기 위해서, 특히 실제로 현지에 갈 수 없는 사람들을 위해서 인간 동물원을 건축하는 것이다.

벨기에에 세워진 이 인간 동물원에 들어간 바카 피그미족은 이와 같은 동물원이 성행했던 19세기나 20세기를 상기시킨다.[8] "원시인들을 우리가 사는 집 근처로 데려오다", "무서워할 것 없이, 적도 부근 밀림에서 맞닥뜨려야 하는 모든 위험이라고는 전혀 없이 그들을 실컷 보고 만져도 된다." 가족들 가운데에서는 일요모험가들이 이처럼 이타심 넘치는 발견에 나섰다.

문명화 임무의 마지막 단계

    자선사업의 이미지를 본딴 자선관광은 서양인들의 양심을 선
하게 만들어주는 새로운 엘도라도로 각광받았다. 인도주의는 식민
주의의 마지막 국경으로 대중관광이 여기에 크게 기여하고 있다.
그런데 이 인도주의가 피그미족의 세계를 건드리면 그 결과는 한
층 더 재앙이 된다. 피그미족은 이제까지 내내 자신들의 관점에 따
라 정의된 적이 없었음을 잊지 말아야 한다. 그들은 단지 재현되었
을 뿐이다. 세계일주 여행가들에서 선교사, 식민지 행정가들(19세
기와 20세기)에서 탐험가들로 이어지는 이들 관점에 따라 재구성되
었던 것이다. 피그미족은 외부의 기준에 따라 인간 사다리의 가장
밑바닥에 놓였으며, 결정적으로(현재까지도 그러한 태도는 여전히 남
아 있다) 원숭이에서 인간으로의 진화를 설명하는 데 부족한 사슬을
상징하는 존재(19세기에 활동한 일부 진화론적 인류학자들)로 간주되
었다. 여러 세기가 지나는 동안 이들을 줄곧 매혹적인 연구대상으
로 간주한 것은 '선량한 원시인'이라는 절대적 이미지 때문이었다.
이 이미지는 서양의 일부 만화책이나 모험소설, 영화 등에서 자주
접할 수 있다.[9] 우리는 늘 그들이 과연 인간인지 의심하며, 그들을
마치 어린아이인 것처럼, 스스로의 의지라고는 없는 존재인 것처럼
묘사한다. 우리는 그들을 깎아내림으로써 자선행위의 필요성, 그들
을 방문해야 할 필요성을 정당화한다. 수많은 사례들 가운데 우선
하나만 소개한다. 2006년 바지엘리 피그미족(카메룬 남부 비핀디 지
역에 거주)을 돕는 가톨릭 계통의 비정부단체인 푸와이에 노트르담

드라포레Foyer Notre-Dame de la Forêt는 미래의 기부자들에게 피그미족을 다음과 같이 소개했다. "피그미족은 문맹자이며 원시적으로 살면서 완전히 비주류에 속하는 삶을 사는 소수 민족이다."[10] 이런 식이기 때문에 이 지역에서 활동하며 의무감에 불타는 자선사업가들은 이 "가엾은 피그미족"을 총체적으로 다시 일으켜 세운다는 인도주의적 의도를 가지고 일한다고 말한다.

바카 피그미족에게 몰리는 여행객들 대다수는 각종 비정부단체 소속으로, 여러 발전 계획을 갖고 그렇게 몰려가는 인도주의자들이다. 다시 말해서 자선관광의 주역들이다.

1930년 이후 그리스도교 선교사들과 식민지 행정가들이 힘을 합해 벌인 자선사업은 이들을 주요 도로변과 반투 마을 인근에 정착시키는 결과를 낳았다. 물론 이들을 용이하게 통제하기 위해서 추진한 사업이었다. 강요된 정착생활은 식민주의 시대의 해묵은 잔재로, 카메룬 행정당국이 그대로 답습한 "도로가 지나가는 곳에 발전도 있다"는 후렴을 지침삼아 여전히 계속되고 있다. 정착생활은 1960년대와 1970년대에 '개발'을 위한 비정부단체의 지지를 받은 카메룬 행정부에 의해 한층 심화되었다. 철학자 바시디키 쿨리발리Bassidiki Coulibaly의 표현대로 정부와 비정부단체의 '이타성 길들이기' 협업은 바카 피그미족을 학교, 의료기관, 상하수도 시설, 도로 같은 국토개발계획의 상하부구조 속에 편입시킴으로써 이들에게 모더니티를 제공한다는 취지하에 진행되었다.

다른 반半유목민들처럼 바카 피그미족은 자기들의 동의를 얻지도 않고 멋대로 세워진 국가에 참가하고 싶다고 요구한 적이 없다. 그들은 어느 날 갑자기 국경과 그들의 세계관 밖에 존재하던 정치, 행정, 경제체제 속에 갇히게 되었으며, 지난 여러 세기 동안 내내 종족 멸망의 위협을 느껴가며 죽기 살기로 거기에 적응하기 위해 애를 쓰고 있다. 이러한 강요된 정착생활에는 당연히 토지 관련 분쟁이 생기게 마련이다. 현재 피그미족이 관례상 반투족에 속하는 땅에 정착했기 때문이다. 때문에 이들은 그 땅을 온전하게 향유할 수 없으며, 반투족은 그들의 정착을 참아주는 형편이다. 바카 피그미족을 위해 만든 족장 자치구역은 이들에게 아무런 실효성도 없고 유명무실할 뿐이다.

문명화, 인도주의, 자선이라는 논리는 모두가 난마처럼 얽혀 있다. 벨기에의 인간 동물원 이야기로 돌아오자면, 세워진 지 몇 년 후 똑같은 인도주의적 열망에서 코미디언 디외도네Dieudonné와 자니 르펜Jany Le Pen(프랑스의 극우정당 국민전선을 창당한 장 마리 르펜의 아내—옮긴이)이 역방향 여행, 즉 벨기에에서 카메룬으로 떠났다. 자선관광이 지닌 모든 구역질나는 양태는 2007년 3월 이 두 사람의 이동과 바카 피그미족의 도구화에서 여실히 드러난다.

아게-셀레스틴 로모 미야지옴Aggée-Célestin Lomo Myazhiom

오악사카에는 관광객들이 오지 않으리

다른 많은 멕시코 도시들이 그렇듯이, 오악사카(멕시코 남서부에 위치한 오악사카 주의 주도—옮긴이)에서는 투자자들이 관광에 거액을 베팅했다. 빈곤층이 된 주민들을 위해 구세주 같은 산업을 일으키겠다는 야심은 2006년 이 도시에 몰아친 항거의 물결로 맹렬한 비난을 받았다. 당시 사건의 직접적인 증인이자 『오악사카의 코뮌』(2008) 저자인 조르지 라피에르George Lapierre가 어떻게 해서 다양한 사회적 연결망이 지나친 복종에 대해 경종을 울렸는지 상세하게 들려준다.

* * *

그때까지만 해도 관광으로 먹고살던 오악사카의 도심은 시위를 벌이는 유목민들이 먼저 깃발을 꽂은 소란스러운 캠핑장으로 변했다. 도시 곳곳에서 산발적으로 전개되던 시위는 모두 그곳을 종착지로 삼았으며, 그 무렵에는 적어도 하루에 한 번은 반드시 시위가 있었다. 소상인들이 그곳에 판매대를 차려놓았으므로 우리는 거기서 끼니도 때우고 비디오도 구입하고 체게바라나 마르크스의 초상화가 담긴 티셔츠들도 살 수 있었다. 텔레비전 화면에서는 6월 14일 새벽 주민들의 도움을 받아 중앙광장을 되찾은 학교 선생님들의 무용담을 이야기하는 영화를 몇 번이고 계속해서 보여주었다. 트리키족 여인들은 그곳에서 전통의상 우이필huipil과 담요 같은 것을 팔았다. 도심 전체가 바리케이드로 보호받는 거대한 시장이 되었으며, 시장은 항거의 예리한 공기 속에서 전율했다. 관광객은 거의 없었으며, 얼마 되지 않는 커플들이 길을 잃은 듯 자신들이 제대로 이해하지는 못하지만 그럼에도 그들을 매혹시키는 세계 속에서 조심스럽게 발걸음을 내딛었다.

주민 대 관광객

스페인 식민지 시절 녹색의 도시la Verde de Antequera로 명성을 날린 오악사카는 시에라 마드레 델 수르 산맥의 발치에 위치한 중심 계곡에 자리잡은 매우 중요한 관광도시다. 오악사카는 식민지 시대에 건설된 매우 아름다운 도시로, 산토도밍고 수도원, 16세기에 건축된 대성당, 아트리움(주위가 건물로 둘러싸인 공간구조로 집의 안뜰—옮긴이) 또는 파티오(스페인과 라틴 아메리카 주택의 안뜰—옮긴이)를 중심으로 공간을 배치한 부자들의 대저택 등 볼거리가 풍부하다. 프랑스의 툴루즈가 '분홍빛 도시'로 알려져 있다면, 오악사카는 초록빛 도시라고 할 수 있다. 그만큼 이 지역 채석장에서 채취되는 돌은 특이하게도 녹색을 띤다. 주변에는 사포테코족과 미스텍족의 예식이 거행되던 장소인 몬테 알반이 피라미드를 닮은 육중한 형태와 그 위에 얹힌 관측소와 더불어 골짜기를 굽어본다. 해발 1,500미터에 위치한 오악사카는 여름, 겨울 구별할 것 없이 언제나 상쾌하고 청량한 기후를 자랑한다. 따라서 특히 미국이나 캐나다에서 관광객들이 엄청나게 몰려온다. 더구나 한 번 오악사카의 매력을 맛본 관광객들 가운데에는 반복적으로 이곳을 찾는 사람들도 적지 않다. 7월에는 겔라게차 민속축제가 많은 사람들을 끌어 모으는데, 주로 돈 많은 외국인 관광객들이 축제장을 누빈다. 그들은 돈이 없어서 축제장 안으로 들어가지 못하고 입구 계단에 서 있는 현지 주민들은 아랑곳하지 않는다.

2006년, 오악사카 주민회의Appo Assemblée populaire des peuples de Oaxsaca는 처음에 이 축제를 금지했다(내 기억이 맞다면, 그러다가 결국 허가했다). 그리고 그 대신 주민 중심적이면서 돈도 받지 않는 겔라게차 축제를 개최했다. 그러자 순식간에 관광객들은 자국 대사관의 충고에 따라 그 축제에 가지 않았다. 각국 대사관들은 자국민들에게 이 도시 사람들이 고분고분하지 않은 점에 대해 경고했던 것이다. 하지만 주민들은 우리가 얼핏 짐작하는 것처럼, 관광객들의 불참을 재앙으로 받아들이지 않았다. 왜 그랬을까? 그러한 질문에 대답한다는 것은 가령 왜 태평양에 면한 작은 촌락 코율라의 주민들이 이웃마을인 우아툴코―휴양지로 변한 곳―의 경험에서 배운 지식을 바탕으로, 어떻게 해서든 마을이 바닷가 휴양도시로 변하지 않게 했는지를 자문해보는 것과 다르지 않다. 그러니까 왜 팔렝케 지방의 신부의 면사포Voile de la Mariée라 불리는 멋진 폭포 인근 작은 마을 산미겔의 사파티스타(멕시코 혁명 지도자인 에밀리아노 사파타의 사상을 따르는 사람들로, 핵심 주장은 농민이 토지를 소유해야 한다는 것 이다—옮긴이)들이 눈이 돌아갈 정도로 엄청난 관광개발 계획을 거 부했는지 자문해보는 것과 마찬가지라는 말이다. 또, 왜 아텐코의 주민들이 그들 자신에게는 거의 아무 이득이 없는 국제공항 건설 계획을 저지하기 위해 수개월 동안 연방 국가의 경찰뿐만 아니라 멕시코 주 경찰에 맞서서 힘든 전투를 감수했는지를 자문하는 것이 기도 하다. 사실 이건 완전히 반대라고 봐야 하는데, 관광산업은 그 대상이 되는 마을이나 지역주민들에게 정말로 재앙이기 때문이다.

관광산업의 진정한 수혜자인 유지들에 항거하다

오악사카의 경우, 주민들의 도시 점령에 공개적으로 불만을 표 시한 것은 카페의 웨이터들이나 가사 도우미, 고급 호텔의 객실 담 당 직원, 구두닦이, 담배팔이나 관광객들에게 기념품을 파는 상인 들, 섬세한 도자기를 구워내는 장인들, 세계적 명성을 누리는 오악 사카 양탄자 제조인들이 아니었다. 오히려 도시의 유지들이나 중앙 광장의 아치형 통로를 따라가며 테라스를 제공하는 호텔, 식당, 카 페의 소유주들이었다. 이들 도시 유지들, 스스로 "금수저를 물고 태 어났다고 생각하는 자들"은 국가의 품에 안겨 관광객들의 이탈을 애통해했으며, 투쟁이 계속되는 동안 내내 정부로부터 금전적 보상을 받아가면서 연방 경찰력의 개입을 큰소리로 요구했다. 이들이야말로 도시의 진정한 주인이자 주의 주인이며, 주 총독은 그들을 위해 봉사하는 공복에 지나지 않는다.

오악사카의 항거는 총독만을 겨냥한 것이 아니라 이들 도시 유지들, 멕시코 점령으로 얻은 돈으로 정치를 좌지우지하며 주인 행세를 하는 소수 지배집단 전체를 대상으로 했다고 봐야 한다. 이들 소수 지배집단이야말로 일자리를 없애는 진정한 실세이며, 관광이란 일자리를 없애는 자본주의의 여러 활동 가운데 하나일 뿐이다. 분업이라는 자본주의 활동과 가난한 자들의 공모가 아직 본격적으로 이루어지지 않은 오악사카에서는 아무도 이 점을 모르지 않는다. 특권 따위는 가져본 적도 없고 특권을 누리겠다는 기대조차 해본 적이 없는 주민의 절대 다수는 주민회의의 편에 섰다. 이들은 죽음의 기동대로부터 자신들을 보호하고자 마을 곳곳에 바리케이드와 높은 기둥들을 세웠으며, 그곳에 모여 집회를 열어가면서 자신들의 영역을 지켰다. 이들 주민들(그중에는 당연히 카페의 웨이터들이나 가사 도우미, 고급 호텔의 객실 담당 직원, 구두닦이, 아이스크림 장수들이 포함되어 있었다)은 학교 교사들(이들 또한 6개월 이상 급여를 받지 못했다)과 더불어 각종 제한조치들로 고통을 겪으면서도 서로 연대했다. 관광 같은 자본주의적 활동에 이들은 게차 전통과 교환, 상호성, 협동, 상호 공헌, 공동의 일 또는 테키오tequio(동네 또는 촌락 단위의 집회가 최종 결정권을 갖는 전통)에 토대를 둔 사회적 활동으로 대처했다. 오악사카 시는 시의 토대를 이루는 이러한 원칙에 입각해서 흔들리지 않았다. 삶은 예전처럼, 적어도 거의 그때와 마찬가지로 계속되었을 뿐 아니라 한층 더 흥미진진하게 전개되었다.

관광이 차지하는 자리

사회 질서의 재확립, 바꿔 말하면 권력이 재확립되면서 관광은 다시금 무장경찰력의 뒤에 숨어 이들의 비호를 받으며 제자리로 돌아왔다. 처음에는 예방 차원에서 연방경찰 4,500명이 동원되어 중앙광장을 점령했다. 사정이 이렇게 되자 도시 안에서의 삶은 중앙광장에서 100미터가량 떨어진 산토 도밍고 광장 쪽으로 옮겨갔다. 하지만 관광객들의 모습은 여전히 보이지 않았다. 시 유지들은 그래도 크게 불평하지 않았는데, 군 병력이 세금으로 광장 주변에 모여 있는 별 3개나 4개짜리 호텔에 머물렀기 때문이다. 이렇게 이들 호텔들이 점령세력과 협력하자 항거자들의 격렬한 증오의 대상이 되었음은 두말할 필요도 없다. 2006년 11월 25일 항거자들에 대한 대량학살과 검거가 자행되었으며, 그 후 이 도시에서는 다시금 관광업이 전면으로 부상했다. 항거에 나섰던 주민들은 쫓기는 몸이 되어 반半칩거 생활에 들어갔다. 오랜 기간 동안 경찰에서는 중앙광장과 산토 도밍고 광장 출입자들을 면밀하게 제한하면서 오직 관광객들과 그들이 보기에 아무런 문제가 없다고 판단되는 자들에게만 출입을 허용했다. 주민회의가 주동이 되어 그곳에서 개최하려던 축제는 금지되었으며, 도심공간은 더 이상 주민을 위한 공간으로 기능하지 않게 되었다. 그 공간은 관광객들 전용공간, 그러니까 상업

활동과 관광이라고 불리는 산업을 위한 공간이 되어버린 것이다. 그러니 당연히 그곳의 삶은 시시하고 무미건조하게 변해버렸다.

상업사회의 교두보

멕시코 같은 나라에서 관광이란 아직 전적으로 상품화가 되지 않은 영토로 상업 세계가 진출함을 의미한다. 이런 곳에서 관광이 란 소비사회의 전위부대로서 원주민 사회의 사고방식이나 생활방 식과는 다른 일종의 정신상태, 사고방식, 존재방식을 들여오는 역 할을 담당한다. 이렇듯 관광은 변방지역으로 들어가는 우리 자본주 의 문명의 첨병이다. 이 첨병이 입성하는 것과 더불어 모든 시련을 견딜 수 있다는 자신감도 함께 들어간다. 멕시코의 경우 사회현실 은 완전히 상업화된 우리 사회보다 훨씬 복잡한 양상을 보인다. 멕 시코에는 전통사회와 관광을 포함한 자본주의적 활동을 자기들과 는 무관한 권력(정복자, 식민지 이주민, 포식자의 권력)의 행사로 간주 하며, 자기들을 이들 권력의 희생자로 간주하고 여기에 저항하려는 사회가 공존한다. 이러한 외부의 권력은 왕성한 정복이 이루어지던 시대와 마찬가지로 상대방의 복종을 얻어내고 이들을 파괴하는 것 을 목적으로 삼는다. 그러므로 저항사회와 자본주의적 활동 사이 에 타협이란 있을 수 없다. 어떤 식으로 공모가 이루어지건 궁극적 으로는 저항사회의 소멸을 의미하기 때문이다. 이러한 저항사회 입 장에서는, 그들의 해체와 소멸을 주도하는 전체주의적인 권력 행사와 그들을 이끌어가는 정신 및 그들이 지켜온 관습 사이의 구분이 뚜렷하다. 푸에블라 파나마Puebla Panama(멕시코 중부의 산업도시 푸에블라와 파나마를 연결하여 중미 자유무역지대를 창설하려는 멕시코 정부의 계획—옮긴이)처럼 개발이라는 이름을 건 모든 거창한 계획들(관광개발이건 다른 개발이건)은 상업세계를 위해 상업세계가 마련한 계획들로, 많은 구속을 동반한 가운데 강요되며 그 결과는 대체로 주민들에게 비극적이기 십상이다. 땅을 빼앗기고 마을을 잃고서 헐벗은 채 칸쿤이나 아카풀코(완전히 관광만으로 먹고 사는 곳) 같은 도시 외곽으로 쫓겨나기 때문이다. 그곳에서 이들은 절망적 상황에 놓인 가운데 생존을 위해 몸부림친다.

우리가 사는 상업사회에서는 일자리를 제거하는 자본주의 활동과 사회가 모종의 공모를 하고 있다. 이러한 공모는 상황을 한층 더 복잡하게 만든다. 노예제도에 토대를 둔 고대 그리스 초기 사회에서 시작해서 인류를 상대로 전쟁을 선포한 자본주의 문명사회에 이르기까지는 여러 세기가 필요했다. 그런데 멕시코(그리고 다른 곳에서도)에서 강력한 저항에 부딪쳤다. 이 저항이란 과열된 채 돌아가는 기계의 움직임을 삐걱거리게 하는 몇 알갱이의 모래에 비유할 수 있다.

조르지 라피에르

후기

재미를 즐길수록 지배논리는 재생산된다

사람들의 의식을 하이퍼 자본주의(미래학자 제러미 리프킨은 사람들이 더 이상 자동차나 가전제품 같은 물건을 구매하는 것에 대해 이야기하지 않고, 여행이나 음악 같은 경험에 대해 말한다고 한다. 오늘날 상품은 경험을 제공하는 서비스로 변모했으며, 이러한 하이퍼 자본주의의 도래로 사람들의 활동이 경험을 구매하는 행위가 되어버린다고 지적한다―옮긴이)가 추구하는 가치 방향으로 단련시키기 위해 이른바 문화산업이라는 것이 밟아가는 과정은 그 방대함과 복잡다단함, 그리고 그것들이 지닌 무소불위의 힘 때문에 이 책에 모아놓은 다양한 분석들을 읽고 난 독자들은 착잡하면서 뭔가 미진한 감을 말끔히 해소하기 어려울 것이다. 사실 이들 문화산업의 발길이 닿지 않는 길을 상당히 가본 자들만이 그러한 문화산업이 상징하는 순응주의 제조 공장, 정신을 포맷하는 장치들이 민주주의에 가하는 위험, 특히 그 같은 장치들을 타파해야 할 필요성 등을 제대로 인식할 수 있다. 우리는 여기서 피지배자들의 반反문화가 지닌 중요성과 관련하여 우리가 잊고 있는 몇 가지 역사적 사실들을 상기해보고, 이른바 대중문화라는 것, 사실상 모든 측면에서 두루 살펴봐도 단순한 오락에 지나지 않는 것에 맞서 싸우는 데 있어 가장 중심 되는 특성을 강조해보려 한다.[1]

자본주의가 출현한 이후 반체제 성향의 여러 분파는 피지배자들의 반문화를 형성해야 할 필요성을 곧 인식했으며, 이 반문화는 몇 십 년이라는 세월이 흐르는 사이 자기만의 상징물들(검은색 혹은 붉은색 깃발, 5월 1일 노동절, 인터내셔널 노래 등)과 가치(가령 경쟁 대신 연대의식)를 만들어내는 데 성공했다. 상징물과 가치라는 이 두 가지는 모두 지배자들의 상징물과 가치에 반대되며, 오늘날까지도 살아남을 만큼 제법 강력하다.[2] 이 같은 창의성에 대면하여 지배자들은 부르주아 사회의 문전에서 서성거리는 얼마 되지 않는 노동자 계급마저 배제하겠다는 의지를 불태운다. 19세기 내내 지배계급은 노동자 계급을 위험한 계급으로 여겼다.[3] 그리고 이 점이 바로 사회적 투쟁이 유난히 강도 높은 갈등으로 특징지어진다는 사실을 설명해준다. 두 차례에 걸친 견직물 공장 직공들의 봉기(1831년, 1834년), 1848년 6월 항쟁, 파리코뮌과 지방 도시들의 코뮌(1871년) 등을 비롯하여 그 외에도 군대의 유혈진압으로 끝난 불법파업들이 부지기수였음을 상기해보라.[4]

이러한 맥락에서, 아나키스트들은 19세기 말 노동자 계급을 위한 주간지 《레탕누보Les Temps nouveaux》를 발간했다. 이 주간지는 교

육적 임무 수행을 목표로 삼았는데, 아나키스트들에게 있어서 혁명
이란 무엇보다도 개개인의 머릿속에서 완성되어야 하는 성질의 것
이었기 때문이다. 이 주간지는 제호를 여러 번 바꿔가면서도 이런
종류의 간행물 치고는 예외적일 정도로 장수했으며, 절대적인 자유
주의 사상을 전파하고 교육하겠다는 본래의 임무를 충실하게 수행
했다.[5] 적지 않은 최고 수준의 예술가들과 작가들이 《레탕누보》에
호의적인 반응을 보이면서 기꺼이 이 주간지에 글과 그림을 기고했
다. 실제로 이들 가운데 많은 수가 아나키스트적 사고에 동조했다.

그로부터 몇 년 후인 1902년 10월, 아나키스트 알베르 리베
르타드Albert Libertad(1875~1908)가 잡지 《코즈리 포퓔레르Causeries
populaires》를 창간했는데, 이 잡지는 순식간에 퍼져나가 파리 서민들
에게 토론의 장을 제공했고, 이 잡지가 옹호하는 아나키스트 사상
을 전파하기 위한 자율적인 선동의 도구가 되었다.[6] 바야흐로 드레
퓌스 사건의 영향으로 민중대학Université populaire이 발돋움하던 시대
였다. 민중대학이 전체적으로 급진주의적 사상에 동조하면서 주로
프티부르주아들을 대상으로 삼아 세를 불려가는 동안, 이제 막 태
동한 노동조합주의는 노동거래소(노동력을 필요로 하는 사람과 제공
할 사람을 중개하던 노동조합 조직—옮긴이)를 중심으로 하여 지역 단
위로 구조화되기 시작했다. 노동거래소에 대해서는 뒤에서 다시 상
세하게 언급하겠다. 3년 후 1905년 4월, 리베르타드는 또 하나의
주간지 《아나르시Anarchie》를 창간한다. 후세에까지 지속될 이 주간
지에서 그는 일상을 지배하는 순응주의를 사회투쟁이 거부할 수 있
도록 혈기와 열정으로 혁신적인 전망을 열어갔다. 그러나 안타깝게

도 그의 뒤를 이어 《아나르시》를 이끌어가게 된 후계자들은 리베르타드의 전망을 유지해나가지 못했다.

마지막으로 "자유로운 영혼들", 즉 '위대한 밤'까지 기다릴 것 없이 '지금, 여기서' 일상생활을 바꿀 수 있는 수많은 방법을 실험하면서 그 위대한 밤을 좀 더 효율적으로 준비하려는 공동체들도 부상했다. 생산 또는 소비 노동자 협동조합, 자유학교, 채식주의나 자연주의 체험, 자유연애 등의 움직임이 여기에 해당한다.[7]

아울러 노동운동은 산업별 연맹과 노동거래소를 중심으로 조직화되었다. 1895년 노동거래소 서기장에 임명된 페르낭 펠루티에 Fernand Pelloutier(1867~1901)는 이듬해 사회문제에서 벗어난 예술을 지지하는 자들과 사회적 예술을 주장하는 자들이 대립하던 논쟁에 개입한다. 이를 주제로 열린 기자 회견에서 페르낭 펠루티에는 혁명예술에 대단히 큰 비중을 부여한다. "부르주아 예술은 다른 모든 사회세력들(정부, 군대, 경찰, 사법권)을 다 합친 것보다도 더 효율적으로 자본주의 체제를 유지하는 데 크게 기여했다. 마찬가지로 사회혁명적 예술도 자유 공산주의의 도래를 위해서, 과잉된 고통으로 인간에게 영감을 불어넣는 모든 저항행위 예술이 한 것보다 더 많은 일을 할 것이다."[8] 목표는 분명하다. 요컨대 부르주아 문화 기제와 대립하는 두뇌, "편견과 기존 법에 주눅 들지 않는" 두뇌를 길러내는 것이다. 부르주아 문화 기제는 기존 체제를 재생산하며, 자신들의 고유한 삶과 생각을 구조화하기 위해 기존 체제를 문제 삼는 이들을 소외시키고, 그것을 광범위하게 확산시키는 역할을 한다.

현실적으로 노동거래소(그 당시 황금시대를 맞이했다)는 고유 임무에 해당되는 동업조합이나 노동조합 관련 임무와 병행해서, 미래 사회를 준비하는 동시에 그에 대한 예고라고 할 수 있는 노동자 주도적 반문화 홍보에도 집중했다. 그러므로 각각의 노동거래소는 직업 관련 강의들과 도서실, 민중교육 학회, 각종 축제와 연극 공연 등을 제공했으며, 이제까지 관행과는 결별을 고하는 생각들과 실천 (반군국주의, 알코올중독 퇴치, 반反개념적 실천 등)을 대중화했다.[9]

펠루티에 사망 후, 이처럼 자율적인 지식의 생산, 자본주의적 상상력과 결별하려는 의지는 1914년 이전까지 CGT(Confédération générale du travail, 1895년에 결성된 프랑스의 노동조합으로 가장 영향력 있는 노조 가운데 하나로 손꼽힌다—옮긴이)가 추구하던 실천 면에서 다시 찾아볼 수 있다. 특히 1909년 창간된 잡지 《라비우브리에르La Vie ouvrière》에서 다시 만날 수 있다. 《라비우브리에르》는 전투적 조합원들에게 "전투나 선동 때 직접 활용할 수 있는 재료들"을 제공하고자 했으며, "현 시점에서의 정치 경제 환경과 변화 추이를 분명하게 들여다보고자" 했다. 이 잡지의 지면을 통해 마르셀 마르티네Marcel Martinet(1887~1944)는 프롤레타리아의 자율적 문화를 정의하면서 진보적인 견해를 제시한다. 초기의 그에게선 부르주아 사회는 더 이상 인간적 문명을 보장하지 못한다는 확신이 느껴진다. 진보의 가능성이 모두 소진된 상태에서 부르주아 사회는 이제 최악을 향해 치닫는다는 것이다. 이러한 직관은 1914년 전쟁의 발발로 현실화된다. 1,000만 명이라는 엄청난 수의 사망자를 낳은 1차 세계대전은 '유럽사회'를 폭력으로 이끈다.[10] 부르주아에게서는 이제 자신의 권력과 특권을 보존하는 것 외에는 더 이상 아무런 프로그램도 기대할 수 없다. 전쟁이 끝난 직후 마르티네는 대중의 테일러화 (19세기 말 미국의 기술자 테일러는 노동자의 태만을 방지하고 최대한 능률을 올리기 위해 표준 작업량을 제시하고 성과급 제도를 채택한 시스템을 만들었다—옮긴이)를 토대로 하는 "대대적인 제국주의적 봉건 시대"가 도래하지 않을까 두려워했다.[11] "부르주아 사회는 프롤레타리아에게 하나의 그래프 곡선에 따라 임금을 지불하는데, 그 곡선으로 말하자면 시간과 상황에 따른 물질의 수요와 재생산을 나타낸다. 같은 방식으로, 부르주아는 프롤레타리아에게 자신이 얻고자 하는 이익에 비례해서 교육을 제공한다. …… 민중의 자식은 그저 글을 겨우 읽을 줄 아는 상태에서 학교를 졸업한다. 그게 그들이 받는 교육의 전부다. 이 같은 교육의 특징은 민중이 문화에 접촉할 기회가 절대적으로 부족하다는 점이다." 그 결과, "오늘날 지식인에게 최악의 적, 혁명을 하는 데 걸림돌이 되는 최악의 적은 더 이상 무지가 아니라 왜곡되고 부분적으로 삭제되었으며 속임수가 섞인 교육, 그러니까 부르주아 사회가 민중에게 주는 그대로의 교육이다." 이어서 마르티네는 "능력지상주의가 낳은 가장 흉측한 승리의 상징이라고 할 수 있는 유일한 의견, 공식적이고 정통성을 갖는다는 단 하나의 의견만을 배급하는" 신문을 향해 신랄한 비판을 쏟아낸다. 지배 이데올로기에 의해 언제까지고 굴욕 상태에 놓여 있는 인간이 그 상태를 벗어나려면 "땅에 코를 박고 고통스럽게 수행해야 하는 일로부터 고개를 들어 두 눈으로 하늘을 바라보면서 자신의 상승을 꿈꾸고 욕망해야 한다. 삶에서 승리해야 한다." 노동자는 "현실과 세계의 실세에 대해 정확하게 인식해야 한다." 그래야 그것을 바꿀 수 있으며, 변화는 자신의 일상적 경험, 자신의 직업, 자신이 속한 직업 생태계로부터 시작되어야 한다. 이러한 문화는 "노동조합에서 태어나서 노동조합의 삶에 적극적으로 참여하고 노동조합과 함께 살아가야 한다." 그에 따르면, 이처럼 엄청난 규모의 시도가 공고히 뿌리내리기 위해서 우리는 "우리가 혼자 행동하는 것이 아니며, 우리 자신만을 위해 행동하는 것도 아니고, 우리가 하는 일은 공통의 생각과 희망에 부응하는 것이라는 마음을 가져야 한다." 마르티네에게 노동조합이 자리 잡은 도시 또는 본연의 직업과 공생관계를 이루는 노동자 문화 전담기구(사무실과 굳은 의지를 지닌 몇몇 인물들)가 만개하는 데 필요한 조건은 결국 사람들이 이루어야 할 일들이다. 가령 독서와 책의 중요성("좋은 책을 선별하는 역량은 하나의 덕목이며, 그것으로 인하여 다른 덕목들을 갖출 수 있게 된다"), 공동체 문화가 주는 이점과 그것이 일상생활에 가져다줄 수 있는 영향력 등이 그 역할을 할 수 있다.

그러나 1935년 마르티엔은 "오늘날 노동자 계급의 문화는 1914년 이전보다 훨씬 어려운 상황에 놓여 있다"고 인정한다. "세계에 대한 자본주의의 영향력이 한층 강화되었고", "프롤레타리아가 받고 있는 물질적 · 정신적 굴욕" 또한 한층 악화되었기 때문이었다.

다른 나라에서도 상황은 거의 비슷했다. 1914년 이전부터 1920년대에 이르기까지 혁명에 동조하는 노동자 조직들은 자본주의에 대항하는 과격한 투쟁과 피지배자들의 반문화 필요성을 굳이 분리하지 않았다. 그래서 미국에서는 1905년부터 혁명지향적 노동조합인 IWW(International Workers of the World)가 향후 20년 동안 가장 비중 있는 사회투쟁을 벌였으며, 동시에 혁명적인 노동자 반문화 발전을 주도했다. 음유시인 워블리 조 힐Wobbly Joe Hill[12]로 상징되는 IWW는 가능한 모든 수단을 동원해서 "모든 지배계급의 가장 큰 관심사, 즉 노동자, 노예들이 생각이란 것을 하지 못하도록 하려는 시도"[13]에 반기를 들었다. 마찬가지로 스코틀랜드에서도 일요 사회주의 학교, 노동자대학, 노동자 출신 지식인들의 지지를 받는 노동자 반문화의 존재는 세간의 이목을 끄는 몇몇 인물들의 출현으로 이어졌으며, 20세기로 접어들어 1930년대 초반까지 가장 독창적인 사회투쟁을 전개함으로써 영국 좌파에게 적지 않은 영향력을 행사했다.[14]

그런데 1차 세계대전에서 2차 세계대전으로 이어지는 동안 이러한 움직임이 퇴조를 보인 것은 무슨 이유 때문일까? 여기에 대해서는 두 가지 결정적 원인을 꼽을 수 있다. 첫 번째는 생산관계와 관련이 있다. CGT 금속연맹 서기장인 알퐁스 메르엠Alphonse Merrheim(1871~1923)은 1913년부터 이 사실을 이미 강조해왔다. "작업장과 공장으로부터 지성이 밀려나고 있다. 그들이 떠나간 자리에는 뇌라고는 없는 강철 팔뚝들과 쇠붙이와 강철로 만든 로봇에 적응한 살덩어리 로봇들만 남아 있다." 1914년 이전에 볼 수 있었던 자부심 강하고 자유로운 노동자들은 사라지고 포디즘이 낳은 숙련공들이 그들의 뒤를 잇는다는 말이다. 이 과정에서 우리는 노동자 자율성의 개념과 그 실천을 잃어버리고 말았다. 이 두 가지는 노동자들이 지닌 고유한 가치를 바탕으로 가장 많은 사람들의 이익을 추구하는 새로운 사회를 건설하기 위해 필요한 역량이다. 그러나 개혁주의적 또는 자칭 혁명주의적이라는 노동자 운동은 이제 국가를 전적으로 신임하게 되었다. 1930년대 내내 오직 일부 비주류 인사들만이 "군대화된 생산조직과 노동자의 항거가 예속화되는 것의 관계"에 대해 문제의식을 표출했다.[15]

두 번째 이유는 임금노동자들의 양적 증가와 관련이 있다. 앞에서 보았듯이, 19세기 내내 당시 소수였던 노동자 계급은 사회 주변부로 내쳐졌으며, 그들의 해방 시도는 완력에 의해 저지당했다. 그러나 임금노동이 민중 전체로 확대되기 시작하면서 지배자들은 더 이상 거친 힘의 관계로만 만족할 수 없게 되었다. 최후의 순간에는 언제든 호소할 수 있는 힘의 관계와 더불어 합의라는 기제가 더해질 필요가 있었다. 그래서 지그프리트 크라카우어Siegfried Kracauer(1889~1966. 독일 출신 문화비평가이자 영화이론가—옮긴이)는 1920년대 독일 바이마르의 제조업과 상업 부문 피고용자들의 프롤레타리아화 과정을 관찰했다.[16] 피고용자들은 인간을 소외시키는 노동현장에서 전통적인 중산층 세계관과 더불어 새로운 프롤레타리아 층을 형성했다. 요컨대 이들은 '화이트칼라' 프롤레타리아이면서 계급의식이라고는 전혀 갖추지 못한 데다 설상가상으로 순응하는 경향이 있는 거짓 의식으로 움직였다. 이들은 문화산업의 첫 번째 타깃 고객이면서 막 태동하기 시작한 국가사회주의 운동의 토대를 형성할 계층인 반면, 전통적인 노동자 운동은 이런 자들을 무시했다. 정치학자 페터 라이헬Peter Reichel에 따르면, 나치는 사실상 대중문화의 중요성을 가장 먼저 깨달은 자들이다. 일단 권좌에 오르자, 나치주의는 독일 노동전선과 마찬가지로 임금노동자들을 조직화할 수 있는 각종 기구를 만들었다. 국가사회주의 사회복지국, 겨울구호, 또는 기쁨을 통한 힘이라는 여가 조직 등이 여기에 해당한다. 이들은 자기들이 동원할 수 있는 모든 수단을 통해서 환상의 세계를 만들어냈으며, 이 환상의 세계는 민중 전체를 재앙으로 이끌었다. 결국 독일 민중은 어느 정도 자발적으로 나치와 공모하여 재앙 속으로 걸어 들어간 셈이다.[17]

다른 나라들의 경우, 문화산업의 발전과 그로 인한 성과가 독일에서는 1920년대에, 미국에서는 1940년대와 1950년대에 프랑크푸르트학파 소속 철학자들에 의해 연구되었다. 이들 철학자들은 이 무렵만 해도 아직은 소비사회라고 부르지 않았던 기제와 당면하여 개인이 자율성을 상실하게 되는 현상을 강조했다. 이러한 상실은 당연히 정신에도 영향을 끼칠 수밖에 없다. "개인은 자신이 사용하는 기제 앞에서 점점 사라져가는 반면, 다른 어느 때보다도 이 기제에 의해 효과적으로 대접받는다. 사회적 불의의 단계에서 대중의 무기력과 온순함은 대중에게 주어진 물질의 양이 증가함에 따라 동시에 증가한다."[18]

하지만 문화산업의 비약적 발전과 2차 세계대전 이후 이른바 선진국이라는 나라들에서 줄곧 유지해온 거의 독점적인 우월성에도 불구하고, 체제에 대한 항거가 발생할 때면 늘 제법 다듬어진 반문화가 부상하곤 한다. 처음에 이 반문화는 더 이상 참을 수 없고 억압적이라고 여겨지는 지배적 가치들과 정반대되는 입장을 취하는 식으로 표출되다가 차츰 현재의 문제들과 대면한다. 그리고 과거 전통 속에서 참고할 만한 사례들과 경험을 찾아내어 이를 취하고, 이를 뛰어넘는 이중적 운동을 통해서 자기만의 고유한 가치들을 확인하는 식으로 바뀌어간다. 이런 까닭에 미국에서는 1960년대에 사회투쟁이 부활하면서 전후 세대에게 부인할 수 없는 이상향으로 여겨지던 미국식 생활방식American Way of Life에 반대하는 반문화가 발생했다(오늘날까지 이어지고 있는 많은 사회변혁운동이 1960년대를 거치면서 시작되었다. 여성인권운동, 흑인인권운동 및 히피 문화 등을 들 수 있다—옮긴이). 이때 생겨난 반문화는 체제의 가장 중심을 향해 비판의 화살을 날렸으며, 제일 먼저 '지금 여기에서' 모든 것을 바꾸고 싶어 하는 자들의 일상생활을 건드렸다.[19] 이 시기의 반문화는 또한 과거 투쟁사의 전설적인 인물들을 재조명해[20] 다수의 정신에 지속적으로 각인시켰다. 비록 그러한 정신을 담고 있던 사회운동이 썰물처럼 물러난 뒤에는 상업적으로 회유되는 씁쓸한 결과를 낳긴 했지만 말이다.

대중문화는 무시해도 좋은 것으로 치부해서는 안 된다. 대중문화는 어디까지나 지배사회를 재생산하는 본질적 요소다. 지배사회에 대해서는 오직 몇몇 해방운동이나 드물게 만나는 비판적 사상가들만이 그것이 차지하는 중심적 위치에 버금가는 반대 의견을 표명할 뿐이다. 나치시대에서 계급적 반문화의 중요성을 강조한 영국 출신 역사학자 티머시 메이슨Timothy Mason은 "노동자 계급을 끌어들이는 (체제의) 역량은 확실히 노동자 문화가 지닌 힘에 반비례할 수밖에 없다. 노동자 문화에 대해 뿌리 깊은 충성심과 호의적인 견해를 보이는 사람들만이 국가사회주의자들이 주도하는 모든 종류의 유혹과 모든 종류의 아부성 정책에 저항할 수 있었던 것으로 보인다."[21] "개인 자율성의 재발견", 그리고 "일상생활 비판과 새로운 삶의 창조 가능성을 위한 개인의 참여"를 통한 진정한 변화가 필요하다. 오늘날 대중문화의 '점진적 소멸'을 지향하는 싸움은 이러한 변화에 필요한 제반 조건들 가운데 하나가 되어야 한다.[22]

오락은 너무도 큰 비중을 차지하고 있다. 그 결과 태고 이래 문명과 인간이 가질 수 있는 특수성을 부여해주던 인류학적 뿌리마저 위협하게 되었다. 그러므로 지배사회가 제공하는, 아니 강요하는 오락을 향해 벌이는 싸움은 더 이상 주변적이거나 부차적인 것이 될 수 없다. 오히려 그 싸움은 진정한 반문화와 불가분의 관계에 있다. 그렇기 때문에 해방운동 등은 반문화가 절대 양보하지 말았어야 하는 중심적 위치를 되찾아주어야 한다. 1930년대 초부터 이미 철학자 시몬 베유Simone Weil는 강조했다. "노동자들은 (인간적인 문화를) 소유할 준비를 해야 한다. …… 지난 세대가 물려준 모든 유산을 소유할 준비를 해야 하는 것과 마찬가지로. 이러한 소유가 이루어지는 것, 그것이 바로 혁명이다."[26]

샤를 자키에

오팡시브의 문화분석을 읽는 재미

'문화산업' 비판, 그 이후

아도르노와 호르크하이머의 '문화산업' 비판은 20세기의 가장
획기적이면서 결정적인 문화비평의 사례로 알려져 있다.[1] 그들은
비판이론critical theory이란 이름의 독특한 마르크스주의적 이론을 통
해 독일은 물론 미국을 비롯한 발전된 자본주의 사회의 대중문화
에 대하여 집요한 분석과 비판을 펼쳤다. 그렇지만 정작 그것이 무
슨 이야기를 하려 했는지를 둘러싸고 의견이 분분하다. 게다가 온
갖 낭만적이고 보수적인 문화비평과 그들의 주장은 혼동되기 일쑤
였다. 이를테면 널리 자리 잡은 상투적 해석에 따르면, 그들은 고
급예술을 높이 사고 대중문화를 경멸하는 엘리트주의라는 치명적
인 한계에 빠져있었다는 조롱을 받는다. 그도 그럴 것이 그들은 대
중문화의 여러 현상들에 대해 탐탁찮아 하는 시선을 거두지 않았

다. 텔레비전 드라마이든, 재즈이든, 일간지 점성술란이든, 할리우드 영화이든, 그들은 대중들이 사랑하고 기꺼이 자신의 삶의 이야기와 쾌락 속에 소중하게 포함시키는 그 모든 것들을 비방하는 것처럼 보인다. 하긴 그들은 대중에게는 낯설고 어렵고 불편하기까지한 쇤베르크니 알반 베르크니 하는 음악가들의 곡이나 제임스 조이스, 마르셀 프루스트, 사무엘 베케트 같은 난해한 전위문학가들의 작품을 선호한다. 역시 그들의 속내는 대중문화가 쓰레기라고 말하고 싶은 것이고 그를 대신해 진짜, 본래적인, 진정성 있는 문화를 택하도록 설득하려는 것일까.

그렇지만 이는 오해라고 할 수밖에 없다. 이는 그들의 '문화산업 비판'을 '산업문화 비판'으로 곡해하는 짓에 가깝다. 아도르노는 「문화비평과 사회」라는 유명한 글에서 문화비평Kulturkritik을 향해 신랄한 쓴 소리를 뱉는다. 그가 보기에 자신의 시대의 문화비평은 "절망과 엄청난 괴로움이 존재하는 곳에서 단지 정신적인 것, 인류의 의식상태, 규범의 쇠퇴 따위만"을 보고 그에 대해 오만하게 속물근성, 허영, 사치, 광기 따위의 낙인을 부여하곤 한다는 것이다.[2] 반세기도 전에 쓰인 이 글은 마치 오늘의 문화비평을 겨냥하는 것처럼 보인다. 속물근성을 필두로 대중문화의 다양한 정신적 효과를 비방하는 문화비평은 오늘에도 매우 흔히 볼 수 있다. 그러한 문화비평들은 대개 ○○사회니 ××문화니 하는 이름을 붙이며 대중문화의 바깥에서 대중문화를 헐뜯고, 다른 좋은 문화적 가치와 마땅히 취해야할 규범적 문화의 꼴을 주문한다. 그렇지만 문화산업 비판은

그런 것이 아니었다. 만약 문화산업 비판 역시 그런 것이었다면 그
것의 이름은 문화산업 비판이 아니라 '산업문화' 비판이라고 해야
좋을 것이다.

아도르노와 호르크하이머가 말하는 문화산업 비판에서 말하는
비판은 '변증법적' 비판을 가리킨다. 직접 그의 말을 빌자면 변증법
적 비판이란 이런 것이다. "변증법은 정신 숭배에도, 정신에 대한
적대관계에도 빠져서는 안 된다. 변증법적 문화비평가는 문화에 가
담해야 하며 또한 가담하지 말아야 한다. 그럴 때에만 그는 자기 자
신을 정당하게 대우하는 것이다." 여기에서 아도르노는 진정성의
문화, 실체성의 문화, 본래적인 문화 운운하며 그 어떤 아름다운 정
신적 가치를 들먹이면서 자신이 상대하는 대중문화를 경멸하고 '정
신숭배'에 빠지는 것을 경고한다. 즉 그는 관념론적인 문화비판을
조심하라고 충고한다. 그렇다고 해서 그것의 반대의 편향, 즉 소박
한 유물론에 빠지는 것 역시 경계한다. 다시 말해 문화란 고작해야
현실을 은폐하거나 신비화하는 당의정이거나 베일에 불과하며, 그
것의 핵심은 결국 그것을 요구하는 객관적 현실이나 경제 자체에서
찾아야 한다는 주장 말이다. 아도르노는 이를 "정신에 대한 적대관
계에 빠지는 것"이라 꼬집으며 그 역시 피하도록 요청한다. 그렇다
면 "문화에 가담하며 또한 가담하지 말아야 한다"는 알 듯도 하고
모를 듯도 한 이율배반에 가까운 모토를 어떻게 새겨야할까.

아도르노의 주특기는 그러한 이율배반을 제거하지 않고 문화

와 경제 사이의 대립을 사유해야 한다고 주장한 데 있다. 이는 주변에서 걸핏하면 마주하는 우리 시대의 문화비평과 제법 다른 접근이다. 많은 문화비평은 신자유주의 문화 비판이라는 슬로건을 내걸기를 즐긴다. 이런 주장들의 속내는 간단하다. 우리는 신자유주의적 자본주의 사회에 살고 있으며 대중문화는 결국 그러한 신자유주의적 경제질서의 특성을 닮을 수밖에 없다는 것이다. 그렇지만 여기에서 경제와 문화 혹은 고색창연한 마르크스주의적인 어법을 빌자면, 토대와 상부구조의 관계가 무엇인지 딱 부러지게 밝히는 경우는 없다. 다만 비판적인 척 몸짓을 취하는 문화비평은 문화 자체에서 세계를 거울처럼 반영하는 무능력하고 수동적인 모습만을 발견하고는 문화를 조롱한다. 다시 아도르노의 표현을 빌자면 '정신에 대한 적대관계'에 빠지는 것이다. 물론 이는 또한 반대의 경향과도 함께 한다. 그것은 신자유주의적 자본주의가 초래한 고통과 비참을 무시한 채, 즉 그것의 물질적인 삶의 세계로부터 초월한 채, 정신과 의식상태 혹은 규범의 쇠퇴 따위만을 고발하고 비난하는 데 머문다. 그러고는 곧장 문화라는 우산 아래 현실을 망라하고는 그에 맞선 진정한 문화를 앞세우기에 바쁘다. 다시 아도르노의 말을 빌자면, 이 역시 정신숭배에 빠지는 일이다.

아도르노와 호르크하이머의 '문화산업 비판'에서 찾아보아야 할 점은 자신들이 대면했던 문화 현상에 대해 얼마나 올바르고 정확한 비평을 제시했느냐에 있는 것이 아닐 것이다. 그들의 작업에서 보전해야 할 합리적 핵심은 바로 방금 말한 이율배반을 견디면서, 즉 문화의 타율성과 자율성을 함께 인식하면서, 그것을 분석하고 비판하는 변증법적 비평의 원리에 있다고 말할 수 있다. 물론 그들이 과연 그토록 옹호하고 다듬어냈던 변증법적 문화비평을 자신들이 행한 문화산업 비판에서 제대로 실현했는지를 따지는 것은 다른 문제이다. 그리고 그것은 우리의 관심사가 아니다. 오히려 우리의 궁금증은 이런 것이다. 오늘날 우리는 과연 그러한 변증법적 대중문화 비판을 계속할 수 있을까. 그리고 그런 사례를 찾아볼 수 있기는 한 것일까.

대중문화의 변증법적 비평

독자들이 거머쥔 이 책은 OLS(Offensive libertaire et sociale)라는 좌파 단체가 발행하는 문화비평 계간지 《오팡시브Offensive》에 실렸던 평론, 대담 등을 묶은 것이다. 단체의 이름이 알려주듯이 이들은 매우 역설적인 지향을 내건다. 자유지상주의적인 노선, 즉 어떤 형태의 억압, 권위, 규율에도 반대하는 이 노선은 반反사회적이거나 절대적 개인주의를 떠올리게 한다. 그렇지만 이들은 자유지상주의라는 노선과 함께하는 또 다른 노선의 이름으로 사회적 혹은 사회주의적인 노선을 택한다. 이는 마치 절충하거나 타협할 수 없는 두 개의 노선을 접붙이려는 시도처럼 보인다. 프랑스어에서 사회라는 개념과 독일어에서의 사회라는 개념이 함축하는 바가 크게 다르다는 것은 잘 알려져 있다. 핏줄과 전통, 문화에 의해 매개된 공동체로서 사회를 상상하는 독일식 사회 개념과 개인들 사이의 연대를 통해 만들어진 인위적 공동체를 가리키기 일쑤인 프랑스식 사회 개념은 사회 개념이 진동하는 양 극처럼 보인다. 전자에서 개인은 사회에 통합되고 그것이 마련한 가치와 규범을 내면화해야 하는 것으로 간주될 것이다. 그리고 후자에서는 개인으로서 자신을 구성하는 일이 성공리에 완수되지 않으면 사회를 이루기란 불가능하다고 여길 것이다.

이는 미국인들이 자주 말하는 공동체주의와 개인주의 사이의 관계를 말하는 것처럼 들릴 수도 있다. 그렇지만 미국인들이 말하는 공동체주의와 개인주의의 관계란 것이 단지 문화의 문제에 불과한 것이라면, 독일과 프랑스에서 그것은 문화라기보다는 사회적 관계를 체험하는 원리이자 정치를 상상하는 지평 자체에 가까운 것이라 할 수 있다. 그렇지만 문제는 사회적인 것과 개인적인 것 가운데 어느 것이 우선적인가를 택하는 것이 아니다. 두 가지 모두 허위적인 것이기 때문이다. 어느 자리에서인가 미국의 마르크스주의 문학이론가인 프레드릭 제임슨이 (아도르노를 참조하며) 말했듯이 개인인가 사회인가라는 쟁점은 양자택일을 해야 하는 문제이기는커녕 이는 자본주의 사회에서 아포리아, 즉 해결 불가능한 이율배반에 가까운 것이다. 따라서 그는 개인과 사회의 관계는 차라리 게슈탈트 심리학에서 말하는 배경과 형상figure and ground의 관계처럼 여겨야 옳다고 말한다. 이는 개인을 형상으로 보면 사회는 배경으로 나타나고, 다시 사회를 형상으로 보면 개인은 배경으로 나타날 수밖에 없는 것과 같은 이치 때문이다. 형상과 배경을 한꺼번에 볼 수 없다. 개인과 사회는 항상 다른 것을 배경으로 해서만 파악되는 형상이기 때문이다.

그럼 어쩌자는 것인가. 그러니 이율배반이라는 논리적 모순을 피하기 위해 개인과 사회란 대립 항을 현실을 인식하는 틀로서 채택하지 말자는 것인가. 아니면 둘 사이에 어떤 황금률을 찾아내자는 것인가. 제임슨은 역시 아도르노 못지않게 변증법적인 입장을 제기한다. 개인과 사회의 이율배반, 마르크스주의적인 용어로 옮기자면 적대 혹은 모순은 관념적인 부조리가 아니라 현실을 움직이도록 하는 본질이라는 것이다. 이쯤 되면 우리는 OLS라는 단체가 내건 기이하고 이율배반적인 이름에 대하여 크게 의아스런 기분을 느낄 필요가 없을 것이다. 그들이 절대자유주의적인 입장과 사회주의적인 입장을 함께 놓는 것은 원을 사각형으로 만드는 일처럼 불가능한 정치적 노선을 겨냥하거나 터무니없이 부조리한 종합을 행하겠다는 것이 아니기 때문이다. 그것은 바로 그러한 모순을 변증법적으로 사유하겠다는 그들의 의지를 기입하고 있는 것처럼 보인다.

『재미가 지배하는 사회』는 『자본주의의 새로운 정신』을 참조하며 사회비판과 예술비판을 결합하겠다고 말한다. 프랑스의 대표적 베버주의 사회학자들이 쓰고 큰 반향을 불러일으킨 그 책은, 프로테스탄티즘의 초기 자본주의의 정신처럼 신자유주의적 자본주의의 정신이란 무엇인지를 밝히는 것으로 유명해졌다. 그들이 그 책에서 말하는 사회비판이란 20세기 중반까지를 지배했던 사회주의의 자본주의 비판, 즉 착취와 지배에 대한 비판을, 그리고 예술비판이란 1968년 혁명 이후의 미학적 자본주의 비판, 즉 개인의 자율성과 창의성을 고갈시키는 권력으로서의 자본주의 비판을 일컫는다. 다시 말해 이 책을 출판하는 이들이 자신들의 이름으로 내건 명칭처럼 그들은 아주 오래전 사라진 것처럼 보이는 변증법적인 비평으로서의 대중문화 비판을 시도하고자 한다. 그것도 대중문화를 비평하는 것이 그 어느 때보다 불가능할 뿐 아니라 일종의 보이지 않는 금기에 의해 그런 비평이 재갈 물린 것처럼 보이는 이 시대에 말이다.

'문화연구cultural studies'라는 새로운 학문(아니 새로운 이름으로 등장한 문화비평의 정신이라고 불러도 과언이 아닐)은 대중문화 비평을 대중문화의 수용과 소비를 통해 나타나는 대중의 쾌락, 욕망, 거부, 타협을 읽는 일로 바꾸었다. 그리하여 대중문화는 고급예술에 기죽을 필요가 없으며, 문화비평은 그 안에서 축복받아야 할 수많은 미덕을 찾아내면 그것을 기려야 하는 것처럼 생각되었다. 《오팡시브》가 프랑스 좌파 내부의 대중문화 비평에 대해 신랄한 조롱을 퍼붓는 것 역시 바로 이러한 추세를 가리키는 것이라고 봐도 좋을 것이다. 그렇지만 더 서글픈 점은 프랑스 좌파 비평가들은 한술 더 떠 스포츠, 텔레비전 드라마 안에 대단한 철학적 가치가 스며들어 있는 것처럼 너스레를 떤다는 것이다. 아무튼 방향은 같다. 대중문화는 민중의 아편도 아니고 지배자가 보낸 트로이의 목마도 아니며 대중은 그렇게 호락한 바보가 아니다. 그러므로 대중은 대중문화

안에서 자신들의 자취를 남기고 또 기꺼이 자신들의 욕망과 정체성 따위를 실현하는 것으로써 대중문화를 전용하고 정복한다는 것이다. 요점은 이런 것이다. 대중문화 만세! 대중문화여 영원하라!

'좌우합작' 문화비평으로부터 좌파적 문화 비판을 구제하기

따라서 대중문화는 그것의 생산단계에서 승인되고 소비단계에서도 승인된다. 《오팡시브》의 말을 빌자면 "세계화된 문화산업에 이처럼 거듭 항복 의사를 표시하는 것은 아무런 제동장치도 듣지 않는 오락문화의 강림을 예고"하는 것이다. 그러나 좌파에 의한 (대중)문화 비판이 거부될 뿐만 아니라 심지어 그 자체가 금지되어 있는 상황에서, 《오팡시브》는 그 금지된 과제를 스스로 떠맡겠다고 기염을 토한다. 그리고 우리는 급기야 그들이 서슴없이 대중문화를 민중의 아편이라고 힐난할 때, 눈을 의심하게 된다. 그 이유는 먼저 마치 더 이상 용인될 수 없는 것처럼 여겨진 주장을 뻔뻔하게 되살리기 때문이고, 다음으로는 그러한 비판을 위해 그들이 꼼꼼하고 치밀한 분석을 기꺼이 제공하기 때문이다. 그러나 《오팡시브》의 대중문화 비판은 외부의 현실이 대중문화의 내용을 통해 전달된다는 식의 케케묵은 '반영론'을 쫓지 않는다. 대중문화에서 지배계급의 의지나 자본주의의 초월적 정신이 그 내용 속에 담겨있고 반영된다는 식의 주장은 그들의 접근과 관계가 멀다. 그들은 변증법적 비평의 원리를 쫓으며 대중문화의 바깥에서 진짜 문화를 알고 있는 호사가의 자리에 선 채 대중문화를 헐뜯고 비방하지는 않는다. 또한 신자유주의적 자본주의니 세계화니 금융지배 경제니 하는 개념을 걸핏하면 들먹이며 그것을 마치 배경화면 정도로 써먹기만 하고, 정작 그것이 문화의 내부를 어떻게 규정하는지 밝히지 않는 추상적인 (윤리적, 미학적) 비판들과도 선을 긋는다(아마 눈치 빠른 독자라면 한 때 베스트셀러가 되었던, 독일의 대학에서 가르치는 어느 한국 철학자의 문화 비판을 대뜸 떠올릴 것이다). 여기에 실린 글들은 바로 대중문화의 내부에서 자본주의가 만들어낸 문화의 형식과 구성, 효과를 비판한다. 새로운 자본주의가 발휘하는 영향 혹은 규정을 대중문화의 내부에서 읽고, 또 그것이 자신의 외부인 것처럼 보이는 자본주의적 경제질서에 의해 매개된 것임을 밝혀준다.

그렇지만 『재미가 지배하는 사회』를 오늘날 희귀할 대로 희귀해진 변증법적 대중문화 비판을 복원하려는 시도로만 여긴다면 이는 소홀한 대접일 것이다. 우리는 '내 집 마련 이데올로기'부터 우리 사회에 만연한 관광 혹은 '포스트-관광' 문화에 이르기까지 대중문화의 여러 모퉁이를 순회하게 된다. 무엇보다 좌우를 막론하고 근대 세계에서 더할 나위 없는 영예를 누려온 스포츠에 대한 비판은 이 책에서 가장 흥미롭고 또 여차하면 재미난 분란을 일으킬 만한 대목이다. 2002년 한일 월드컵 당시 한국에서도 역시 축구는 물론 대중문화로서의 스포츠를 둘러싸고 흥미로운 비평들이 출현하였다. 특히 진보적이라고 자처하는 문화비평가들의 평론은 축구에서, 가볍게는 유사 부족 문화나 대항문화에서부터 시작해 비판적 민족주의에 이르기까지, 스포츠를 통해 수많은 의미를 해독하려고 애썼다. 그렇지만 이러한 비평은 스포츠의 열광적인 소비자로서 팬덤fandom이라는 주관적 위치를 당연시하며, 스포츠라는 국가적이면서도 비즈니스적인 문화산업의 객관성에 대해서는 말을 아낀다. 나아가 그것은 스포츠가 자신을 제시하기 위해 쏟아내는 신화적 어휘와 구문들을 복기하거나 코드를 바꿔 사용하면서 스포츠의 이데올로기적 지배를 용인하고 또 촉진하였다. 그런 점에서 스포츠는 대중문화의 원原-이데올로기를 농축하고 있다. 『재미가 지배하는 사회』는 그러한 대중문화 비평에 참여하는 '비판적' 읽기의 허위를 스스럼없이 폭로한다. 이러한 비타협적인 태도야말로 이 책을 술술 읽게 만드는 재미 가운데 하나이다. 물론 '재미가 지배하는 사회'가 제공하는 재미와 전연 다른, 꽤 괜찮은 재미가 있음을 깨닫는 것은 덤이다.

2016년 11월
서동진(문화비평가, 계원예술대 융합예술학과 교수)

옮긴이의 말

우리는 영화나 드라마를 볼 때 광고가 너무 많아 짜증이 난다는 말을 자주 한다. 프로그램이 시작하기 전, 끝난 후의 광고도 이럴 진대 하물며 중간 광고야 두말할 필요도 없다. 반면 방송사 측에서는 케이블 텔레비전에 허락해준 중간 광고를 지상파 방송에도 용인해 주어야 한다고 주장한다. 그럴 때마다 학창시절 인상 깊게 들었던 사회학 강의의 한 대목이 떠오른다. 매스 미디어에 대해 설명하던 담당 교수는 우리가 매일 시청하는 텔레비전을 놓고 볼 때, 시청자들은 드라마가 메인, 광고는 양념이라고 생각하나 실제로는 그 반대라고 역설했다. 요컨대 시청자들을 자본주의의 꽃인 광고 앞에 붙잡아 두기 위해서 유명 배우들이 등장하는 연속극이며 영화를 미끼로 던진다는 말이었다. 주객전도라고 해야 하나?

내 집 마련 이데올로기는 또 어떤가? 평소에 별로 말이 없으시던 나의 아버지는 살아 계실 때 "집 없는 자의 설움"을 누누이 강조하면서 자기 집을 지니고 살아야하는 당위성에 대해서만큼은 말수가 많아지셨다. 그런데 내 집 마련 이데올로기라는 것도 자세히 들여다보면 특정 집단의 이익을 위하여 만들어졌으되 개개인 모두의 이익인 것처럼 포장된, 주객전도의 또 다른 신화가 아닐까하는 의심이 든다.

대중들에게 폭발적인 인기를 얻고 있는 각종 스포츠 활동에서도 주객전도 현상은 자주 관찰된다. 시민들의 체력 증진, 건전한 여가 선용을 위한 구심점 역할을 하는 스포츠가 몇몇 특출한 선수들만이 주인공이 되는 엘리트 지향주의로 변질되면서, 대다수 시민들은 구경꾼 내지는 들러리 수준으로 소외되는 처지가 되고 말았다.

관광도 다르지 않다. 소수의 전유물로 여겨지던 여행이 다수가 향유하는 관광으로 변하면서 본래 취지와는 다른 양상이 나타나기 시작하며, 이 때문에 결국 원래의 목적과는 다른 결과를 야기한다.

이 책은 '대중의 이익에 역행하는 대중문화'라는 역설적인 메시지를 전한다. 우리 시대의 신화라고 할 수 있는 광고와 텔레비전, 내 집 마련 이데올로기, 스포츠, 관광 등을 통해서 자본주의의 확산이 낳은 대중문화의 발전과 더불어 기존의 사회적 관계망이 어떻게 해체되는지, 공동체의 일원이 어떻게 해서 점차 고립된 개인으로 전락하는지, 다시 말해서 대중문화를 통해 대중이 결속되는 것이 아니라 오히려 무분별한 소비자로 파편화되는 과정을 살펴본다. 요컨대 대중문화 비판은 일종의 퇴행이며 이는 평등주의의 확산을 위협한다고 주장하는 자들의 입장에 맞서서, 대중문화의 대표 격으로 여겨지는 분야에서 '성역 없는 비판'을 시도한다.

이 책은 잡지에 실렸던 글들을 고르고 뽑아 한 권의 책으로 묶은 것이다. 동일한 저자가 처음부터 끝까지 책임지고 집필한 책에 비해 일관성 있는 맥락 면에서는 부족할 수 있으나, 여러 저자의 다양한 관점을 제시한다는 강점이 있다. 더불어 이제까지 너무도 당연하게 여겨져 주목하지 않았던 우리의 일상에 새롭게 눈뜨게 해준다. 이 책은 비판이 위축되는 시대, 비판다운 비판은 없고 편 가르기만 만연한 시대를 향해 내리치는 따끔한 죽비가 되어줄 것이다.

2016년 11월
양영란

OLS 그룹에 대하여

OLS는 2003년 여름에 발족했다. 우리는 자본주의를 종식시키고, 지배와 착취의 관계가 사라진 다른 미래를 구상하는 데 공헌할 수 있는 실재적인 공세를 구축하겠다는 의지를 천명한다. 우리는 연대 의식, 사회적 평등, 자유에 토대를 둔 사회를 만들려 한다. OLS의 골조를 구성하는 여섯 가지 원칙은 다음과 같다.

  1. 독립성   2. 연방주의   3. 집회주의
  4. 반反권위주의   5. 결별   6. 상호 지원

OLS는 변화의 초석을 다지는 역할을 수행함으로써 절대자유주 의라는 광범위한 별자리를 구성하는 하나의 요소로 자리매김하고 자 한다. OLS는 특정 시기별로 존재했던 집합체, 각종 위원회 등과 같은 다른 여러 기구들과 마찬가지로 하나의 조직이다. 그러나 조 직은 그 자체가 목적이 아니며, 따라서 그것이 활동과 성찰보다 우 위를 점해서는 안 된다.

우리는 우리 조직만의 이익에 따라 행동하거나 그때그때의 시류에 따라 이런 싸움에서 저런 싸움으로 넘어가기를 거부한다. 우리가 비록 주로 우리 조직에서 발간하는 간행물과 정치적 회합 등을 통해 우리의 가치와 생각, 실천 방식을 대결시키거나 옹호하거나 남들과 더불어 이를 공유한다고는 하나, 우리는 어디까지나 대의代議라는 논리를 거부한다. 겉으로 드러나는 모습에만 토대를 둔 사회에서 이러한 운동만큼은 적어도 구경거리를 통해 사람들을 불러 모으려는 나팔소리의 유혹에 넘어가서는 안 된다.

우리는 특히 사회적 차별, 다양한 지배 형태(성차별주의, 동성애 혐오, 경제적 착취 등)를 반대하며, 통행과 정착의 자유를 위해 싸운다. 우리는 생산 노동이 중심적인 자리를 차지하지 않는, 지금까지와는 다른 형태의 사회 조직을 제안하려 부단히 시도함으로써 생활의 불안정성과 빈곤이 확대되는 것을 저지하려 한다.

민주주의를 우리 자신의 실존 조건을 이해하고 이에 대한 제어를 가능하게 해주는 권력 형태로 정의한다고 할 때, 우리는 실재적인 민주 사회 건설을 추구한다. 토론과 결정 과정을 공유할 수 있는 새로운 사회 조직에 대해 생각을 모으는 일이 중요하다. 이는 곧 권력의 자율성과 결별함을 의미한다. 권력은 소수에 의해 독점되어서는 안 되며 사회 전체의 중심이 되어야 한다. 다시 말해서 권력은 사회화되어야 한다.

우리는 절대자유주의적인 운동들을 통합하고 반권위주의적이며 반자본주의적인 실천 방안을 확산시키는 모든 연합체들의 편에 선다. 우리는 절대자유주의라는 별자리 안에서 '대안'을 제시하고 이와 더불어 살고자 한다.

OLS 간행지 오팡시브 목록

1호　텔레비전에 대한 급진적인 비판　(절판)

2호　새로운 모습으로 태어나야 할 파업

3호　기술의 지배　(절판)

4호　성별과 성생활　(절판)

5호　공공성을 위하여

6호　호모 푸블릭투스Homo publictus(광고 인간)　(절판)

7호　반혁명주의 전쟁

8호　어린이들을 해방시켜라!　(절판)

9호　계급 문화인가 계급 비문화인가　(절판)

10호　과학 제국주의　(절판)

11호　우리는 챔피언을 증오해

12호　사회 통합 : 보조 맞추기인가, 사회적 차별화인가

13호　오늘날의 혁명

14호　관광이라는 참상

15호　자율성, 직접민주주의

16호　빌어먹을 성차별주의!

17호　자본주의가 빠진 상업　(절판)

18호　1968년 특별호, 또다시 5월!

주

들어가는말: 지배하고 싶다면 오락을 제공하라

1. 장-클로드 미쉐아Jean-Claude Michéa가 크리스토퍼 래쉬Christopher Lasch의 저서『대중문화인가 서민문화인가?Culture de masse ou culture populaire?』(Climats, 2001, p.8)의 서문에서 제안한 정의.

2. Seuil, La République des idées 총서(2002).

3. Ibid., p.20.

4. Ibid., p.21.

5. Christopher Lasch, Culture de masse ou culture populaire?, Climats(2001), p.33.

6. 이 책의 3장 내용.

7. Catherine Kintzler, "Propos mêlés sur le rugby", www.mezetulle.net/article-6817115.html.

8. 장-클로드 미쉐아가 크리스토퍼 래쉬의 Culture de masse ou culture populaire?에 붙인 서문, p.13.

9. Bernard Charbonneau, Nuit et jour. Science et culture, Économica(1991), p.29.

10. Jean-Claude Michéa, La Double pensée. Retour sur la question libérale, Champ essais(2008), p.57.

11. Luc Boltanski et Éve Chiapello, Le Nouvel esprit du capitalisme, Gallimard(1999), pp.83~84.

12. Ibid., p.84.

13. Éditions Homnisphères(2008).

머리글: 자기 집 소유 이데올로기, 집 한 칸은 있어야 한다고?

1. Tous propriétaires. Du triomphe des classes moyennes, Homnispères(2007).

2. 민중사를 다루는 잡지.

1. 화면을 깨부숴라, 텔레비전에 사로잡힌 사람들

텔레비전의 시대

1. *L'Homme à l'âge de la télévision*, PUF(2000).

좋은 텔레비전은 없다

1. Marshall Mac Luhan, *Pour comprendre les média*, éd. Seuil(1977)(국내에서는 2002년 민음사에서 『미디어의 이해』라는 제목으로 출판—옮긴이)

2. Roland Barthes, *La Chambre claire*, éd. Gallimard(1980)(국내에서는 2006년 동문선에서 『밝은 방』이라는 제목으로 출판—옮긴이)

3. 특히 *Leçons pour une phénoménologie de la conscience intime du temps*, PUF(1964)의 저자이기도 함.

4. 한 가지 예를 들자면 왼손으로 오른팔을 잡은 다음, 팔을 잡은 손과 그 손에 잡힌 팔을 동시에 느껴보라. 당신은 그렇게 할 수 없을 것이다. 왜냐하면 의식은 매 순간 한 번에 한 가지의 의식일 수밖에 없기 때문이다. 현상학에서 이른바 '교차 경험expérience du chiasme'이라고 부르는 이 실험은 그 점을 보여준다.

5. 베르나르 스티글러Bernard Stiegler는 『기술과 시간*La technique et le temps*』(in t. 3: Le temps du cinéma et la question du mal-être, éd. Galilée, 2001)에서 오디오비주얼에 관한 이러한 분석을 전개하고(그 점에서 이 글은 그의 분석에 빚지고 있다) 있으나, 그의 시각은 거의 비판적이라고 할 수 없다(그 점에서 이 글은 그의 분석과는 상당한 거리가 있다).

텔레비전을 끄지 못하는 이유

1. 《Scientific American》2002년 2월호에 게재된 "TV: Are you addicted?"에서 발췌. www.sciam.com 참조.

텔레비전은 어떻게 우리의 생각을 단순하게 만드는가

1. 『미디어 위기*Media Crisis*』라는 제목으로 Homnisphère 출판사에서 2007년에 출간되었다.

2. 광고가 점령한 세상, 소비기계 노릇은 이제 그만

간략하게 정리한 광고의 역사

1. Vince Norris, "Advertising history according to the textbooks", *Journal of Advertising*, Vol 9, N°3(1980), reproduit dans Stay Free, N°18.

2. Armand Nattelart. *L'Internationale publicitaire*, La Découverte(1989).

3. Patrick Eveno, "Média et publicité, une association équivoque mais indispensable", *Le temps des médias*, printemps 2004.

4. Michael Palmer, "Informations et publicité, le cas des agences de presse", *Le temps des médias*, printemps 2004.

5. Marc Martin, *Trois siècles de publicité en France*, Odile Jacob(1992).

6. Patrick Eveno, "Média et publicité, une association équivoque mais indispensable", *Le temps des médias*, printemps 2004.

산업을 촉진하기 위한 산업

1. La Découverte(2004)(국내에서는 2009년 지성사에서 출간되었다—옮긴이)

광고를 위해 봉사하는 인문과학

1. Auckenthaler, B., *Le Marketing*, Le Cavalier Bleu Editions(2004).

2. Breton, P., *La Parole manipulée*, La Découverte(1997).

3. Ewen, S., *Consciences sous influence, Publicité et genèse de la société de consommation*, Aubier(1983).

4. Tchakhotine, S., *Le viol des foules par la propagande politique*, Gallimard(1952), p.130. Voir aussi Reichel, P., *La Fascination du nazisme*, Odile Jacob(1993).

5. Cochoy, F., *Une Histoire du marketing, Discipliner l'économie de marché*, La Découverte(1993).

6. Schabner, D., "Playing With Your Mind: Is Neuromarketing Research Giving Advertisers the Keys to Your Decision-Making?", ABCNews.com, 2004년 1월 13일.

7. Benoît-Browaeys, D., "Jusqu'où ira le neuromarketing?", *Alternatives économiques*, n°232, 2005년 1월호.

광고는 어떻게 폴란드를 세계화했나?

1. 내가 보기에 선거 직후 자취를 감춘 뒤로 전혀 언급되지 않는 티민스키는 미국 CIA 요원이었으며, 선거를 둘러싼 일련의 작전 전체는 레흐 바웬사를 대통령에 당선시키기 위한 전술이 아니었나 싶다.

2. 대중들에게 무척 인기가 좋았던 이 일간신문은 불과 몇 달 만에 스캔들이나 캐고 다니며 선정적인 성차별적 사진들이나 게재하는 저질 언론으로 전락했다.

소비를 통해 대중을 제어하라

1. Jean Baudrillard, *Le Système des objets*, Gallimard(1968), p.263.

2. *Op. cit.*, p.250.

3. 쿨레초프의 실험은 한 사람의 얼굴은 문제가 되는 장면의 앞뒤로 어떤 이미지가 등장했느냐에 따라 슬퍼보이거나 즐거워보일 수 있음을 보여준다.

4. Bernard Stiegler, *De la misère symbolique, T.1: L'Époque hyperindustrielle*, èd. Galilee, 2004, p.124

5. B. Stiegler, *op. cit.*, p.125.

6. Bernard Stiegler, *Mécréance et discrédi, T.1: La Décadence des démocraties industrielles*, Gallimard(2004), p.52.

7. "M. Le Lay: TF1 vend du 'temps de cerveau humain disponible'". *Le Monde*, 2004년 7월 11–12일자.

8. Baudrillard, *op. cit.*, p.276.

당신을 조련하는 일방통행 메시지

1. F. Brune, "Images(publicitaires): le bonheur est dans l'illusion……", www.casseursdepub.org.에 게재된 글.

2. M.-J. Mondzain, revue *Étape*, 2004년 6월호.

3. M. -J. Mondzain, *Le Commerce des regards*, Seuil(2003).

4. M.-J. Mondzain, *Ibid*.

5. M.-J. Mondzain, revue *Étape*, 2004년 6월호.

낚여서 구매하기

1. *Sedotti e comprati. La publicitá nelle societá della communicazione*, Elanthera(2002).

체게바라가 청량음료 광고에 등장한 이유

1. 가령 《르몽드*Le Monde*》 2004년 4월 10일자에 게재된 로베르 레데케르Robert Redeker의 "반反광고 또는 즐거움에 대한 증오L'antipublicité ou le haine de la gaieté" 같은 기사를 읽어보라.

2. Dominique Quessada, *La Société de consommation de soi*, éd. Verticales(1999), p.101.

자유를 들먹거리는 사회

1. 성 해방에서 시작하여 부르주아적이며 훈계를 일삼는 온갖 사회적 구속에 대한 거부를 지나 낙태를 선택할 권리 주장 운동에 이르기까지 다양한 스펙트럼이 펼쳐졌다.

2. Jean Baudrillard, *Le système des objets*, Gallimard(1968).

3. *Ibid.*, p.276.

4. Sophie Chalvon-Demersay, "Une société élective. Scénario pour un monde de relations choisies", *Terrain, Carnets du patrimoine ethnologique*, n° 27, 1996년 9월호, p. 83.

5. Jean-Claude Michéa, *Impasse Adam Smith*, éd. Climats(2002), p.112.

6. Matthieu Amiech et Julien Mattern, *Le cauchemar de Don Quichotte*, éd. Climats(2004), p117.

7. 이 주제에 대해서는 곧 출판 예정인 Bernard Stiegler의 *La technique et le temps t.5: Le défaut qu'il faut*, éd. Galilée를 참조할 것.

8. 라스 폰 트리에 감독의 다큐멘터리 영화 〈Five obstructions〉(매우 독특한 예술적 제한에서 출발한 다섯 개의 시청각 작품을 차례로 소개하는 옴니버스식 영화)는 창작력이나 생존력은 항상 구속과 제한이 있을 때 비약적으로 솟아올라 진정으로 비상함을 효과적으로 보여준다.

3. 축구에 열광하는 사이, 당신이 학습하는 이데올로기

민중의 아편

1. *Halte aux jeux*, Livre de Poche(2005), p.122.

스포츠의 기원에 대하여

1. Pierre Bourdieu, "Comment peut-on être sportif?", *Questions de sociologie*, Minuit(2002).

2. Isabelle Queval, *S'accomplir ou se dépasser. Essai sur le sport contemporain*, Gallimard(2005).

3. Bourdieu, *op. cit*.

4. Henri Jorda, *Le Moyen âge des marchands. L'Utile et le nécessaire*, L'Harmattan(2002).

5. Queval, *op. cit*.

6. Michel Foucault, "Pouvoir et corps", *Dits et écrits* 1, *1954-1975*, Gallimard(2001).

7. "Treize thèses sur le corps", *Quel corps?*, François Maspéro(1978).

8. Queval, *op. cit*.

기량이 최우선, 경쟁 이데올로기를 어떻게 부추기는가

1. 지방 주간지 《랭포르마퇴르L'Informateur》의 홈페이지(www.linformateur.com)에 실린 기사에서 발췌.

2. 2005년에 발행된 《르 누벨 옵세르바퇴르Le Nouvel Observateur》 특별호 511호에 실린 Patrick Laure의 "Vers une société dopée".

열정과 기쁨? 스포츠야말로 정치적이다

1. 2004년 10월 13일 수요일자 《리베라시옹》에 소개된 프랑스 전 국가대표 감독 에메 자케의 말.

파시스트가 스포츠를 이용하는 방법

1. Daniele Marchesini, "Lo sport", Piero Bevilacqua, Andreina, Clementi, Emilio Franzina (a cura di), *Storia dell'emigrazione italiana*, Arrivi, Donzelli Editore(2002).

2. Andrea Bacci, *Lo spport nella propaganda fascista*, Bradipolibre(2002), p.32.

3. Stefano Pivato, *Les Enjeux du sport*, Casterman(1994).

4. Antonio Ghirelli, "La stampa sportiva", Valerio Castronova, Nicola Tranfaglia, *La stampa italiana del neocapitalismo*, Laterza(1980).

5. 1934년 10월 25일 자 《코리에레 델라 세라》에 게재된 기사로 Andrea Bacci, p.132

에 인용된 글 재인용. 보다 폭넓은 이해를 위해서는 같은 책에서 란도 페레티의 이론에 할애한 장을 읽어 보라.

6. Daniele Marchesini가 쓴 기사에서 발췌한 인용문들을 읽어 보라.

스포츠에 숨겨진 여성혐오

1. Colette Guillaumin, "Pratique du pouvoir et idée de nature", *Questions Féministes*, n° 2, 3(1978년 2월, 5월).

2. *Ibid.*

3. 콜레트 기요맹은 음식에 있어서 (특히 단백질의 경우), "남성과 여성에게 분배되는 양과 질이 동일하지 않다"고 지적한다(*ibid.*).

4. Suzanne Laberge, "Les rapports sociaux de sexe dans le domaine du sport: perspectives féministes marquantes des trois dernières décennies", *Recherches Féministes*, vol. 17, n°1(2004).

5. 이 점에 대해서 Marie-Victoire Louis는 자신의 저서 『*Sport et virilisme*』(1999)에서 스포츠계(프로와 아마추어 모두)는 그들에게 가해지는 광범위한 성적 공격 때문에 여성들에게 진정으로 위험한 곳임을 입증해보였다.

6. Suzanne Laberge, *op. cit.*

7. Suzanne Laberge, *op. cit.*

8. Robert Goldman, *Reading Ads Socially*, London: Routledge(1992).

9. Robert Goldman, *op. cit.*

10. 2006년 봄, 각종 미디어에 독일 월드컵 조직위원회 측에서 이 행사를 위해 특별히 매춘 여성들을 불렀다는 정보가 입수되었다.

스포츠는 당신을 복종하게 만든다

1. 체조를 예로 들자면, 시합에서 6세부터 10세까지의 남녀 어린이들에게 요구되는 동작과 자세를 제대로 익히기 위해서는 근육 강화가 필요하다. 하지만 근육 강화는 뼈의 구조가 제대로 자리를 잡는 데 해가 될 수도 있다. 이런 의미에서 볼 때, 이들 어린이 선수들의 신체 발달은 '비정상적'으로 이루어진다고 말할 수 있다.

4. 즐거운 여행? 관광이 문제되는 이유

관광산업의 실태

1. Jean-Didier Urbain, *L'idiot du voyage*, Plon(1991).
2. 2006년도 살롱 드 투리즘Salon de tourisme 소개글.

순수함을 팝니다

1. 여행 상품을 파는 여러 인터넷 사이트(프리빌레지 부아야지, 클럽 메드, 노마드, 나튀르 에 데쿠베르트 등)에 실린 문구들 가운데에서 인용.
2. Jean-Marc Mandosio, *La Pureté. Quête de l'absolu au péril de l'humain*, Autrement(1983).

조작된 모험을 여행하다

1. *La société de consommation, ses mythes, ses structures*, Jean Baudrillard(1960), Gallimard(2008).

해변의 바빌론

1. *Le Jardin de Babylone*(1967), L'encyclopédie des nuisances(2002).

관광하러 오지 마! 고향에서 살고 싶은 사람들

1. 이 글은 *Habiter son pays. Question immobilière et foncière au Pays basque Nord*, Gatuzain(2006)에서 발췌했다.
2. 요즘 세상에서는 농부의 수가 적을수록 발전된 사회라는 이미지가 지배적이다. 이를 다른 식으로 표현하자면, 독립적인(원시적인) 생산자가 적고 노동자 대중이 산업 생산에 잘 통합된 (기꺼이 임금노동자의 길을 택하는) 사회일수록 완벽에 접근한 사회라고 말할 수 있다.
3. 2004년 지방선거를 앞두고 라디오를 통해 중계된 한 토론에서, 타르데의 구의원인 미셸 아르앙세는 술 도에서 농부들의 중요성을 길게 강조한 뒤 다음과 같이 발언했다. "오늘날, 술 북부 지역이 인기 지역으로 부상한 것은 그 지역이 제대로 관리되고 있기 때문입니다 […] 생트 앙그라스에 더 이상 한 명의 농부도 남아 있지 않게 되는 날, 여러분들은 그곳이 어떤 풍경이 될지 똑똑히 보게 되실 겁니다. 생트 앙그라스는 보석 같

은 곳입니다. 모든 것은 연결되어 있습니다. 역동적인 농업활동이 지속되지 않는다면 관광도 있을 수 없습니다." 그의 이 발언은 정책결정자들이 마음속에 품고 있으면서 기회가 있을 때마다 전파하는 숙명론을 잘 보여준다. 아르앙세는 "얼마 전부터 이미 더 이상 농부들이 없다"고 말하지 않고 분명 "더 이상 한 명의 농부도 남아 있지 않게 될 때"라고 말했다. 모든 것은 이미 예정되어 있는데 무엇 때문에 거기에 저항하는가? 예정된 운명에 맞서서 할 수 있는 일이라고는 정말이지 아무것도 없다! 하지만 그럼에도 관광을 위해서 농촌에 농부 표본들을 더러 남겨두어야 할 것이다!

4. 유로로 환산하면 45,700유로에서 76,200유로 정도 된다.

5. 980만에서 1,640만 유로.

6. 1993년부터 1995년까지 별정직 관리 한 명을 유지하는 데에 90만 프랑, 문화재 관리 부서 신설에 300만 프랑 등이 들었다. 앞으로 4년 동안 650만 프랑 정도가 더 들어갈 것으로 보인다. *"Quelques éléments de réflexion sur l'activité touristique en Soule"*, brochure de Xiberoko Abertzaleen Batasuna(1996년 3/4분기).

원시민족에게도 바코드가 붙나요?

1. "Les Pygmées, oubliés du développement?", Journal *Bubinga*, 2005년 12월 10일 자.

2. 프랑스와 벨기에 여행사들과 연계하여 관광 안내원으로 일하는 내 경험도 이 작업에 기여했다. 1999년부터 나는 단체 관광객들을 이끌고 카메룬을 찾고 있다.

3. 우리는 또한 사냥을 분석하면서 자연 보존과 바카족의 생활방식을 존중하는 것 사이의 관계도 검토할 것이다.

4. A. de Ternays, "Croyances religieuses des Noirs, 1934–1935", Archives de la congrégation du Saint Esprit à Chevilly-Larue, B.282–BIV, Cahier 1을 읽어 보라.

5. 더구나 피그미족 자신은 이러한 활동에서 경제적인 이득을 전혀 얻지 못한다.

6. 1999년 2월 6일자 《*Le Point*》 n°1377에 실린 "Nous sommes tous des chasseurs-cueilleurs".

7. Les reporters de l'histoire, *La France colonisatrice*, préface de Patrice de Beer, Paris, Liana Levi/Sylvie Messinger(1983), p.10.

8. www.wagne.net/messager/messager/1404/drame_baka.htm에서 Nzogan Fomo가 쓴 "Le drame des pygmées. L'affaire des Baka en Belgique"를 읽어 보라.

9. Régis Wargnier가 만든 영화 〈Man to man〉(2005)을 보라. 1870년 빅토리아 시대

에 생포된 피그미 커플의 이야기를 그린 영화로, 이들 피그미 커플은 과학적 연구대상
이었다가 결국 동물원으로 보내진다.

10. 이 단체의 공식 홈페이지 http://fondaf-bipindi.solidarites.info/historique.php.
를 보라

후기: 재미를 즐길수록 지배논리는 재생산된다

1. 문화에 관한 무수히 많은 정의들 가운데 앙드레 고르스André Gorz의 다음과 같은
정의에 주목하자. "예로부터 우리는 당신의 감수성과 취향, 아름다움과 진실함, 정의
로움에 대한 감각 등이 구조화될 수 있는 토대를 형성해주며, 당신의 행동과 선택, 가
치관을 결정하는 데 기준이 되는 각종 해석과 규범, 전통, 가치 등의 저장고를 문화라
고 부른다."(André Gorz, *Vers la société libérée*, livre audio Textuel/INA, 2009). 경
제적 수익성만을 유일한 기준으로 삼아오던 대중문화는 이제 그보다 훨씬 나은 '오
락'으로 정의될 수 있다(Jacques Ellul, *Le Bluff technolgique*(1988), rééd. Hachette/
Pluriel(2004), 특히 pp.641-683을 읽어 보라). 따라서 우리는 이 글에서 이 두 가지를
구별하지 않고 사용할 것이다.

2. Maurice Dommanget, *Histoire du Premier Mai ; Histoire du Drapeau rouge*, rééd.
Le mot et le reste(2006)을 읽어 보라.

3. Louis Chevalier, *Classes laborieuses et classes dangereuses*(1958), rééd. Perrin(2002)
을 읽어 보라.

4. 이 문제에 관해서는 특히 Spartacus 출판사에서 나온 Jacques Perdu의 *La Révolte
des canuts*(1974년에 재출간) ; Victor Marouck, *Juin 1848*(rééd. 1998) ; C. Talès의
La Commune de 1871(2008년 재출간)을 읽어 보라.

5. Carole Reyanud-Paligot, *"Les Temps nouveaux"* 1895-1914, *Un hebdomadaire
anarchiste au tournant du siècle*, Acratie(1993) ; Jean Grave, *Mémoire d'un
anarchiste*(1854-1920)(1973), rééd. Editions du Sextant(2009)을 읽어 보라.

6. Albert Libertad, *Le Culte de la charogne. Anarchisme, un état de révolution permanente
1897-1908*, Argone, coll. "Mémoires sociales"(2006) ; Anne Steiner, *Les En-dehors,
Anarchistes, individualistes et illégalistes à la 'Belle époque*, l'échappée(2008).

7. Céline Beaudet, *Les Milieux libres. Vivre en anarchiste à la Belle époque en France*,
éditions Libertaires(2006).

8. Fernand Pelloutier, *L'Art et la Révolte*, Place d'armes(2002), pp.24-25를 읽어보라.

9. Fernand Pelloutier, *Histoire des Bourses du travail*(1921), rééd. Gordon&Breach(1971) ; David Rappe, *La Bourse du travail de Lyon*, ACL(2004)을 읽어 보라.

10. Georges L. Mosse, *De la Grande guerre au totalitarisme. La brutalisation des sociétés européennes*, Hachette/Pluriel(2003)을 읽어 보라.

11. 따로 원전 표시 없이 나오는 인용문들은 Marcel Martinet, *Culture prolétarienne*(1935), rééd. Argone, coll. "Mémoires sociales"(2004)에서 발췌한 것들이다. 보다 깊이 있고 광범위한 정보를 원하는 독자들에게는 졸고 "Marcel Martinet ou l'orgueil de la fidélité"(*À contretemps* n°19)를 참조할 것을 권한다. 이 글은 말하자면 그 논문의 요약본이다.

12. IWW 구성원들을 부르는 별명.

13. Franklin Rosemont, *Joe Hill. Les IWW et la création d'une contre-culture ouvrière révolutionnaire*(2002), trad. fr. Éditions CNT-RP(2008), p.287을 읽어 보라.

14. Christian Civardi, *Le mouvement ouvrier écossais 1900-1931. Travail, culture, politique*, Presses universitaires de Strasbourg(1997)을 읽어 보라.

15. "Modestes contributions de Julien Coffinet à l'érosion de l'imaginaire fondateur du système capitaliste", *Agone*, n°33/2005, pp.205-231을 읽어 보라.

16. Siegfried Kracauer, *Les Employés. Aperçus de l'Allemagne nouvelle*(1929), trad. fr. Éditions Avinus-Éditions de la Maison des sciences de l'homme(2004) ; Enzo Traverso, *Siegfried Kracauer, Itinéraire d'un intellectuel nomade*, Éditions la Découverte, coll. "Textes à l'appui / Histoire contemporaine"(2006)을 읽어 보라.

17. Peter Reichel, *La Fascination du nazisme*(1991), trad. fr. Odile Jacob, coll. "Opus"(1997)을 읽어 보라.

18. Theodor Adorno-Max Horkheimer, *La Dialectique de la raison. Fragments philosophiques*, Gallimard, coll. "Bibliothèque des idées"(1976), p.17 ; 그리고 특히 "La production industrielle des biens culturels. Raison et mystification des masses", pp.129-176을 정독해보라.

19. 오랜 기간에 걸쳐 지속되었으며, 1960년대에 들어와 다시금 살아나 오늘날까지도 줄기차게 이어져오고 있는 이 현상이 지닌 중요성을 이해하기 위해서는 Ronald Creagh, *Utopies américaines. Expériences américaines du XIXe siècle à nos jours*(Agone,

coll. "Mémoires sociales", 2009)를 읽어 보라.

20. 프랭클린 로즈몬트는 이른바 '비트 제너레이션'에 속하는 주요 작가들, 특히 게리 스나이더Gary Snyder(*op. cit.* pp.348-382)에게서 IWW 구성원들의 정신이 뿌리내리고 있음을 강조한다.

21. 티머시 메이슨의 인용문은 Peter Reichel, *op. cit.*. pp.251-252에서 재인용.

22. '혁명 포부'를 달성하기 위해서 치러야 할 대가를 강조하는 자크 엘륄Jacques Ellul은 이외에 "모든 분야에서 효율성 감소", "개인 차원의 웰빙의 후퇴", "대규모 공공사업의 둔화", 이렇게 세 가지를 필요조건으로 제시한다. 여기에 대해서는 *Autopsie de la révolution*(1969), rééd. La Table ronde, coll. "La Petite Vermillon"(2008), 그중에서도 특히 pp.329-352를 읽어보라.

23. Simone Weil, "En marge du Comité d'études", *L'Effort*, n° 286, 1931년 12월 19일 자, *CEuvres complètes II, Écrits historiques et politiques*, vol. 1(L'engagement syndical), Gallimard(1988), p.69.

해제: 오팡시브의 문화비평을 읽는 재미

1. Th. W. 아도르노, M. 호르크하이머, 『계몽의 변증법』, 김유동 옮김, 문학과지성사 (2001).

2. Th. W. 아도르노, "문화비평과 사회", 『프리즘』, 홍승용 옮김, 문학동네(2004), p.8.

간추린 참고 도서 목록

1. 화면을 깨부숴라, 텔레비전에 사로잡힌 사람들

Baudrillard Jean, *Télémorphoses*. Sens et Tonka, 2001.

Benasayag Miguel et Florence Aubenas, *La Fabrication de l'information*, La Découverte, 1999.

Breton Philippe, *L'Utopie de la communication*, La Découverte, 1997.

Ellul Jacques, *Propagandes*, Econimica, 1990.

Entell Peter et Gerke Klaus, *Le Tube. Vous ne regarderez plus la télé comme avant*, K-films, 2003.

Gautrand Jacques, *L'Empire des écrans*, Le Pré au Clercs, 2002.

Lejoyeux Michel, *Overdose d'infos*, Seuil, 2006.

Lévy-Soussan Pierre, *Éloge du secret*, Hachette littérature, 2006.

Mattelart Armand, *Histoire de l'utopie planétaire*, La Découverte, 2000.

Missika Jean-Louis, *La Fin de la télévision*, Seuil, 2006.

Sfez Lucien, *Critique de la communication*, Seuil(Essais), 2002.

Virilio Paul, *Cybermonde, la politique du pire*, Textuel, 2001.

Watkins Peter, *Media crisis*, Homnisphères, 2007.

Wunenburger Jean-Jacques, *L'Homme à l'âge de la télévision*, PUF, 2000.

2. 광고가 점령한 세상, 소비기계 노릇은 이제 그만

Amalou Florence, *Le livre noir de la pub. Quand la communication va trop loin*, Stock, 2001.

Ariès Paul, *Démarque-toi! Le petit manuel anti-pub*, Colias, 2004.

Baudrillard Jean, *Le système des objets*, Gallimard, 1968.

Benilde Marie, *On achète bien les cerveaux*, Raisons d'agit, 2007.

Brune François, *De l'idéologie aujourd'hui*, Parangon, 2004.

Brune François, *Le bonheur conforme*, Gallimard, 1996.

Groupe MARCUSE, *De la misère humaine en milieu publicitaire*, La découverte, 2004.

Klein Naomi, *No Logo. La tyrannie des marques*, Acte Sud, 2002.

Mondzain Marie-José, *Le commerce des regards*, Seuil, 2004.

Quessada Dominique, *La société de consommation de soi*, Verticales, 1999.

Stiegler Bernard, *De la misère symbolique, Tome 1*, Galilée, 2004.

3. 축구에 열광하는 사이, 당신이 학습하는 이데올로기

Brohm Jean-Marie, *Frédéric Baillette, Critique de la modernité sportive: quel corps?*, La Passion, 1995.

Brohm Jean-Marie, *La tyrannie sportive. Théorie critique d'un opium du peuple*, Beauchesne, 2006.

Caillat Michel, *L'idéologie du sport en France*, La Passion, 1993.

COLLECTIF, *Football, sociologie de la haine*, L'Harmattan, 2006.

Fleuriel Sébastien, *Schotté anuel, "Sportifs en danger. La condition des travailleurs sportifs*, Éditions du Croquant, 2008.

Ollier Fabien, *Footmania. Critique d'un phénomène totalitaire*, Homnisphères, 2007.

Queval Isabelle, *S'accomplir ou se dépasser. Essai sur le sport contemporain*, Gallimard, 2004.

4. 즐거운 여행? 관광이 문제되는 이유

Charbonneau Bernard, *Le Jardin de Babylone*, L'Encyclopédie des nuisances, 2002.

Christin Rodolphe, *Anatomie de l'évasion, Pour d'autres rapports au monde*, Homnisphère, 2005.

Etcheverry-Aintchart Peio, Goyehenetche Maite, Vissler Pierre, *Habiter son pays. Question immobilière et foncière en Pays basque Nord*, Gatuzain, 2006.

Messadié Gerald, *Le Tourisme va mal? Achevons-le!*, Max Milo, 2003.

Michel Frank, *Planète sexe. Tourises sexuels, marchandisation et déshumanisation des corps*, Homnisphère, 2006.

Michel Frank, *Autonomadie, Essai sur le nomadisme et l'autonomie*, Homnisphère, 2005.

Urbain Jean-Didier, *L'idiot du voyage*, Plon, 1991.

재미가 지배하는 사회

대중문화는 어떻게 지배자의 논리가 되었나

1판 1쇄 발행 2016년 11월 28일

1판 2쇄 발행 2018년 6월 8일

지은이 오팡시브 | 옮긴이 양영란 | 해제 서동진

편집 백진희 | 마케팅 · 홍보 김단희 | 표지 디자인 가필드

펴낸이 임병삼 | 펴낸곳 갈라파고스

등록 2002년 10월 29일 제2003-000147호

주소 03938 서울시 마포구 월드컵로 196 대명비첸시티오피스텔 801호

전화 02-3142-3797 | 전송 02-3142-2408

전자우편 galapagos@chol.com

ISBN 979-11-87038-10-8 (03300)

이 도서의 국립중앙도서관 출판예정도서목록(CIP)은 서지정보유통지원시스템 홈페이지(http://seoji.nl.go.kr)와 국가자료공동목록시스템(http://www.nl.go.kr/kolisnet)에서 이용하실 수 있습니다. (CIP제어번호 : CIP2016026604)